U0449142

2019年1月3日，出席第十三届上海民进教育论坛

↑ 2014年12月14日,在中国教育三十人论坛上
↑ 2018年12月8日,参加燕国材先生学术思想研讨会

↑ 2019年8月1日，拜访冯骥才先生
↑ 2019年12月8日，在中国教育三十人论坛年会上与顾明远先生合影

↑ 2021年6月18日，出席中国教育学会中小学整体改革专业委员会第六届理事换届会议
↑ 2022年11月14日，参加人民政协网教育之春系列沙龙

[珍藏版]

朱永新教育作品

九四龄童 南怀瑾

享受教育
——新教育随笔选

朱永新·著

漓江出版社
·桂林·

图书在版编目（CIP）数据

享受教育：新教育随笔选 / 朱永新著 . -- 桂林：漓江出版社，2024.8. -- ISBN 978-7-5407-9869-7

Ⅰ．G4-53

中国国家版本馆 CIP 数据核字第 20246XK233 号

XIANGSHOU JIAOYU——XINJIAOYU SUIBI XUAN

享受教育——新教育随笔选

朱永新　著

出 版 人　刘迪才
总 策 划　李国富
策划统筹　文龙玉
责任编辑　章勤璐
书籍设计　石绍康
营销编辑　俞方远
责任监印　黄菲菲

出版发行　漓江出版社有限公司
社址　广西桂林市南环路 22 号
邮编　541002
发行电话　010-85891290　0773-2582200
邮购热线　0773-2582200
网址　www.lijiangbooks.com
微信公众号　lijiangpress

印制　天津嘉恒印务有限公司
开本　710 mm×1000 mm　1/16
印张　18.25
字数　289 千字
版次　2024 年 8 月第 1 版
印次　2024 年 8 月第 1 次印刷
书号　ISBN 978-7-5407-9869-7
定价　79.80 元

漓江版图书　版权所有，侵权必究
漓江版图书　如有印装问题，请与当地图书销售部门联系调换

总　序

朱永新教授的作品集出版在即,他要我写一篇序,大概是因为他看到我对教育也很关注,又不时地发表点看法的缘故吧,或者因为他和我都是马叙伦、周建人、叶圣陶、雷洁琼等民进前辈的后来人——我们是中国民主促进会的成员。不管他是怎么想的,我出于对他学术成就的敬佩,也出于对比我年轻些的学者的喜爱和对教育事业的兴趣,便答应了,尽管我不是这个领域的专家。不过这样也好,以一个时时关心业内情况的外行人眼光说说对这套作品集和作者的看法,或许能更冷静些,更客观些。

我曾经说过,中国的教育人人可得而道之。因为教育问题太复杂,中国的教育问题尤甚。且不说中国以一个发展中国家不强的实力在办着世界上最大的教育,单是中国处于转型期,城乡、东西部间严重的不平衡和几个时代思想观念的相互摩擦、激荡,就可以说是当今世界绝无仅有的了。随着教育普及率的提高,对教育发表评论的人当然也越来越多,多到几乎家家户户都会时常议论。这样就给有关教育的研究提出了许多也许在别的国家并不突出的问题。我认为其中有两个问题最为要紧:一个是教育的问题牵一发而动全身,既不能就教育论教育,更不能只论教育的某一部分而不顾及其他,要区别于人们日常的谈论;另一个是教育学如何走出狭小的教育理论圈子,让更多的人理解、评论、实践,也在更大范围内检验自己的理论是否能为群众所接受,以免专家和社会难以搭界。朱永新教授的这套作品集,恰好在这两个问题上都给了我很大的欣慰。

在这套作品集中,他从国际国内、政治经济、文化社会、古往今来的广阔视野来考察、思索中国的教育问题;他的论述几乎遍及受教育者所经历的整个教育过程；大到教育的理念、原则，小到课程的改革、课外的活动，他都认真思考，系统调查，认真实验，随时提升到理论层面；与教育学密切关联的心理学，在研究中国教育的同时展开的对国外教育的认识和分析，也是他涉及的范围。

朱永新教授并不是一位"纯"学者，虽然教育理论研究永远是他进行多头工作时在脑子里盘旋的核心。他集教师、官员和研究者三种角色于一身，随着自己孩子的出生和成长，他又多了一个家长的身份。这就使他不可能只观察研究教育体系中的某一段或某一方面，而必须做全方位、多角度、分层次的研究。他是中国民主促进会中央委员会副主席，作为同事，我见过他极度疲劳时的状况，心里曾经想过，这是天将降大任于是人的考验，还是他"命"当如此，不得不然？其实，这正是给他提供了他人很难得到的绝好的研究环境和条件：时时转换角色，就需要时时转换思维的角度和方法，宏观与微观自然而然地结合，积以时日，于是造就了他独特的研究方法和风格。

我们对任何事物的研究，如果只有理性的驱动，而没有基于对事物深刻认识所生发出来的极大热情，换言之，没有最博大的挚爱，是难以创造性地把事情做得出色的。朱永新教授对教育进行研究的特点之一就是全身心地投入。身，有那三种角色和一种身份，自然占据了他所有的时间和精力；心，是不可见的，但贯穿在他所有工作、表现在他所有论著中的鲜明爱心，则是最好的证明。

他说"教育是一首诗"。他常用诗一般的语言讴歌教育，表达他的教育思想：

教育是一首诗／诗的名字叫热爱／在每个孩子的瞳孔里／有一颗母亲的心

教育是一首诗／诗的名字叫未来／在传承文明的长河里／有一条破浪的船

如果是纯理性的，没有充沛的、不可抑制的感情，怎么能迸发出诗的情思？但他不是浪漫派。他本来已经够忙的了，却又率先自费开通了教育在线网站，开通了教育博客和微博，成了四面八方奋斗在教育改革前沿的众多网民的朋友。每天，当他拖着疲乏的脚步回到家后，还要逐篇浏览网站上的帖子和来信，并且要一一回应。有人说，这是自找苦吃。但他认为，这是"诗性伴理想同行"，是"享受与幸福"。他曾经工作生活在被颂为"人间天堂"的苏州，那里早已普及了十二年义务教育，现在正朝着普及大学教育的目标前进，但这位曾经主持全市文教工作的副市长，却心系西部，为如何缩小东西部教育的差距苦苦思索，不断地呼吁……他何以能够长期如此？我想，最大的动力就是那伟大的爱。

情与理的无缝衔接，正是和把从事教育工作及理论研究单纯当作职业的最大区别，而且是他不断获得佳绩、不断前进的要素。

教育是人类社会得以延续发展的根本保障。人之所以为人，区别于其他动物，从某种意义上讲，就是因为通过不同渠道，接受了不同程度和内容的教育。就一个国家而言，教育则是保障发展壮大的基础性工程。这些，都已经成为人们的共识。但是，教育又是极其复杂庞大的体系，需要大批教育理论专家、管理专家。身在其中者固然自得其乐，但是，在局外人看来，教育理论的研究是枯燥的、艰难的，有许多的教育学著作也确实强化了人们的这种感觉；管理工作给人的印象则是繁杂的、细碎的。这种感觉和印象往往是理论工作者、管理工作者和广大的教育参与者（包括家长、学生和旁观者）之间产生隔膜的原因之一。社会需要集理论研究和管理于一身，而且能把自己对教育的挚爱传达出去的学者，与人们一起共享徜徉在教育海洋里的愉快和幸福。但是，现在这样的学者太少了。是我们对像教育理论这样的人文社会科学的所谓"学问"产生了误解，以为只有用特定的行业语言，包括成堆成堆的术语和需要读者反复琢磨才能弄清楚的句子才是学术？还是善于用最明了的语言表达复杂事物的人还不多？抑或是教育理论的确深奥难测，必须用"超越"社会习惯的语言才能说得清楚？而我是坚信真理总是十分朴实、十分简单这样一个道理的。真正的大家应该有能力把深刻的思考、复杂的规律用浅显生动的语言表述出来，历史上不乏其例。

作为一名教育理论家，朱永新教授正在朝这一目标努力着，而且开始形成了自己的风格：论述、抒情、问答并举，逻辑严密的理性语言、老百姓习惯于说和听的大白话、思维跳跃富于激情的诗句兼而有之，依思之所至、情之所在、文之所需而施之。有的文章读时需正襟危坐，有的则令人不禁击节而赏，有的还需反复品味。可贵的是，这些并非他刻意为之，而是本性如此，自然流露。这本性，就是他对教育事业的爱，归根结底是对人民的爱。

在某一种风格已经弥漫于社会，许多人已经习惯甚至渗透到潜意识里的时候，有另外一种风格出现，开始总是要被视为"异类"（我姑且不用"异端"一词）。我不知道朱永新教授是不是也有过这样的经验。我倒是极为希望他能坚持下去，即使被认为"这不是论文"也不为所动，因为学术生命的强弱最后是要由人民来判断，而不是仅仅由小小的学术圈子认定的。我还希望他在这方面不断提高锤炼，让这股教育理论界的清风持续地吹下去。

教育，和一切与人民生活紧密相连的事物一样，都要敏感地紧跟时代的步伐，紧贴人民的需求，依时而变，因地制宜。如今朱永新教授的作品集改版并增补，主要收录了他从踏入教育学领域至2023年的论著。这从一个侧面反映了我国改革开放以来教育领域理论研究与实践的过程。"战斗正未有穷期"，在过去和未来的日子里，有层出不穷的教育问题需要解决，因而需要不停顿地观察、思考、研究。我们的教育学，就在这个过程中发展成长；有中国特色的教育学，也许就将在这一时期内形成。朱永新教授富于创造——"永新"自当永远常新，他一定会抓住这百年难逢的机遇，深化、拓展自己的研究，为中国教育事业、为中国的教育理论多奉献自己的才干和智慧，再写出更多更好的篇章。

我们期待着。

兹忝为序。

许嘉璐

写于 2010 年 12 月 14 日

修改于 2023 年 4 月 29 日

于日读一卷书屋

（作者为第九届、第十届全国人大常委会副委员长，著名语言文字学家）

序言：思想的散文

比起作家的散文，学者的散文有什么特异与不同？说这个话题得拿出一个上好的例子，那么，读读朱永新的散文就知道了。

其实，就散文的本质说，学者们的散文并非另类。散文是性情文字、心灵诉说、审美表达，张中行、季羡林的散文莫不如是。学者们的散文与作家们的散文何有两样？

永新是一个真实又鲜明的人，热情饱满，精力充沛，热心公益，关切多多。由于天性中抗压能力强，脸上总带着笑容。我是在做全国文化抢救时与他相识于苏州，那时他是苏州市分管文化和教育事业的副市长。然而，他给我最初的印象却很特别。尽管他是地道的江苏人，但看上去更像是北方人，体魄壮实有力，性情开朗爽快，说话中气十足，从他身上找不到一点儿印象中江南人的温文尔雅，也找不到一点儿市长们常带在身上的自我的尊贵。官员总是习惯用一种矜持与你拉开距离，以保持自己的身份。他却放松随便，尤其是总想和你深谈，这是一种学者的气质。而且我看得出来，他所做的有关教育和文化的工作，没夹杂着任何个人政绩的诉求，完全出于一种责任与挚爱，才尽心去扶助。进而我还发现，只要与他聊天，他就会借机"宣传"他的"新教育"的理念。他是这一理念的创建者和推动者。他有能力叫你很快信服他的理念。这不仅由于他对教育的热诚，更因为从他的思想中，我们能穿破中国当代教育的困局与僵局看到一片亮闪闪、充满魅力、有希望又无限开阔的空间。那时，他正与他的同道者一起，致力为孩子们构建这样一个幸福的学习生活的蓝图，并已经开始推行一系列生动鲜活、富于创造性和可操作的方式，来对这种全新的教育理念进行实验与实践了。

他是一个知行合一的人！

我从认识他的第一天就没把他当作市长。他是我教育界、知识界的一个能够深谈的朋友。

　　我觉得他的想法、做法和遭遇的困难，与我当时倡导和推动的文化遗产抢救很相像，因而我非常能够感受到他身上有一种知识分子特有的纯真的理想主义，还有激情。凡是激情、感情、理想、无功利的付出过多过强的人，在社会交往、人情世故、事物的感触中，时时都会产生一些被触动的、有意味的、情意深长的细节与片段，并不知不觉进入了笔管。偶有题旨，转化为文字。这种文字便是散文。

　　读一读他这本集子中写到的先辈、家人、朋友、各色人物及其各种故事，不都是充溢着独到的发现、深刻的感悟、真情的流泻和精神的火花吗？这不就是一些人物散文的佳作？

　　可是，学者究竟是另一类人。他们生活在自己的专业里。他们有特定的生命的内容、目标、追求、路途，而学者们的思维又是纯理性的、逻辑的、思辨的、探究的。只要下笔为文，自然自成一体，自具特色，自有其精神、个性及思想的内涵。这思想的内涵应是学者散文最重要的价值。尽管永新的为人为文都有很感性的一面，但行文之间，还是无处不见他的思考。这些思考在他阅读时，在他推广阅读的行动中，在他像武训那样苦苦推行新教育理念的实践中，在坚如壁垒一般的教育困境面前，也在与友人们侃侃而谈中。他的思考是开阔的、雄辩的、深究的，也是执着的、坚忍的、决不放弃的。我读他的散文时常常被他字里行间的这种精神所感动。我从他的散文中吸取这种精神。

　　永新是一个理想主义者，知识分子都是理想主义者。理想是要在未来实现的目标。理想也是要对未来负责。所以他用笔勾画出心中教育的理想国——"未来学校"。可是，要实现理想，就必须穿过近乎板结的教育的现实。我想过，以他一人之力能够成功吗？这也是身陷在文化抢救泥淖中的我常常遇到的问题。然而，不管我们的理想最终能实现多少，一个社会不能没有人去思考，前沿的思考，开拓性的思考，破冰的思考。知识分子是社会的大脑，思考是知识分子的天职，也是社会进步之原动力。

　　在这本书中，永新开篇就把他所推崇的曼德拉的一句话摆了出来："教育是最强有力的武器，你能用它来改变世界。"改变世界的根本在于教育吗？这是最具根本意义的话题。由此我看到永新对教育的社会功能和未来价值理解之深刻，之透彻。教育直接关系着国家乃至人类社会的文明之本、兴亡之本，也关切到每一个活生生的人成长年代心灵的幸福。正是站在这个思想的高度上，面对着太多现实困难的永新，依然是乐观的、进取的，乐此不疲地去做每一件必须做好的事。不在乎困难是一个有志者最佳的心态。

我们无法从这本散文集里，纵观他对新教育系统的思考，他已经出版过许多这方面的专著。然而我们却能从这些自由自在的散文篇章中，从他有情有义的状物述人、谈文论道中，被他种种思想的片段、心灵的偶得、精神的探究所触动，所启发，跟随着他一起饶有兴趣地感知生活，咀嚼事理，思索未来。这便是这本散文集送给我们的礼物。

最美好的礼物是精神的礼物，所以我们阅读。

初读此书，偶有所感，捉笔写下，且为序言。

冯骥才
2020年8月8日于心居

享受着教育的幸福（卷首诗）

生活就是教育
教育就是生活
生活离不开教育
教育创造新生活

你如何理解生活
你就将拥有怎样的生活
你如何理解教育
你就将拥有怎样的教育

你的眼里没有色彩
你的生活就不会缤纷
你的心里没有阳光
你的教育就不会辉煌

有人面带微笑拥抱每一轮新的太阳
有人心怀烦恼拒绝每一个美的希望
拒绝会换得拒绝，拥抱会赢来拥抱
你的一切实际上都是自己酿造

有一种态度叫享受
有一种感觉叫幸福
学会面带微笑才能享受生活
懂得播种快乐才能收获幸福

那么，亲爱的老师
让我们面带微笑，让孩子的心田充满阳光
让我们播种快乐，让学生的明天更加辉煌
让我们，也把微笑和快乐贮满自己的心房

享受着教育幸福，你就多了一双发现的眼睛
每一个孩子的潜能就会激情迸射
每一个孩子的个性就会轻舞飞扬
而你，也就如同插上了飞翔的翅膀

享受着教育幸福，你就多了一份快乐的心情
你会把每一个挫折看成是考验
你会把每一种困难看成是磨炼
你时时刻刻都会听到花开的声音

享受着教育幸福，你就多了一股创造的激情
你会把每一堂课精彩地演绎
你会把每一句话精心地锻造
你会把校园变成追求卓越的教育梦工场

享受着教育幸福，你就多了一种生活的诗意
你能从平凡中品味出伟大，从失败中咀嚼出成就
你能读懂每一个孩子的脸庞，走进每一个孩子的心房
你会惊奇地发现：幸福从此熙熙攘攘

目 录／Contents

第一辑　教育是最强有力的武器

002／ 除夕的澡堂

004／ 母亲的房子

005／ 父亲的礼物

009／ 儿子，请带着理想出门

010／ 享受生命成长的快乐

012／ 大学是读书的天堂

014／ 路是自己走出来的

017／ 用理想规划人生的选择

023／ 伟大的教师曼德拉

026／ "大玩学家"于光远

028／ 在中国的"太庙"见南怀瑾先生

032／ 桃李自成蹊

041／ 思君岁岁泣秋风

048／ 学童李吉林

050／ "艺恐不高，业恐不精"

053／ 灵魂不能下跪

063／ 文化部长的教育智慧

066／ 教育的明亮远方

071／ 恩师燕国材

073 / 有担当的文学才能走远

076 / 相信童话，呵护童年

079 / 读书有远见，天下在心中

083 / 守护孩子唯一的童年

086 / 数学学科虔诚的传教士

088 / 字痴陆衡

090 / 姑苏一枝梅

092 / 与高尚的灵魂为伍

第二辑　把生命读成传奇大书

096 / 回望阅读这一路

099 / 阅读，让中国更有力量

101 / 有阅读更美好

103 / 用阅读丰盈儿童的精神世界

104 / 少年阅读强则中国未来强

106 / 让青春在阅读中美丽绽放

108 / 家庭藏书是家庭教育的宝库

110 / 朗读者，领读出时代的心声

112 / 少一点烟酒味，多一点书卷气

　　——之一：领导干部为什么要读书

114 / 拧紧时间的水龙头

　　——之二：领导干部如何有时间读书

116 / 把生命读成传奇大书

　　——之三：领导干部应该读什么书

119 / 思想不应私享

　　——之四：领导干部应该如何读书

121 / 做一个种书的男人
　　——在IBBY爱阅人物奖颁奖典礼上的答谢词

123 / 从传记到传奇

125 / 做一个幸福的阅读推广人

126 / 书市的风景

129 / 那么遥远，那么近

132 / 国庆读书记

138 / 从书写作品到书写人生

第三辑　世界应是四月天

142 / 孩童是巨人
　　——读冯骥才著《炼狱·天堂：韩美林口述史》

144 / 成长教科书
　　——读《温家宝地质笔记》有感

148 / 明天的教育会好吗
　　——程介明教授《教育之变》序言

150 / 世界应是四月天
　　——麦克法兰《给四月的信：我们如何知道》序言

152 / 如果没有书店……
　　——读汤素兰《寻找林木森书店》

155 / 点燃孩子的好奇心

156 / 解读儿童世界的风景
　　——《蒙台梭利教育箴言》序言

158 / 穿越时空的陶行知先生
　　——李镇西《重读陶行知》序言

160 / 以创新为天命
　　　　——读《其命维新：刘道玉口述史》

163 / 种子与小鸟
　　　　——读金波的儿童诗

167 / 永葆童心，便是哲人
　　　　——读周国平先生《女儿四岁了，我们开始聊哲学》

171 / 所有生灵都有着平等的生命
　　　　——读赵丽宏新著《树孩》

172 / 瑰丽明天，恢宏世界
　　　　——《赵丽宏致少年书》序言

176 / 不平凡的平均分
　　　　——读康辉《平均分》

177 / 奔跑的黄蓓佳
　　　　——读《奔跑的岱二牛》

179 / 让成长多一分诗意
　　　　——读殷健灵《致成长中的你——十五封青春书简》

182 / 荆歌为儿童文学而歌
　　　　——读《诗巷不忧伤》

184 / 初心缘自乡愁
　　　　——读何江《走出自己的天空》

187 / 中学生应该读什么样的书
　　　　——读章敬平《欧阳修传：世俗的圣贤》

191 / 生命的传奇
　　　　——读童喜喜《新教育的一年级》

194 / 经典的创造性转化与创新性发展
　　　　——萧袤《童话山海经》序言

196 / 让榜样照亮孩子们前行的路

　　——读"中华先锋人物故事汇"系列丛书

198 / 因平凡而伟大

　　——读《英雄欧保尔的故事》

199 / 关于故事的事

　　——读《小巫教你编故事》

201 / 我们，也可以改变世界

　　——读《如何改变世界》

208 / 方言是文化的活化石

　　——《大丰本场话集萃》前言

211 / 有游戏才有真正的童年

　　——李涵《童嬉》序言

第四辑　教育，一起向未来

216 / 培养担当民族复兴大任的时代新人

218 / 我们需要怎样的成功观

221 / 文明呼唤儿童优先

224 / 5G能够改变我们的教育吗

226 / 我们正处在教育巨变的前夜

228 / 教育，一起向未来

230 / 美育，教育人的志业

234 / 人心就是力量

236 / 柿红，新教育的颜色

244 / 教育，让美梦成真

245 / 让教育变得有趣

247 / 呼唤好老师

249 / 像叶圣陶那样做老师

251 / 能者的幸福

253 / 多一些宽容，教育才能从容

255 / 爱应该与智慧同行

257 / 我的至爱

258 / 每一次回家都为了更好地出发

261 / 教育，真的可以很幸福
　　　　——"一丹教育发展奖"获奖采访

264 / 参考文献

267 / 主题索引

270 / 后　记

272 / "朱永新教育作品"后记

第一辑
教育是最强有力的武器

人生没有最高峰,风景永远在路上。教育没有终点,我们永远在追寻中。曼德拉为南非奋斗一生,如今南非的发展仍然面临着诸多问题。建立国家易,建设国家难。后者必须以教育为武器,让刚性制度要求成为全民文化自觉,才会长治久安。勇者曼德拉离开我们,走上了另一条漫漫自由路,这个伟大的人,发动过革命,也倡导着和平,最后,他对教育的力量有着越来越深刻的认识。曼德拉说过的一句话,值得我们每一位教师为之自豪,为之自省:"教育是最强有力的武器,你能用它来改变世界。"我们,在这样做吗?

除夕的澡堂

儿时的过年，是从除夕清晨的澡堂开始的。

每年除夕的清晨，父亲就会带着我去小镇的澡堂，为的是赶上"头汤"。他说，洗"头汤"，会有一年的好运。懂事以后我才知道，洗"头汤"是因为水干净。

家到澡堂，有一段路。有时候是父亲骑自行车载着我，我或者坐在前面的车架上，靠在父亲的怀里，或者坐在后面车尾的位置上，紧紧地抱着父亲的腰。有时候是父亲带着我一路小跑，一直跑到镇南的澡堂。

每到这个时候，我知道，新的一年就要来了。

新年，对于大人们有许多寓意，有新的期许、新的盼头。但是对于孩子们来说，更多的是新的衣服、压岁钱和各种好吃的菜肴，是鞭炮声声，是热热闹闹，是无拘无束地玩耍。所以，尽管是在睡意蒙眬之中被父亲唤醒去赶"头汤"，心中还是充满着过年的喜悦。

在去澡堂的路上，父亲经常是哼着小曲或者吹着口哨，仿佛回到了他读师范时青春勃发的日子。他会对我说：明天你就又长了一岁啦！要更加懂事啊！

进了澡堂，脱光衣服，与第一批赶"头汤"的人一起开心地跨进浴池，大家的脸上都洋溢着笑容。小镇上的人彼此都很熟悉，大人们一边洗浴，一边说着镇上的新闻。小孩子则开始玩水，在池子里走来走去。

在除夕的澡堂里，必不可少的一个环节，就是父亲为我搓背。儿时喜欢疯玩，经常满身大汗，身上自然污垢多。父亲会把搓下来的"战利品"给我看。虽然当时年纪小，但也会觉得难为情。

偶尔，父亲也会让我帮他"搓背"，但这只是象征性的动作而已。小时候，我很难从父亲背上搓下与我一样的污垢，一直到读了中学以后，力气渐长，我再和父亲赶"头汤"，才搓下来了"战利品"。

洗完澡回家，父亲和母亲就开始忙碌起来，做晚上的年夜饭，蒸包子年糕等。我们兄妹除了打下手跑跑腿，更多的是嘴巴不停地品尝。

除夕的下午，父母开始派我去亲友家拜年。用父亲的话说是"送礼"，用母亲的话说是"还人情"。我很喜欢干这个活儿，因为去亲友家少不了给好吃的，还经常带回来一些礼物。

除夕的晚上，一家人吃完年夜饭，母亲会让我们早早睡觉，在我们"睡着"以后，母亲会往我们的枕头下放一些云片糕和压岁钱，把新衣服放到我们的被子上面。其实，我们兄妹都是装睡的——不吃几片云片糕，不看看有多少压岁钱，又怎么睡得着觉呢？

儿时的除夕，从澡堂开始，以温润喜乐的氛围开启每一年，成为我最幸福的记忆。

除夕和父亲一起到澡堂洗澡，一直持续到我离开家乡，到苏州上大学为止。

在大学读书期间，每年春节还是回到小镇。但是，家里开始有了热水，澡堂也已经关门了。

父亲晚年时，有时候会来苏州看我。那个时候，苏州还有几家澡堂。我一直想着找机会和他去洗一次澡。每次提及，父亲总是说，现在洗澡很方便，何必浪费那个钱。他不知道，我是想找回除夕搓澡的记忆。

在父亲病重期间，我也想过陪他去一次澡堂，但那个时候，他已经无力去了。

接到父亲去世的消息那天，我正在北京参加"中国十大教育英才"的颁奖典礼。连夜赶回老家时，父亲已经洗过之后躺在了灵堂里。子欲养而亲不待。没能够为父亲洗最后一次澡，搓最后一次背，成为我终身的遗憾。

越是亲近的人，所产生的影响越是深远，往往也越是无形。父亲去世多年后，我无意中翻出了他在1989年9月获得的国家教育委员会、人事部、中国教育工会联合颁发的"全国优秀教师"奖章，对照着儿时记忆中父亲的一举一动，这才有了更深层的认知。

遗忘才是真正的离别，行动才是真正的开始。每个除夕的早晨，我总是会想起与父亲一起去澡堂洗澡的情景，想起父亲宽大的背影。

母亲的房子

小时候，我家没有房子，父亲在乡村的学校教书，我们兄妹三人就借住在母亲工作的单位——南阳镇政府的招待所里。

这样一举两得。我们不用出房钱就可以住房子，政府也不用增加人员，母亲和我们都是招待所的"工作人员"，可以全天候义务劳动。母亲既是所长，又是招待员，还是会计、出纳、清洁工。我们三兄妹是她的特别助理。

南来北往的人员，让我们兄妹三人差不多是听百家音、吃百家食、看百家书长大。因为母亲对人热情真诚，所以我们经常能够品尝到不同风味的各地美食，读到他们随身携带的各种书籍。见多识广成为我们的一大优势，而快速阅读也成为我的拿手好戏，因为客人可能第二天就要出发，所以必须连夜读完。

小时候一直寄居在母亲的单位，全家的梦想就是能建一幢自己的房子。所以母亲就找了许多零工让我们兄妹三人做。有好几年，我们的业余生活就在缝麻袋、压芦帘中度过。

缝麻袋，是为县城的棉麻公司收购棉花用的，我们把一块块麻片缝成一个个麻袋，缝一个才5分钱；压芦帘，是为造房子屋顶用的，我们把一根根芦苇用绳子串联起来，压一卷才几毛钱。不光我们兄妹三人做，同学、朋友也经常来帮忙，我的回报就是为大家讲故事，讲那些南来北往的旅客给我讲述的或者借我看的书中的故事。

如此燕子衔泥般忙碌了大概十年，在我中学的时候，母亲终于攒够了建房子的大部分费用，而我们的业余生活也开始变成做搬运砖头等与建房子直接相关的事情，直至全家搬进新居。

写下这些往事，似乎有点悲壮的意味。但事实上，童年的金色阳光会给一切苦厄艰辛蒙上一层灿烂的光影。当年我的幼小心灵中，并没有为经济的拮据、辛勤的劳作感到过愤懑，反倒随着渐晓人事，体察到母亲的乐观、柔韧、顽强，越来越感佩这位平凡的中国女性的伟大。

亲人常说，我的笑容很像我的母亲。我想，母亲带着全家人建房子的过程，也是在无声无息中，为孩子们建起了一个心灵的家园。

母亲到了晚年，仍然喜欢在家乡的田间地头忙碌。那些她亲手种下的蔬菜瓜果，不再是为了生存的忙碌，而是她的快乐来源。最近因为疫情，虽然每天还能在视频中看见母亲的身影，却很久没能陪伴在母亲身边了。到了母亲节，格外想念。

祝所有母亲节日快乐！祝所有母亲能够健康、充实、快乐地度过每一天！

父亲的礼物

我人生的第一位老师是父亲。父亲是念师范的，那个时代的师范生，基本素质很好。我曾看过他拉手风琴的照片，那是一个洋溢着青春气息的年轻人。

"文革"期间，父亲在一所乡村小学当校长。星期天，他带我到他的学校去，看到校园里贴满了批判他的"大字报"，我惊恐万分，他却不动声色。他那如山的静默沉稳，让我也不知不觉地镇定下来。晚上，校园里就剩下我们父子俩，这时我听到了父亲的歌声。虽然他不再操琴，但开心时会情不自禁地唱歌。半夜里，我还听到了"猫叫"，我呼唤父亲，他却开心地笑了起来，说是他在吓唬房间里的老鼠。我从此也学会了这一招。

父亲的敬业精神更是给我留下了深刻的印象。无论做小学老师、小学校长，还是后来当镇里的文教助理、县聋哑学校的校长，他都兢兢业业，全身心地投入。他曾自豪地对我说："我要么不做，要做就做最好的。"1984年、1986年、1987年他先后三次受到大丰市委、市政府的表彰，1989年9月国家教育委员会、人事部、中国教育工会授予他"全国优秀教师"的荣誉称号。

这些荣誉或许就是对他多年追求的最好褒奖。

父亲的许多故事，我是在他去世以后才通过各种途径知道的。如他曾经工作过的大丰南阳小学的校长周荣在他的追悼会上说：

> 他是一个对教育追求一生的人。
> 他是一个有着教育理想的人。
> 他是一个一生认真，不停追求的人。
> 在我的记忆中，他一生中最辉煌的是他担任我们南阳乡文委的时候，那时他所在的乡是我们全市教育工作做得最好的一个乡。他们那里的文体方面的很多活动在全市和全省都是有影响的。
> 在他的任内，他们乡的中心校、中心初中、成人中心都建了教学楼。甚至他们创办的小工厂也是我们全市最好的。
> 我听许多他的同事和领导不知多少次地盛赞他对教育工作全身心地投入，他的尽职和对事业的追求和执着。
> 就在他的灵前，朱夫人还告诉我们，他临终的前一天还在与他曾任党支部书记的学校的校长谈学校安全上的事。其实这时他已经退休几年了，可见这种对工作的认真和负责已经刻在骨子里。

大丰市教育局的领导在主持告别仪式时也讲述了父亲退休前后一段时间工作的情况：

> 朱明昌同志为人正直，光明磊落，实事求是，既有高度的社会责任感，又有坚定的原则性，工作作风严谨、踏实、细致，表现了强烈的敬业奉献精神。在50多年的教学生涯中，他一步一个脚印，一丝不苟。
> 在南阳任文教助理期间，朱明昌同志经常深入学校，走进课堂，同教师一起研究教育教学工作，改进教学方法，提高教育质量。
> 90年代初期，大丰全市开展农村教育综合改革，朱明昌同志创造性地依托成人教育中心校，实施农科教结合，科学技术进村入户到田头，为教育富民闯出了一条新路子，使南阳的教育工作成为大丰的一面旗帜。为此，省政府曾授予南阳镇"江苏省农村教育综合改革先进乡（镇）"称号。
> 在编撰大丰市教育志的工作中，朱明昌同志虽然年近古稀，但不辞劳苦，经常到基层学校收集资料，反复论证，不厌其烦，表现出一个共产党员高度的事业心和责任感。在生病休养期间，他还十分关心教育志工作。

朱明昌同志对人坦诚，善待他人，淡泊名利，事事处处总是为别人着想。身边的同志有困难，他总是尽力相助，是一个施恩不图报的君子。同他一起工作的同志常常得到这样那样的帮助。在他身上表现出中华民族广交友、善结缘的优良传统。

父亲曾经教过的一位小学生，她的回忆文章也让我沉睡在大脑中的父亲的许多教育"细节"变得清晰起来。

……朱校长夹着木制的大三角尺给我们上数学课，朱校长带着我们参加全镇的文艺比赛，朱校长鼓励我们参加武术小分队，朱校长组织学生敲锣打鼓把三好学生的喜报送到家里……还有校长办公室里各种各样的奖章。有一年的冬天，天气特别寒冷，河里结了厚厚的冰，贪玩的、不懂事的我们在冰上玩耍了起来，朱校长知道后把我们狠狠地教训了一通，并罚我们站在操场上，让我们从此永远记住要珍爱自己的生命；还有一次，晚上朱校长来家访，父母还没回家，我和弟弟两人实在无聊，就玩起扑克牌，正巧被朱校长看到，吓得我们赶紧收了等着教训，可他却没有教训我们，只是关心地询问我们作业做好了没有。农村学校，条件十分简陋，我的舅舅阿姨、兄弟姐妹、邻居伙伴甚至我的侄辈等都在这个学校读书，都曾得到朱校长的教诲，他们都说朱校长是个好人，有什么难事找朱校长，他总是很乐意帮助。

……当年朱校长领导的全力小学和初中（后改为祥丰），也是留下了我们童年美好记忆的乐土，尽管学校早已随着乡镇的合并没有了踪影，可留给我们的却是让我们受用终生的简单的道理、积极向上不断进取的精神。当我有机会走上讲坛体验教育的喜乐、当我们轰轰烈烈开展素质教育的时候，我就在想，曾经的朱校长不就是一个很好的素质教育的典范吗？

记忆中，无论文艺演出还是武术表演，每次活动我们都得第一。直到现在我还能想起当时我们文艺小分队排练节目时的一些场景和独特的造型。我们的武术小分队曾多次代表我们南阳镇到其他各个镇巡回演出，代表大丰县参加盐城市的比赛，代表盐城市参加过全国的武术比赛，也正因为此，小小年纪的我见了很多的大世面，还被派到其他学校当过武术小老师。从我们这个学校考取镇上的重点高中到后来考取大学的人数相对于那个年代是比较多的，如今国内外各行各业都有我童年的伙伴。

……七年里，我不记得我们去过多少次朱校长的家，也不记得在朱校长家吃过什么饭，反正每次去镇上，三间红瓦的平房是我们最好的落脚点，吃饭、化装、排练节目，是我们应做的事，至于那锅碗瓢盆灶火柴一概与我们无关。现在想来真不知当年朱校长和朱老太太在幕后为我们付出了多少……

是的，父亲当时在农村小学做校长，而我们在镇上的家，就是父亲学校的后勤部。父亲的教育生涯，就是当时许多农村教师的精神写照。

父亲教师生涯的最后一站是在大丰特殊教育学校。学校的现任校长用"夏日的思绪"的网名写了这样一篇文章：

我无法忘记2月18日这一天，如同我无法忘记父亲去世的那一日。

2月18日，我最敬重的一位领导、同事、朋友离开了热恋的生他、养育他的土地；离开了深爱他的亲人、同事、朋友和他爱着的亲人、朋友、学生乃至一大批残障孩子；离开了他多年来热爱的教育事业！他是那么热爱教育事业，如同他是那么热爱自己的生命一样。每天清晨你都会看见一个身材修长、精力充沛的身影迈着轻盈的脚步漫步在校园里、林荫小道上。他是那么热爱生活，所以他把满腔的热情献给教育事业，满腔的慈爱献给那些需要帮助的残障孩子，赤诚的关怀献给与他朝夕相处的同事、朋友。

他是一个领导，是一个长者，但更多的是你的朋友！是一个真正的热心的愿和你共同解决麻烦的朋友！无论是工作上还是生活上，他都是你真正的良师益友。与他共过事的人，没有谁未曾得到过他这样或那样的帮助。

当然，对于我来说，父亲给我一生最大的影响和财富就是每天早起习惯的养成。大概从小学一年级开始，父亲每天早晨5:30就会准时把我从床上拖起来，做一件我很讨厌的事：习字。无论是酷热难熬的夏日，还是滴水成冰的冬天，我都要千篇一律地临柳公权帖。其实，也是小和尚念经，有口无心，自然没有练好字。尽管如今我的字还过得去，也有人说我的字有"风骨"，但终究没能成为书法家。

只是歪打正着，有心练字字未练好，却养成了一个好习惯：早晨睁眼即起，每天至少比一般人多工作两个小时。当人们还在梦中酣睡时，我已经挑灯早读了；当人们起床洗漱时，我已经工作了两个多小时。

小时候还经常埋怨父亲，甚至在心里把他比作半夜鸡叫的"周扒皮"。现在看来，这是父亲给我人生最大的财富。如果每天比别人多工作2小时，一年就多了730个小时，50年就多了36500个小时，也就是多了整整1520天，延长了4年多的生命！这是每一分钟都有效的生命！

现在，当我每天早晨5点左右起床，在写字台前伏案工作的时候，脑海里经常会浮现出父亲的身影。这是父亲的礼物，更是我一生的财富。

儿子，请带着理想出门

儿子，你明天就要走了，离开这个你生活了20年的家。虽然过去你也多次背起行囊出门，但那只是短暂的离开，是没有告别的行走，我们也从来没有离别的伤感。

这一次则不同。你是真正要出门远行，虽然距离并不遥远，只是两个多小时车程的南京，但是我们知道你已经开始了真正的人生远行。我看到妈妈在为你收拾行李时的神态，完全是慈祥的母亲为游子出门准备行囊的依依不舍。妈妈的眼圈红了，她舍不得你离开。我知道，儿子的离开是不可避免的。远行只是开始，你有自己的人生道路。虽然我们父子平时的交流并不多，但是我们是在用我们的形体语言在说话，在互相影响着。爸爸是一个感情世界非常丰富的人，虽然很少能够真正表露自己的感情。

今天，我知道我们可能会有一个无眠的夜晚，我非常想与你面对面地好好畅谈一次，但是我们之间似乎不熟悉这样的方式，所以，我选择与你做一次心灵的对话。

这些年来，我一直在注视着你，为你的成绩而开心，也为你的失误而沮丧。尽管你身上还有这样那样的缺点，但是你毕竟是在长大。我看到你把黄仁宇的《中国大历史》《万历十五年》以及一本本哲学、宗教的著作放进书包，我知道你已经在思考自己的未来。其实，真正要读的是人生这一部大书，真正要带在身边的是人生的理想。

你的行囊里什么都可以少，就是不能少了理想。只有理想，才能够让你不断地给自己以激励；只有理想，才能够帮你克服现实生活中的各种困难。坦率地说，爸爸非常羡慕你，少年时代就已经拥有了许多其他孩子没有的东西，就已经写下了自己的许多作品，就已经引起了广泛的关注。但是，这些已经过去了。只有理想，才能够让你重新开始。

我不期待你今后一定从事什么职业，我认为这并不重要。是金子总要发光，只要你拥有理想，你迟早会找到自己的道路。所以，在这样的时候，在你离开我们到大学深造的时候，你应该想一想：我是谁？我为什么来到这个世界？我向何处去？这些最基本的问题看起来非常简单，却是值得你用一生的时间去思考的。你是你自己的主人，从现在开始，你应该学会自己去选择，自己去面对，自己去承担。不要轻易地放弃任何一个机遇，也不要轻易地做出一个承诺。

生活的行囊可以由父母为你准备，爸爸不可能把理想放进你精神的背包。但是，爸爸如果只有一句话要说的话，那就是：儿子，请带着理想出门！

永远爱你的爸爸
2004 年 9 月 8 日

享受生命成长的快乐

儿子，一直答应写信给你，一直没有实现承诺。老爸向你道歉！

老爸忙，你是知道的。但是再忙，与儿子谈心的时间还是有的。也许没有写的原因，是我对于自己力量的怀疑。儿子毕竟长大了。他有自己的成长逻辑。

但我还是决定写。不管你如何对待我的信，如何理解我的文字，我必须与你分享人生的体验与思考，必须尽一个父亲的责任。

这次我想与你谈生命。动因是前不久我在国外出差的时候，你老妈半夜的一个电话。她告诉我，你在南京得了病，而且非常严重。

你知道吗，老爸一个晚上都没有睡好，一直与她和杨树兵联系，直到确认你没有危险。这是我第一次真正为你的生命担心。

记得你小的时候是很怕死的。生病的时候，你甚至说："我还没有活够，我不要死！"其实，那个时候，你并没有真正的生命意识。

但是上大学以后，当你应该具有生命的意识时，我发现你似乎不是那么爱惜生命了。你的生活经常是没有规律的，有时甚至还流露出活着没有意义的想法。

这是老爸一直非常担心的事情。

其实，老爸以前非常关心你的学习与写作，甚至希望你成为著名的作家。但是，这一切如果与你的生命相比，就根本不值得一提了。

生命第一。人的生命只有一次。我不想让你为我们而活，像古人告诫的那样。我只是想告诉你，生命本身就是美的，每个人的生命都是美的杰作，因而应该为自己拥有生命而自豪。应该学会感受生命发展的流程，在成长中享受不同生命阶段的美。

20多年前有一部名为《晚霞消失的时候》的中篇小说，其中的主人公有这样一段评论："人在自己一生的各个阶段中，是有各种各样的内容的。它们能形成完全不同的幸福，价值都是同样的珍贵和巨大。幼年时父母的慈爱，童年时好奇心的满足，少年时荣誉心的树立，青年时爱情的热恋，壮年时奋斗的激情，中年时成功的喜悦，老年时受到晚辈敬重的尊严，以及暮年时回顾全部人生毫无悔恨与羞愧的那种安详而满意的心情，这一切，构成了人生全部可能的幸福。它们都能给我们带来巨大的欢乐，都能在我们的生活中留下珍贵的回忆。"

只有对于生命有着深刻的理解的人，才能拥有这样完整的生命体验，也才能真正地实现生命的价值。

近几年，媒体关于大中小学生自杀或者杀人的报道越来越多，也越来越触目惊心：小学生向同学的心脏捅出了尖刀，中学生向母亲的头颅举起了榔头，大学生纵身跳下了高楼！只是一些在成人看来微不足道的小事，就足以让孩子放弃自己如花的生命或剥夺他人本不应被剥夺的生命。持刀杀人的孩子当然是极少数，但小小年纪便"看透了世界""看破了红尘"，因而变得冷酷起来。这样的孩子应该说在现在是相当普遍的。本来应该是享受生命的年龄，却表现出了对生命的令人震惊的麻木乃至蔑视！如果一个人动不动就"拼命"，你还指望他能珍惜什么？或者对自己、对亲人、对自己周围的人有什么起码的责任感呢？

我的一位朋友在为女儿写的《生命课——一个父亲的谆谆教诲》中这样告诉他的孩子：

生命是一笔上帝给每个人放在银行里的储蓄，究竟它有多少，没有人在生前知道。但有一点是真实的，我们都在一天天地消费它，直到有一天生命出现了赤字。人的生命用减法，价值实现用加法。在这里，加法和减法之间并没有恒等关系，也就是说，减去多少，并不意味着增加多少。在这里，昨天是使用过的支票，明天是未发行的债券，只有今天才是现金，才可以使用。

我把这段文字转送给你，希望你能够理解老爸的良苦用心。

因此，老爸希望你用一点时间，回想自己21年的人生，虽然不长，但许多成长的故事是可以让你终身回味的；再用一点时间思考25岁以后的人生，虽然不知道有多长，但是有计划的人生一定会比没有计划的人生精彩得多。上天只钟情那些有准备的头脑和有计划的人生。

当然，更重要的是，应该把握今天。注意每天的饮食和睡眠，有规律地生活，读一些有价值的书，写一点能够留下来的东西。

平安是福。老爸希望你永远平安。

永远爱你的老爸

2006年9月26日

大学是读书的天堂

儿子，今天是你的生日。刚刚与你通电话的时候，我非常开心，因为听到了你阳光的声音，那是一种久违了的感觉。

前几天一个朋友告诉我，你有一个博客，叫"冢"。我吓了一跳。

朋友告诉我，其实没有什么，冢，可能意味着你想把过去的烦恼与苦楚埋葬掉。在这个意义上，冢，也意味着新生。如果是这样的话，我为你高兴。

我经常说烦恼每个人都有，作为青春期的你，有这样那样的烦恼肯定是不可避免的，关键是学会自我调节。也许，你过去打游戏，甚至狂吃，都是一种调节的方式吧，尽管我看不惯。这可能就是代沟。

我们的少年时代没有电脑甚至没有电视，如果有，我也不知道我会不会沉迷。

今天想谈谈读书。我想告诉你，其实你可能已经非常清楚，比电脑电视更加好的东西是书。尽管你比你的许多同龄人拥有更多的读书经历，拥有更多的藏书，但是，我还是想与你分享老爸对于读书的理解。

在前不久召开的深圳读书论坛上，我提出了四个观点：第一，一个人的精神发育史就是他的阅读史；第二，一个民族的精神境界，在很大程度上取决于这个民族的阅读水平；第三，一个没有阅读的学校，永远不可能有真正的教育；第四，一个书香充盈的城市，一定是一个美丽的城市。我的讲话得到了广泛的赞同，许多媒体报道了我的观点。

相对于世界上的其他民族，我们的读书人实在太少太少了。在日常的生活中，无论是在机场，在其他公共场所，还是在每个人的家里，我们有多少人在读书？前几天我出差，在一个比较高档的饭店用早餐，看到一个老外，一边喝牛奶吃早餐，一边翻看一本书。吃早餐时看什么书？我想，他肯定不是为了作秀，而是他的习惯，是他的生活方式。

我非常敬畏犹太民族，这个民族全世界加起来不超过 3000 万人，在以色列本土有 600 多万人。600 万人比苏州市人口少得多，苏州现在有 1000 多万人，全世界的犹太人加起来只比我们多 2 倍左右。但是犹太人创造了多少世界奇迹？近代历史上三个最伟大的思想家：马克思，他的唯物史观，彻底改变了人类对社会和历史的认识；爱因斯坦，他的相对论，彻底改变了人类对物理世界、对时空的认识；弗洛伊德，他的精神分析学说，彻底改变了人类对自我的认识。犹太人的财富就更不用说，全世界最有钱的人，毫无疑问是犹太人。美国人讲："全世界的钱在我们美国人的口袋里，我们美国人的口袋在他们犹太人的脑袋里。"每一年的诺贝尔奖获得者中，往往不止一个犹太人。为什么？犹太人是把阅读作为宗教的。孩子生下来，就在《圣经》上涂一层蜂蜜，让孩子知道，书是甜的。

我一直认为，大学是真正的阅读的天堂。你经常抱怨学校里面学不到什么东西，那是你把学习的希望寄托在课堂，寄托在老师那里了。其实，大学只是为你提供了一个读书的空间和时间。我在苏州大学读书的时候，差不多每天都去图书馆，差不多每星期读10本书，尽管许多书仅仅是翻翻而已，但是学会了快速阅读，学会了寻找自己需要的图书，更重要的是，学会了思想。现在想起来，那是多么幸福的时代啊！

记得小时候，我经常为没有书读而苦恼。许多书到我手里的时候，已经没有封皮，不知道书名，但是我照样读得津津有味。现在的中小学学生已经没有读书的时间了，这是他们的不幸，也是我们这个民族的不幸。

但是，我自己的经历告诉我，大学应该是读书的最好时光。离开学校以后的阅读，永远不可能有大学阶段那样的潇洒和从容。所以，尽管你的大学生活已经过去了接近三分之二，但是亡羊补牢，犹未晚矣。还有一年多的时间，好好读一点书，还来得及。

老爸刚刚读完一本名为《如何改变世界》的书，写了一篇读书笔记《我们，也可以改变世界》，如果有时间，你可以到教育在线的网站去看。最近在读《从优秀到卓越》，非常有启发。也许如作者所说，优秀恰恰是卓越的最大的敌人。你已经非常优秀，但是那仅仅是过去，而且，它可能就是你最大的敌人。

对不起，一写就写了这么多。真希望我们是真正的"哥儿们"，能够好好聊聊。下次再说吧！

永远爱你的爸爸
2006年11月13日

路是自己走出来的

儿子，你写的《父亲》，我看过很多遍。每次看，心里总有千言万语，却不知从何说起。

这些年来，我一直默默地注视着你，也一直期待在你最需要的时候帮助你。可是，我真的看到了你吗？我真的听到了你吗？我有与你深度交流过吗？像儿时那样一起嬉戏玩耍过吗？

偶尔看到你电脑中的游戏，以及空空荡荡的文件夹，我的失望和痛苦，我一直以为是你难以想象的。看了《父亲》，我发现你不仅了解我的失望和痛苦，承受着我的失望和痛苦，甚至，因为你的自责，这种痛苦被你加倍为重负。

此前，我以为自己已经在反思了。我一直在想，我是不是对你的期望太高了？我是不是把自己没有实现的梦想强加于你了？

你妈妈说，儿子已经很不容易了，他是一个没有胆囊的人。

我就想，人家张海迪下肢截瘫，仍然没有放弃梦想呢！

现在看来，我还是不了解你，没有真正地走近你，我是一厢情愿地按照我的意志来塑造你。

其实，在许多人的眼里，你已经足够好了。小学就出书了，写了那么多唯美的文字，外语学得那样轻松，数学学得那样棒，又是名牌大学的博士。

这些外在的东西，固然给你，也给我们增添了不少荣誉，更确切地说是虚荣。但我并不十分看重。

此前我不看重的原因，是我觉得我知道其中的含金量。我以为，这些东西，都是你轻轻松松唾手可得的。我以为，没有经过艰苦卓绝的努力和奋斗得来的东西，你不会太珍惜的。

可是，看着《父亲》，我突然想到另一个问题：我为什么不看重？

其实，是因为我没有看到你的优秀，是我没有珍惜你的努力。

就拿你出书来说，固然其中有我认识出版社朋友的原因，但更重要的原因是什么呢？是你的文章在同龄人里，已经是出色的，已经足够出版。因为我，外人可能还会把一些你的成绩记在我的头上。

更糟糕的是，我也因此一直强调你的唾手可得，还武断地推论你不会太珍惜。

我对你期望高吗？不，其实不高。因为我知道，你完全有实力实现我的期望——如果我的期望恰好也是你自己的渴望的话。

我要思考的问题是：我究竟是为自己考虑，还是在为我的儿子考虑？

坦率地说，我为自己的考虑可能大于为你的考虑。我考虑儿子的人生追求吗？我考虑过儿子的幸福吗？

我一直强调理想。我自己就是一个不断追寻梦想的人，我也一直走在这条寻梦之路上。你妈妈经常问我，这样做究竟有什么意义？我本来可以像许多官员那样活得更加潇洒的，我本来可以不必谨小慎微地照顾各种关系的，我本来也可以不必东奔西走没日没夜地工作的。

在本职工作和新教育之间走钢丝，用两份心思两份精力，自然是自讨苦吃的。其实，我是用一个理想绑架了自己。

说不苦不累，那是假话。但是，看到那些乡村的老师和孩子因为新教育而拥有另外一个世界，又觉得真的值得。那种快乐和幸福，真的是没有经历过的人难以想象的。

坦率地说，我对新教育的投入，可能远远大于对你的关心。但是，这并不是说，在我心中，你没有新教育重要。

父亲去世的时候，我才真正地长大了。我第一次真正地面对死亡。

我甚至想象过我自己的葬礼，我的儿子该怎样言说父亲。或者说，我究竟留下一份怎样的遗产给你。

人的路，是自己选择的。专业、婚姻、事业都是如此。再伟大的人物，也不可能真正地为子女设计人生。有时候我想，真的人算不如天算。就像我自己，在1999年之前，我又何曾萌生过新教育的理想呢？

儿子，我终于明白，理想，不是我能够强加于你的。你的道路应该由你自己去选择，我只是一个建议者、帮助者。我承诺，在你需要的任何时候，爸爸一定会出现。我在分享你的进步与成功时，更愿意分担你的痛苦与烦恼。

儿子，我终于明白，文章，也不是我能够强迫你写的。从小到大，我最关心的就是你的读书写作，问得最多的就是最近写了什么。

当许久没有见到你的文字时，我失落的心态甚至你也察觉了。文字是从心里流淌出来的，你对文字的讲究远远超过了我，而缺乏耐心的爸爸，一直像地主等待长工的租子。其实，一半是为了你，心里一直在想，你不走，就推着你走。但是另外一半，何尝不是为了我自己，为了博得别人的喝彩，为了满足自己的虚荣心。

而我一直忘记告诉你：对许多朋友，我都得意地说过——朱墨的文章写得比我棒呢!

你看,如果说写作只是我的梦想,是我强加给你的话,其实,你已经实现了我的梦想。你年纪轻轻,就已经写出了比我好得多的文章。这一次的《父亲》,尤其要谢谢你。儿子,谢谢你帮助老爸成长。

我知道,这些年来,你自己也非常痛苦。为自己选择的专业是没有边界的"无底洞"而痛苦,为写不出自己满意的作品而痛苦,甚至为自己的身体而痛苦。我自责一直想分享你的快乐和光荣,而没有想到与你一起分担痛苦和烦恼。我经常揣测着你的心理,而很少真正与你坐下来畅谈交心。

小时候你写过《我和老爸是哥们》一书,但是老爸是否真正成为你的哥们了?我会努力。

一写就写了这么多。还是找机会好好聊吧!

永远爱你的老爸
2012 年 2 月

用理想规划人生的选择

亲爱的儿子:

有时候想和你当面聊聊,怕一下子说不透彻,还是写这封信和你谈谈心吧。

其实,人与人之间绝大部分的矛盾、纠纷,都是由于沟通不畅造成的,亲人之间也不例外。我们虽然经常有见面的机会,但真正共同的活动和深入的交流并不太多,所以,也多少有些像"生活在同一个屋檐下的陌生人"。所以,这两年我们围绕你今后职业的争论,就很正常了。不过,这封信的内容,并不是再一次地劝说,而是一次梳理后的沟通,只是想把我的想法完整地告诉你,便于你参考。

有人说,人生就是努力加机遇。努力,是不断完善自己,加强自己的实力。机遇,是各种各样的机会来临时,能够及时把握。但是,如何辨别机遇、把握机遇呢？这里就涉及选择，选择的眼光、选择的勇气、选择的魄力。

所以，从另外一个角度来说，人生就是选择。从小的角度来看，吃饭时你选择哪些菜肴食物，会直接影响你的健康；生活中你选择什么样的朋友，会直接影响你的幸福。从大的角度来看，人生有三个最重要的选择：专业、婚姻、职业。

人生第一次相对重要的选择是专业。

专业本来不是那么十分重要，而且在选择专业的时候我们自己的人生观、价值观、职业观还没有真正形成，所以，在发达国家，大学的前两年一般是不分专业的，让学生有比较多的时间熟悉和选择不同的专业。而且，即使选择了专业，也可以根据自己的兴趣等及时转换变化。在学生毕业的时候，用人单位也不是特别严格地强调"专业对口"，而是根据学生的"学力"来录用人才。但是，我们的大学往往与职业联系得非常紧密，而且在学校中转专业比较困难，毕业时用人单位也相对比较强调"专业对口"。这样，选择专业就显得比较重要。

可能你直到现在仍然对选择的专业"耿耿于怀"。在苏州中学国际班学习的时候，你学的是理科，成绩也不错。如果当时学一个理工科专业，成为一个工程技术人才，其实也是不错的选择。或者，选择一个比较时髦的专业，什么金融啊，国际贸易啊，税收啊，法律啊，等等，就业也更加容易。甚至，选择一门外语，以后做外交官，也是非常好的选择，因为你有学习语言的天赋，在高中阶段，你几乎没有花多少功夫，就把大学的四、六级英语考试通过了。

但是，你最终选择了文学。这里面虽然有我们的参谋，有学校的建议，但最终的决定权，我们是交给你的。后来你认为文学是一个"无底洞"，无边无际，很难成为真正的专家，甚至影响到你对把文学作为职业感到恐惧。我一度感到很不解，直到前两年的一天晚餐时，你说了一个我从来没有注意到的事实。你说，去南京大学读书的时候，同学们读过的许多书籍你没有读过。你说，你们老师说，有些同学甚至可以做另外一些同学的老师！我突然醒悟过来：这可能就是你觉得中文是个无底洞，觉得做学问很困难的潜在心理原因。

我遗憾知道得太晚。其实，我读大学的时候，与你遇到的情况也有几分相似呢。而且，程度还要严重得多。

　　作为恢复高考后的第一届大学生，我们同学之间的差距比你们更大。这个差距不仅是年龄与经验的差距，更是基础与学力的差距。有些老三届的学生，英语之流利，不在一些老师之下；有些同学处理问题的能力，连班主任老师也不得不叹服。至于读书，课堂内外，他们谈到的书目，我基本上都没有看过。

　　这样的情况下，说没有压力，那是假的。我想，感觉到压力，才是每个有进取心的人的正常心理。只是，我没有灰心，更没有放弃。经历与经验，需要时间的磨砺，好在我比他们年轻，有更多的时间自觉地磨炼自己。读书与学习，也是需要下苦功夫的，好在我比他们精力旺盛，可以挤出更多的时间阅读思考。更重要的是，他们本身就是我最好的老师，随时可以向他们请教。

　　就这样，四年的大学生活，我没有虚度。我是图书馆借书最多的人之一，虽然许多书看了不甚了了，许多书当时根本看不懂，但是基本上把想看的经典名著都找来看了。特别是，在读书的过程中，渐渐明确了自己的人生方向——教育。

　　你说这件事情的时候，虽然没有抱怨我，但是，言外之意是清楚的。如果你在童年和少年的时候，能够读到更多的经典名著，可能会学得更加轻松、更加主动、更加积极。

　　的确，那个时候，我虽然是一个教育学者，虽然也知道阅读对于童年的意义，虽然也找过许多书让你读，但是总的来说还是不够自觉不够系统。同时那个时候，也是我人生关键的时候，为了在大学站稳脚跟，为了在学术上有所成就，我几乎把所有的时间都用在科研教学上，在你身上投入的时间与精力多少是不够的。

　　不过这也和我的教育理念有关。在教育上，我比较主张顺其自然和尊重个性。虽然我为你的童年找来的那些书不够系统；虽然你学手风琴、学书法画画等，更多是随你的兴致，没有让你有意识地坚持下去；虽然上中学以后，因为你选择的是理科班，大量的作业、练习，也不忍心再督促你读许多课外书，除了坚持写作，你也没有更多的课外兴趣活动了。但是，记得你在上小学之前，就已经把《上下五千年》《三国演义》讲得滚瓜烂熟了，你的长期积累相较于一般同龄人而言，仍然是相当可观的。不说别的，仅从你的文学创作里，就能看出一二。

你说，文学专业，尤其中国文学是一个无底洞。我得告诉你，任何一门学问都是"无底洞"。人类发展到今天，要想成为古代或者文艺复兴时期百科全书式的专家，几乎是不可能了。学问是没有止境的，读书也是没有止境的。但是，只要你做，就没有迟的时候。

你已经选择了文学，而且从本科一直念到博士，轻易地放弃它，自然是划不来的，人生能有几个十年。记得我在大学教书时，许多毕业生告诉我不想当老师。我对他们说，如果有这样的想法，能够不当自然更好。因为如果不想当而勉强去当，肯定是当不好的。但是，如果无法选择，就要努力适应，挖掘教师职业的内在魅力。教师职业的复杂性、创造性，教师职业的时间和空间，是其他职业无法比拟的，爱上教师职业可以有更多的理由。而文学的优势，也是其他学科无法比拟的。最起码我一直认为，一个人把文学作为职业，把阅读那些优美深邃的文字作为自己的生活，是多么惬意的事情啊！

儿子，其实我很羡慕你读文学专业呢，一个能够把读书作为专业的专业，一个可能把人生、职业、闲暇、志趣等高度整合的专业。文学就是人生。每个人直接经历的世界总是有限的，文学，就是为我们打开世界和人生的另外一个窗口。我们的人生观、价值观，在很大程度上是受文学影响的。

前不久读到一个故事。说一个死刑犯在临刑前的一个早晨还在全神贯注地读书。众人不解。他说，人生，就是在活着的时候，做最值得做的事情。精神的修炼，是最值得做的事情。儿子，这精神修炼，也是一辈子的事。

人生第二次相对重要的选择是婚姻。婚姻，看起来是一个男人与一个女人的结合。奇妙的是，世界之大，为什么你会选择那个独特的"他"呢？古人说，千里姻缘一线牵。但其实，婚姻也是选择的结果。

在你大学期间，无论是作为父母的我们，还是许多叔叔阿姨，都已经在悄悄地为你寻找合适的女朋友了。当我们一次次地为你安排约会，你一次次地敷衍对付，我们就知道，婚姻不是我们能够安排的了。我们只能告诉你，婚姻是人一生的终身大事，选择一个什么样的人与自己生活在一起，在很大程度上决定着自己的未来。因为，结婚以后的人生之路，是夫妻双方共同去走的。你未来的妻子是否有理想的情怀，是否有善良的心灵，是满足于过过小日子，还是要挑战人生做一番事业，都会直接影响到你未来的发展。

当我们发现，其实你自己已经有了意中人之后，我们也尊重你的选择，正如你当年选择文学一样。在你们走进婚姻的殿堂时，我用你们两人的名字做了一副对联，上联是"只研朱墨作春山"，下联是"妙手任镱著文章"，横批是"读写绘人生"。

上联是讲绘画的，用最好的朱墨颜料绘就最美丽的自然山水，希望朱墨成为任镱人生的最好的颜料，帮助她实现自己的画家梦想；下联是讲写作的，借了李大钊"铁肩担道义，妙手著文章"的名联，希望任镱成为朱墨新作品的最重要的灵感来源，美好的情感会催生美好的作品。一个写，一个绘，但是，无论是作家还是画家，没有阅读都是走不远的。每个人的成长都有着自己的小环境，也就无法避免局限。我的父亲也是一位老师，一位曾经教过音乐、数学的小学老师。我不知道他是否认识到早期阅读的意义，但是我知道，即使他认识到，那个年代，那个在时间上空间上都没有可能读书的时代，也不可能让我有大量阅读的机会。虽然我住在母亲的单位——一个乡镇的招待所里，南来北往的客人随身携带的图书，成为我少年时代的精神营养，但那些当然更是非常不系统的。从所受的局限来说，我当然比你的更大。那么，我走过的路，也应该能充分说明，一个人只要愿意向前走着，就总会越来越多地突破自己的局限。

人生第三次相对重要的选择是职业。你已经是博士三年级了，选择职业，不可回避地来到了你的面前。凭你的个性，可以考公务员；凭你的写作能力和资源，可以当记者；凭你已经发表的作品的水平，你自己曾经提出，干脆做一个自由写作者……这些职业，你都可以胜任，而我则一直建议你选择到大学教书。对于职业的问题，我们有过无数次讨论甚至争论，虽然现在还没有结论，但是，许多问题还是在讨论争论中逐步清晰起来。

在这样的过程中，我常常回忆起你离开家门，去南京读大学的那一年。在你离开家门的那一天，我曾经给你写过一封信。

我在那封信里说，我知道我们在那一天可能会有一个无眠的夜晚，我非常想与你面对面地好好畅谈一次，但是我们之间似乎不熟悉这样的方式，所以，我选择以写信的方式与你做一次心灵的对话。虽然我们父子平时的交流并不多，但是我们是在用我们的形体语言在说话，在互相影响着。我是一个感情世界非常丰富的人，虽然很少有时间能够真正表露自己的感情。

也是在那封信里，我告诉你，其实，真正要读的是人生这一部大书，真正要带在身边的是人生的理想。你的行囊里什么都可以少，就是不能少了理想。只有理想，才能够让你不断地给自己以激励；只有理想，才能够帮你克服现实生活中的各种困难。

所以，或许此时此刻你更应该想一想：我是谁？我为什么来到这个世界？我向何处去？这些最基本的问题看起来非常简单，却是值得你用一生的时间去思考的。你是你自己的主人，从现在开始，你应该学会自己去选择，自己去面对，自己去承担。不要轻易地放弃任何一个机遇，也不要轻易地做出一个承诺。

归根结底，我不期待你今后一定从事什么职业，我认为这并不重要。是金子总要发光，只要你拥有理想，你迟早会找到自己的道路。

我一直认为自己是现实的理想主义者，也就是说，我认为理想如果不能踩在现实的大地上，最终恐怕会成为幻梦一场。但是如果没有理想，一个人活着，也不过是行尸走肉。

从1999年开始，我在阅读中受到启迪，开始深入思考我们的教育问题，开始尝试着把我的教育理想耕种到现实的土壤里，到了2000年《我的教育理想》一书诞生，我的教育理念有了雏形，直至2002年第一所新教育实验学校挂牌，我离开书斋深入第一线的教育生活中……随着新教育实验的启动，营造书香校园等行动的开展，很多师生的生活乃至生命，都因此得以改变，我也能够感觉到理想在我的身上不断成长，我也感到自己的生命因此有了意义。

我虽然是你的父亲，但每个人的理想只可能由内心萌动，我也同样不可能把我的理想放进你精神的背包。在你面临所有人生的选择时，我如果只有一句话要说的话，那就是：儿子，请用理想指引你的方向。

儿子，人是不自由的，因为许多事情我们无法选择。所以，人生会有太多的无奈，太多的遗憾。但人又是自由的，因为最终我们是自己命运的主人，是自己生命故事的书写者。不抱怨，不放弃，才是最好的人生姿态。

有太多人感慨过，如果人生能够从头开始，他就会有另外一种人生。是的，可人生无法从头开始。正因为人生无法从头开始，现在的每一刻都能成为新的开始。努力让自己的人生更自觉、更主动、更积极，就从现在开始。

人生就是选择。选择对了，事半而功倍。人是要对自己的选择负责任的，无论是专业、婚姻，还是职业。所以，希望你细细思量，认真考量。

人生是需要设计的。为自己选择的过程，就是一个设计的过程。自觉地行走，与浑浑噩噩地混日子，会有完全不同的人生。我，当然希望你成为一个自觉的人。

亲爱的儿子，不要为你的过去遗憾，更不要为你的过去后悔。你有你的优势，你有你的特长，你的细腻，你文字的美丽……你拥有许多同龄人不具备的优势。有些人，眼里只看到自己不如别人的地方，总是自怨自艾，没有生活的激情和梦想；有些人，眼里只看到自己超越别人的地方，总是盲目自信，把握不好人生的方向。希望你不要自卑也不要自傲，好好规划你的人生，好好发挥你的优势，不断阅读，不断反思，你一定能够走得很远。

有缘做父子，是缘分也是福分。无论你走到哪里，只要你需要，我总会出现。为你祝福，为你喝彩，为你加油。

永远爱你的爸爸
于 2014 年春

伟大的教师曼德拉

无论出身于哪个民族，身处于哪个国家，每一个伟大的人，都是人类共同的英雄。这样的人，职业不同，身份各异，相同的是他们用时光锻造生命，用行动把自己的人生书写为一个传奇。他们的一生就像一本活生生的人生教科书，言传身教地为人们指引出一种更有价值的活法，值得我们每个人去学习。从这个意义上来说，每一个伟大的人，都是一位伟大的教师。

纳尔逊·曼德拉，就是一位这样伟大的教师。

2013 年 12 月 5 日，曼德拉享年 95 岁，安然离世。这一生，他过得光芒万丈又跌宕起伏：曾因领导反种族隔离运动入狱27年，曾获诺贝尔和平奖，曾是南非第一位黑人总统……不仅如此，曼德拉还对教育非常重视。自他1999年主动卸任后，就致力于两件事：在南非大力兴办学校，为南非防治艾滋病。曼德拉的所行所言，如老师一般将世事，将人生，向我们娓娓道来，让我们这些为人师者深受启迪。

对受过27年牢狱之灾的曼德拉来说，最令人震撼的或许是他对自由的诠释："当我走出囚室迈向通往自由的监狱大门时，我已经清楚，自己若不能把痛苦与怨恨留在身后，那么其实我仍在狱中。"这是他的睿智之语，也是他的肺腑之言。他在当选总统的那天，邀请狱警参加典礼并真诚致谢，他认为自己曾经是个急性子，而且脾气暴躁，是狱中生活让他逐渐学会反思与处理痛苦，从而给了自己战胜苦难的能力。他用行动证明，他并没有让仇恨侵蚀自己的内心，而是为自己赢得了真正的自由。

其实，没有人的生活会一帆风顺，无论大小，每个人都会遭遇困境。束缚每个人的枷锁，不是周遭环境，而是自己的心魔。摆脱这样的枷锁，就能享有真正的自由。曼德拉面对困境的方式告诉我们，我们可以从痛苦中汲取积极的力量，从困境中学习超越的本领，这样强大的心灵就会无所阻碍。而且越是得知自由的可贵，我们越是要像曼德拉说的那样为了自由行动。"自由不仅仅意味着摆脱自身的枷锁，还意味着以一种尊重并增加他人自由的方式生活。"因为，永远有人无法靠自己挣脱自身枷锁。当我们为这些人的自由而奋斗，我们的心将获得更大的自由。

有了这样的心，自然就可以像曼德拉说的那样把敌人变成伙伴。"要想与敌人求和平，就需与敌人合作，然后他就会变成你的伙伴。"这句话不仅是政治家的谋略，换个角度理解，也是凡人的处世箴言。生活中99%的对立是因为沟通不畅。从合作开始交流，把想法平和地说出来，互相倾诉倾听，最终消除误会双方和谐，同时收获友情与工作，才是双赢。这样，也就更好地实现了我们生命的意义。因为只要活着，无论是否愿意，我们实质上都在影响着周围的人。我们积极一点，就向周围多传达一分正能量；我们消极一分，就向周围多传达一点负能量。正负的比例，就是我们活着的价值。曼德拉说过："生命的意义不仅是活着，而是我们给别人的生命带来了何种不同。这决定了我们人生的意义。"这句话，对教师尤其重要。教育归根结底是人和人之间发生的影响，教师的一言一行都可能直接给学生的生命带来不同。教师的生命价值、人生意义，都在于此。

曼德拉还告诉我们："无人生来会因肤色、背景、宗教而憎恨他人，憎恨是人们后天习得的。如果人们能学会恨，他们也能被教会去爱。因为对于人的心灵来说，爱比恨来得更加自然。"是啊，爱是教育的源泉。但在我们的现实生活中，仇恨很容易看见。渐渐地，有太多人，包括我们教师，都会受此蒙蔽，以为恨就是生命的底色。可细想一下，谁不会对着刚诞生的生命，无意识地绽放微笑呢？这就是爱，最原始的爱，它来自善良的心灵。

但仅仅有善良的心灵还是不够的。曼德拉提醒我们："精明的头脑和善良的心灵往往是个不可思议的组合。"因为，精明与善良，是很难同时存在的两个特点。精明往往导致斤斤计较，善良通常导致宽容大度。一个人的最高境界，是做事精明，细加推敲，为人善良，谦和宽厚。能这样，意味着小聪明已成大智慧，成为一个了不起的人，就是必然。

所以，面对困难与挑战，恐惧和屈服是容易的，勇敢迎接是困难的。曼德拉是人们心目中的勇者，他却坦率地指出："勇者并非指那些不感到害怕的人，而是那些能克服自身恐惧的人。"永远不害怕的人，不是勇敢，而是莽撞。真正的勇敢必然与智慧联系在一起，因此必然能够分辨出什么是危难，并为之恐惧。真正的勇敢，是在危难关头始终咬紧牙关；真正的勇者，是为了使命，明知不可为而为之。

所以，对现实责怪、抱怨是容易的，想要超越现实的表象，对人性、对教育有着根深蒂固的信任与热爱，是艰难的。但后者才是教师这一职业的真正使命所在。曼德拉是有这种信任与热爱的，因此他是一位乐观者，他始终坚持："有许多黑暗的时刻，人道主义信仰一时经受了痛苦的考验，但是，我将不会也不可能会向悲观低头。向悲观低头就意味着失败和死亡。"

真正的信仰是最为恒久炽热的希望，能在厄运中鼓舞起勇气，激荡起乐观。信仰造就的乐观，是生命中的太阳，任何境况下的人生都会因此温暖明亮，并指引着生命中的明亮那方。还在大牢之中时，曼德拉就一直坚持用简练的线条、明快的颜色画下当时的生活。他说，他"想用乐观的色彩"记录。他在84岁那年，将这些"牢画"做了一个画展，感慨道："只要我们能接受生命中的挑战，连最奇异的梦想都可实现！"我们必须明白，所有梦想，都是对现实的超越。想超越现实，必然面临挑战。绝大多数时候，我们对梦想仅仅是想想而已，很少有人真正用心去做，因为永远有太多人用太多理由来告诉我们：不可能。其实一旦用心行动，就会发现即使再强的外压下也永远有探索空间，不可能逐渐变成可能，最终成为现实。不徘徊犹豫的人，乐观迎接挑战的人，才可能真正拥抱梦想。实现了太多常人眼中不可能实现的梦想，曼德拉用亲身经历告诉我们："当我们没有开始做一件事时，它看起来好像是不可能的。"

当然，人生是一段旅程。曼德拉说："我已经发现了一个秘密，那就是，在登上一座大山之后，你会发现还有更多的山要去攀登。"所谓成功，只是我们登上了一座众人眼里的大山。如果此时驻足停步，就意味着我们只欣赏过这座大山的风光，却失去了更多的风景，那也就是真正的失败。

人生没有最高峰，风景永远在路上。教育没有终点，我们永远在追寻中。曼德拉为南非奋斗一生，如今南非的发展仍然面临着诸多问题。建立国家易，建设国家难。后者必须以教育为武器，让刚性制度要求成为全民文化自觉，才会长治久安。勇者曼德拉离开我们，走上了另一条漫漫自由路。这个伟大的人，发动过革命，也倡导着和平，最后，他对教育的力量有着越来越深刻的认识。曼德拉说过的一句话，值得我们每一位教师为之自豪，为之自省："教育是最强有力的武器，你能用它来改变世界。"我们，在这样做吗？

"大玩学家"于光远

2013 年 9 月 27 日，我刚到苏州参加民进江苏省委会的江海教育论坛，就获悉于光远先生去世的消息。国庆期间，有朋自远方来，加之家中添丁等，无法回京参加于老的送别仪式，多有愧疚之感。

于老是中共的元老。早在 1935 年，在清华物理系念书的他就参加了地下党。1939 年前往延安，先后在中央宣传部、国家科委、中国社会科学院等担任领导职务。

于老也是百科全书式的专家，在马克思主义理论、哲学、经济学、政治学、社会学、教育学、心理学、生态学、辞书学、图书馆学、休闲学等诸多领域有专著出版。他的学问往往经世致用，参加过十一届三中全会重要文件等的起草工作，并且为小平同志写过讲话稿。

于老还是学术敏锐性特别强的专家。在特异功能大行其道的时候，他就发表批评文章，认为这是"伪科学"。他也是国内较早提出社会主义初级阶段问题，主张在中国实行社会主义市场经济体制的学者。

于老很得意自己提出的"喜喜"哲学。他说："前一个'喜'是动词，后一个'喜'是名词，意思是只记住有趣的事，从不回忆那些苦事，更不会无端发愁。因为，人到这个世界上走一趟不容易，只有短短的几十年，如果总是纠缠于那些苦事和悲事，而忘记了能给你带来快乐的那些奇事和趣事，生活也就失去了本来的色彩。"

那么多头衔中，于老自己比较喜欢的是"老玩童"这个称号。记得有一次和邓伟志先生一起去他北京史家胡同的家里拜访，他告诉我们，他小时候就喜欢玩，麻将扑克比大人还要玩得好。他收集了大量的玩具，把玩看作"人的根本需要"。他甚至还写过《儿童玩具小论》和《玩具（大纲）》，为此，他把自己从"老玩童"升级为"大玩学家"。

于老用"玩"的精神对待学问和人生。他的好奇，他的热爱，他的痴迷，成就了他的学问。他涉猎非常广泛，每一个领域都能够卓有所成，与他的"玩"的心态有密切关系。记得有一次在餐桌上，于老告诉我，他曾经编选过一本《马恩论饮酒》的资料，可惜被人搞丢了，后来干脆编写了一本《酒啦集》。而在所有的玩具中，于老最喜欢的竟然是他那些用过的铅笔！在他家中，我们看到了一个方形的纸盒子，里面放满了各式各样的铅笔头。他把长度基本相当的捆在一起，由一个个小小的圆柱体组成大大的圆柱体，由高到低依次排成一列，像一位将军检阅着自己的铅笔军团，好不得意。

鉴于于老的学术影响力，1999年我主持编写"新世纪教育文库"时，就邀请了他和李政道、张中行、钱仲联、陆文夫为学术顾问。没有想到，84岁高龄的他不仅满口答应了下来，还坐着轮椅来苏州参加了会议。在会议上，他动情地说：为孩子们和老师编选这样一套书，"这件事的价值绝不亚于建造一条高速公路"，还欣然为我们题下了"传承文明，铸造心灵"八个大字。

在苏州期间，我陪同于老听苏州评弹，参观了平江绝对保护区、山塘街、虎丘等古城保护项目。后来，又陪同于老参加在张家港举行的全国智慧学学术研讨会议。每一次，于老总是兴致颇高，思维活跃，不时有惊人之语，根本感觉不到他是一位80多岁的老人。

从2000年开始，我每年会给朋友们写一封贺年信，正是学自于老的方式——每年新年，于老总会让他的秘书胡冀燕给朋友们寄发一封别具一格的贺年信。一张白纸，写着他一年的轮椅行走轨迹，写着他家中的大事喜事，写着他新的著述成就。

现在，于老走了。明年，朋友们不会再收到于老的贺年信了。生离成为死别，总会让人感伤。但是，我相信，于老在那个世界，一定会很开心的，那个世界，则会因为于老而增添一分精彩。因为，他会成为那个世界的新的"小玩童"，他会用"玩"的精神玩出更多的大学问。

在中国的"太庙"见南怀瑾先生

南怀瑾先生对于我来说有一些神秘。曾经读过他写的《狂言十二辞》："以亦仙亦佛之才，处半人半鬼之世。治不古不今之学，当谈玄实用之间。具侠义宿儒之行，入无赖学者之林。挟王霸纵横之术，居乞士隐沦之位。誉之则尊如菩萨，毁之则贬为蟊贼。书空咄咄悲人我，弭劫无方唤奈何。"有人称他为国学大师、易学大师；有人写他是佛学大师、禅宗大师、密宗上师；甚至有人称他为当代道家、现代隐士，说他是世界上第一流、最高明的江湖术士；更有人称他是"这个虚浮的网络时代里一位人人可以求教的旷世贤师"。

2007年3月17日下午3点，去吴江拜访南怀瑾先生。一路上，头脑里在回忆先生的简历：1918年，出生于浙江温州书香人家。幼年接受私塾教育，12岁至17岁间已遍读诸子百家。少年习武，精通拳术剑道。青年时访求多位高僧隐士，为禅宗大德盐亭老人袁焕仙弟子。后入川，任教于中央军校，并在金陵大学研究所研究社会福利学。离校后专研佛学，遍阅《大藏经》。1945年，远走康藏，参访密宗上师，被承认为合格密宗上师。离藏后赴昆明，讲学于云南大学，后又讲学于四川大学。1947年返乡，归隐于杭州。后在江西庐山天池寺附近结茅庐清修。1949年去台湾，1985年旅居美国，1988年回香港居住。2006年在苏州吴江庙港定居至今。在"南怀瑾缘"的网站上，有详细的介绍。

一个小时不到，就到了庙港。经过太浦河上的一座大桥后，拐弯不远的地方，有几栋虽然不起眼但是很特别的建筑。我想，这应该就是先生的住所了。走近一看，在围墙的尽头，有一个大门，边上有"太湖大学堂"五个大字。

张耀明兄与先生的助手马先生迎候我入门。学堂很大，占地约300亩。一期已经完成主楼与讲堂。马先生带我们沿学堂参观，从学校的道路走上太湖大堤，堤上的树已经开始露出嫩芽，晚霞映在北边的太浦河上和南边的桃树林中，许多小动物在草丛中悠闲地漫步，一种宁静的美、自然的美，让我们从这静美中又体会到一些神秘之感。马先生说："不假，这里真是神仙居住之地。"他告诉我们，当时勘测地形的时候，飞行仪器就在先生现在居住的主楼上面失灵了。

5点钟左右，马先生去安排其他事情，请一位师傅带我们继续参观两栋建筑。先入讲堂，又叫禅堂，是先生讲学、弟子修行的地方。进门脱鞋，因为有地热装置，一点也不感到冷。大堂里有人在打坐修禅，我们小心翼翼地上楼，有闭关室，有治疗室，有洗浴室，还有桑拿房。无线网络覆盖，非常先进。在楼上看前面的草坪，一幅太极图映入眼中。

因为江南多雨，讲堂与主楼用回廊连接。主楼客厅有刘子仁的画，王凤峤题词"一花一世界，一叶一如来"，据说以前是挂在南先生香港的客厅中的。二楼是各种讨论室与房间，其间布置了许多古代与近现代的名家书画。三楼是图书馆，据说藏书达25万册以上，经过国家的特别批准全部从美国带来。马先生告诉我们，这些书南先生大部分读过，许多能够背诵。南先生的工作室也在三楼，有一尊佛像供奉在中间。还有一间非常特别的中药房。据说，有弟子、客人患病，先生经常自己配药帮助治疗。

6点不到，当我们回到客厅的时候，先生已经在那里"工作"——为送给我们的书题款了。先生精神非常好，不时开着玩笑。

当不清楚要送书的人是男是女的时候，他就问："公的还是母的？"我们一边聊着，先生一边写着，一口气签了几十本书。他笑着说："你们看，我在做苦工呢！"

我问先生为什么选择庙港作为他人生的归宿。他笑着说，这里是中国的"太庙"啊！我们不解。因为太庙是古代王室祭祀祖先的地方，先生为什么说这里是中国的"太庙"呢？先生说，太湖的庙港，简称不就是"太庙"吗？

先生说，这里原来是一个鸟也不拉屎的地方，是太湖边一个低洼的水塘。1999年11月18日，他的一个在吴江投资的学生邀请他来庙港。当时的吴江市委书记汝留根铺了长长的红地毯迎接他，让他非常感动。而看过汝书记的名片，那姓名更是让他大吃一惊：你不是要我永远留在这里吗？他的学生陪同他在太湖大堤上走了一圈，来了感觉。他说，将来在这里骑着小骡子，读书修行，一定非常美好。就这样，经过6年的建设，填土、种树、修路、造桥、养花、喂禽，大学堂初具规模。

6点半以后，我们移师餐厅。先生坚持让我们先行，他说这是中国人起码的礼节。90岁的老人，可以说是健步如飞，谈笑风生。

到了餐厅，一副先生最喜欢的对联映入眼帘：开张天岸马，奇逸人中龙。先生说，这是宋代的神仙陈抟的作品。

餐厅里有近30人吃饭。有北京的、上海的、台北的，有著名跨国公司的老板，也有行政官员，还有一位80岁的老学生张尚德教授专门从台北赶来。先生笑着说，我这里就是"人民公社"！张教授讲了他当时拜访先生的故事。那时他是个穷学生，穿着一双"天不知地知"的皮鞋向先生请教。先生也是穷困潦倒，但还是接受了他，管他吃饭。去年他身体不好，动手术前像小孩子一样给先生打电话说："老师，我怕！"先生安慰他。最后他对先生说："开刀的是你不是我！"竟然不再害怕。

先生对中国文化的问题特别有感情。他说，文化是民族的根本。国家灭亡了还可以复国，文化灭亡了，就彻底地完蛋了。他看见我穿的是西装，说：你这个是西方海盗的东西！中国人现在连衣服也没有了！韩国的服装是沿袭我们明朝的，日本的和服是沿袭唐朝的。我们为什么没有自己的"衣冠"了呢？谈到年代，南先生说，正溯历法，从黄帝算起，也有4700年了，为什么要丢掉它而用西方的纪元呢？他说，苏州的文化基础非常厚实，苏州人会管理钱，项怀诚、金人庆都是苏州人，国民党时期也是苏州人管银行的。他告诫我：要警惕苏州变得没有文化呀！

南先生对教育问题也非常关注。他说，教育的问题太多了！现在第一流的家庭的孩子所受的教育是最末等的。一个孩子六个人爱，什么事情都不会做，什么都不懂，将来的生活都可能有困难！他强调读书尤其是朗诵。听说我在做的新教育实验有"营造书香校园"的行动和"晨诵、午读、暮省"的生活方式，他非常高兴，马上让工作人员拿来他指导编写的《儿童中国文化导读》《中国文化断层重整工程》《儿童西方文化导读》等书。他告诉我，他的书基本上是17岁以前读的。"早期的阅读非常重要。"他还请张教授现场演示了如何诵读中国的传统诗词，这样的吟唱，在我们的教育中也几乎看不见了。

不知不觉，3个小时就要过去了。先生怕大家没有吃饱，请工作人员做了面条让大家吃。最后合影，先生邀请我在他喜欢的对联前留影，让我非常感动。

第二天早晨，我开始读南先生所赠的他新出的《南怀瑾讲演录》一书。这是先生在上海、海南对知识界、工商界和传媒界做的五次讲演记录整理形成的文字。内容包括读书与工商文化、大会计、人文问题、中国传统文化与经济管理以及中国传统文化与大众传媒等部分，许多观点非常精彩。

南先生对于文化问题非常重视。其实，他的讲演就是一本复兴中国文化的宣言书。先生说，他经常感到，国家亡掉不可怕，还可以复国，要是国家的文化亡掉了，就永远不会翻身了。所以，南先生说："一个国家、社会的兴衰成败，重点在文化，在教育。"

南先生批评现在的教育不但读的书没有什么用处，还浪费了孩子们的脑筋，把孩子们的身体都搞坏了。他指出，20世纪初威胁人类最大的是肺病，20世纪是癌症，21世纪威胁人类最大的可能就是精神病了。许多孩子精神有问题的背后，就是教育的问题。

南先生曾经在美国生活过一段时间。他对美国的学生说：我们中国的学生到美国来学习，要东考试，西考试，还要高收费。而过去的中国，特别是唐朝的时候，外国学生到中国留学的非常多。我们在长安准备了几千所房子，招待吃招待住，最后还要送他们回去。跟你们美国完全不一样，这就是中国的文化。

先生特别强调人生观的问题。他说，如果没有人生观，都是跟着大家走，跟着时代的浪潮随便转，是很有问题的。"名利最为浮世重，古今能有几人抛？""亡德而富贵，谓之不幸。"一个真正有文化、有思想的人，才能够独自站起来，不跟着社会风气走，自己建立一个独立的人格。

先生的书博大精深，以后还会慢慢品读。初读完毕，看着扉页上写着"朱永新老弟，丁亥新春于庙港，二零零七、三、十七，南怀瑾"。睹字如人，特别亲切，让我又仿佛回到与先生相见的那三个小时之中。从未见时的神秘，到亲见大师的随和、幽默和博学，既让我大开眼界，更让我在得见真容后越发敬仰。我为苏州能够留住这样的大师而自豪。

桃李自成蹊

2020年5月19日6时15分，我敬爱的良师益友陶西平先生在北京友谊医院抢救无效，不幸逝世，享年85岁。

去世的当天，我发了一则挽联：

闻讣我何堪？庚子杏坛悲折柱；
登仙君勿念，神州教育欣换颜。
——陶老千古，永新携新教育同人泣挽

按照常理，我应该在第一时间写出悼念的文章，讲述我与先生的故事，讲述先生与新教育的故事，写写我眼里的陶西平先生，写写我心中的陶老。

但是，几次动笔，都没有能够成文。想说的话实在太多太多，反而不知道从何说起，先生对我的帮助太大了，对我的关心太多了，对我的恩情太重了。一篇短文，难以表达我对他的感激。

一

陶老去世以后,《新京报》发表了一篇文章《追忆陶西平:一个教育家的四个侧影》,用"基础教育改革先行者""民办教育协会掌门人""具备世界眼光的教育家"和"谦和务实的师长、挚友"来描写大家眼中的陶西平先生。这四个侧面勾勒出陶老作为一位教育家的立体形象。

是的,陶老是中国基础教育改革的先行者。陶老执掌北京十二中的时候,实施双基教学和校长负责制,在全国率先建立心理教研室,开设形体课、心理课和综合实验课,成立金帆乐团,把十二中变成了教育界的"小岗村"。担任北京教育局局长后,提出"校校精彩,人人成功",推动北京八中招收超常儿童班,推进素质教育等。

陶老是中国民办教育协会的掌门人。陶老从推进民办教育立法,到成立民办教育协会,从把民办教育定位为教育发展的重要增长点和教育改革的重要力量,到凝聚各方力量,团结政府、媒体、投资、教育各界助力民办教育发展,都亲力亲为,兢兢业业。中国民办教育在他的领导下得到健康的发展。

陶老是具备世界眼光的教育家。陶老长期担任联合国教科文组织协会世界联合会副主席、荣誉主席等职务,多次带队到联合国和世界各国考察访问,从意大利的艺术高中到芬兰的教育改革,从"好望角以北的教育"到韩国济州的农村学校,他敏锐地观察着世界教育改革的动向和国内外教育热点问题,始终把中国教育放在世界的背景下思考和探索。难怪顾明远为他撰写的挽联中,也竭力称赞陶老具有"世界眼光,博学睿智"。

陶老是谦和务实的师长、挚友。陶老具有师者风度、长者风范。他曾经这样评价自己:"我就是一名教育工作者,顶多算是一名比较认真的教育工作者。"对一线老师和我这样的晚辈学者,他几乎来者不拒,提携帮助。他经常走进中小学和幼儿园,听孩子们唱歌看孩子们嬉戏,开心时还用俄语、意大利语、英语、日语为孩子们演唱。在母校北京四中演讲时,陶老勉励师生:"一个人不一定要跑得最快,但要做跌倒了爬起来最快的人。"

其实,陶老的侧影远远不止这四个方面。他对中国教育的贡献是全方位、多维度的。

陶老亲自参与和领导了许多重要法律法规的起草，如任北京市人大常委会副主任时力推《北京市学前教育条例》出台，成为全国第一部学前教育地方性法规；作为专家组组长主持区域教育现代化研究，对全国20个实验区进行了长达十几年的持续跟进研究，为我国教育现代化目标的提出和设计做出了基础性贡献；作为《国家中长期教育改革和发展规划纲要（2010—2020年）》"教育公平与协调发展研究组"组长，主持完成多项调研报告和政策建议；作为国家教育咨询委员会义务教育均衡发展组组长，多次带队深入中西部地区进行专题调研，向国家和当地政府提出了许多富有建设性的政策咨询意见。陶老不同程度地参与了改革开放以来我国基础教育和学前教育领域几乎所有重大文件的制定和重大工作的战略谋划、组织实施，对义务教育、教育现代化、教育公平的推动发挥了重要影响。

陶老在教育理论与教育思想方面也有重要的贡献。他先后主编了《教育评价辞典》《启动学校内部活力的理论与实践》《多元智能与课程改革丛书》等著作，在多家教育报刊开设专栏，出版有《沉浸于求索之中：陶西平自选集》《让失败率为零：教育整体改革的思考与实践》《一路走来——陶西平教育漫笔》《追梦人：陶西平教育漫笔》以及在2019年出版的四卷本教育漫笔选集《大家不同　大家都好》《在反思中创新》《涌动的潮流》《为生命而为》等。他的教育思想一直与时俱进，始终是时代的弄潮儿。

二

我与先生90年代相识于苏州。记得第一次见先生，是在1998年左右苏州市教育局召开的一次苏州教育现代化指标体系论证会议上。那时，我刚刚担任苏州市分管教育的副市长不久，听到先生关于教育现代化要关注教育思想、教育观念的现代化，特别是人的现代化以及苏州的教育现代化，要有区域特点，要有"苏州的味道"等论述，一下子有醍醐灌顶的感觉。我深深感觉到他是一位既高瞻远瞩，又脚踏实地的教育思想家。

那个时候，先生只是六十出头，但大家都尊敬地称他为"陶老"，我也自此跟着叫"陶老"。

2001年11月9日至11日，苏州市政府和中国教育学会、江苏省教育厅、中锐集团联合主办了首届"21世纪教育论坛"。论坛的主题是国际化、数字化与基础教育，探讨在全球化和信息技术快速发展背景下我国基础教育所面临的新问题，邀请了国内外著名的教育家、经济学家、企业家及政府教育官员，就21世纪我国基础教育发展的热点问题进行对话。在筹备这次论坛的时候，我就论坛主题和举办单位等问题电话请教了陶老，他亲自指导我，应该抓住"WTO与中国教育"的方向，同时让中国教育学会支持我们举办论坛。

2002年11月28日至29日，"第二届21世纪教育论坛暨中国民办教育高峰会"继续在苏州举行。这次论坛及高峰会的主题是：多元化、法制化与民办教育。当时，陶西平先生是全国人大常委会委员，也是教科文卫委员会的委员，我和《人民政协报》教育在线周刊的贺春兰主编等在商量会议主题的时候，也多次请教他，得到他许多具体而微的指点。由于这次会议是在全国人大讨论民办教育促进法前夕召开，所以格外引人注目。来自全国27个省（自治区、直辖市）的458名代表出席了这次会议，中央电视台、中国教育电视台、《人民日报》《人民政协报》《中国教育报》《21世纪经济报道》《中国教师报》等20多家媒体50多名记者跟踪会议进程并进行了即时采访与报道。全国人大教科文卫委员会副主任委员汪家镠在开幕式上做了关于民办教育立法的专题报告。这次会议，为全国人大顺利讨论民办教育促进法营造了良好的舆论环境，取得了空前的成功。作为主持人的陶老和我，也在合作中结下了深厚的友谊。

2004年4月11日，全国教育科学"十五"规划重点课题"新教育理论的实践及推广研究"开题大会，在苏州的张家港高级中学和常州湖塘桥中心小学举行。这一次会议，我邀请了一些我非常敬重的教育家参加，如李吉林、杨东平、袁振国、周德藩、成尚荣、程方平、杨九俊、彭刚以及美国的严文蕃、万毅平等，陶老是处于C位的头号嘉宾，李吉林老师由于临时身体不适，发来了热情洋溢的贺信。在那次会议上，陶老兴奋地预言："新教育实验将会是一条鲇鱼，搅动中国教育这缸水。"话语之中，既有对初生的新教育的赞美之词，更饱含了对于我们的殷切期待。

三

我和陶老更为密切的联系和交往，是在我到北京工作以后。

2007年底，我当选为中国民主促进会中央委员会副主席，到北京工作。在北京，我们不仅经常一起参加中国教育学会的各种工作会议，他是学会的常务副会长，我是副会长；而且经常在各种学术会议上见面，经常是我跟在他后面发言。其中还有一个特别的缘分，那就是陶老和民进中央共同推动成立了中国民办教育协会。

陶老与时任民进中央主席许嘉璐先生是好朋友，民进是"教育党"，60%以上的会员来自教育界。民进会员中有一批重要的民办教育举办者，民进中央也有助力中国民办教育发展的传统，如中国第一所私立高中的创办人汤有祥，在办学最困难的时候，雷洁琼主席亲自协调借款。那段时间，我经常在民进中央机关见到风尘仆仆的陶老。

2008年5月17日，中国民办教育协会成立大会暨第一次代表大会在北京会议中心隆重举行。时任中共中央政治局委员、国务委员刘延东，全国人大常委会副委员长陈至立分别给大会发来贺信。全国人大常委会副委员长、民进中央主席严隽琪，全国政协副主席张榕明出席大会。民进中央原主席许嘉璐先生作为中国民办教育协会名誉会长在会上做报告。时任教育部副部长、党组副书记袁贵仁到会讲话。民政部、人力资源和社会保障部代表到会致辞。

在那次会议上，陶老众望所归，全票当选为首任会长，民进中央副主席王佐书和秘书长赵光华分别担任了常务副会长和秘书长。那一次，我也受邀参加了成立大会，见证了中国民办教育协会成立的过程。

2011年9月18日，新教育实验在内蒙古自治区鄂尔多斯举行新教育实验第十一届年会，我邀请陶老到会指导。他欣然参加会议，并且在会上做了一个非常重要的讲话。陶老动情地说：在新教育刚刚起步的时候，他曾经说过，新教育实验将会引起一场"鲇鱼效应"，那就是会在教育常规的池水里搅动起一场波澜。现在看来，不仅是"风乍起，吹皱一池春水"，而且是"惊涛拍岸，卷起千堆雪"。他说：现在的新教育已经发挥了一种"摇篮效应"，"在它的不断摇动下，成长起一种新的理念，成长起一个实践体系，成长起一支教改队伍，成长起一批优秀学生"。

陶老在讲话中强调了新教育实验的五个重要特点。他说："新教育实验给我们的深刻启示，一是新教育的社会性。新教育的宗旨是要让我们的孩子最终能够真正融入社会，具有强烈的社会责任感、使命感、正义感。二是新教育的人本性。新教育主张为了一切的人，为了人的一切。关注人的生存状态，关注人的发展空间，关注学生和教师、校长、家长以及社会上所有人的发展，而且强调尊重人的个性发展。三是新教育的人文性。教师作为人类灵魂的工程师，首先要使学生成为有灵魂的人。新教育倡导真正关注人类的问题、人类的命运、人类文明的进程、人类文化的发展延续。倡导用人类几千年创造的精神财富浸润学生的心灵，并且让中华文明在我们这一代人的手中更加繁荣。四是新教育的实践性。教育虽然缺少反思，但更缺少的是理性的反思，而最缺少的是反思后所采取的切实的补过和提升的行动。新教育重在实践，重在实验，用具体的可操作的行为，指导教育活动，使教育改革成为看得见、摸得着的事情。五是新教育的激励性。新教育实验引导和鼓励校长和教师超越自我，不消极等待，不怨天尤人。鼓励大家都应该有自己的梦，都应该给自己一种挑战自我的勇气，一种超越自我的精神，在耕耘中赢得收获。"

陶老在讲话中还详细论述了尊重、敬畏教育规律和价值的问题。他指出，现在的教育存在着诸多困难和问题，其中重要原因之一就是我们常常做许多违背教育规律的事。有的不懂得教育规律，有的不认同教育规律，有的以长官意志代替教育规律，有的甚至以不正确的政绩观支配下的决策取代教育规律。对于我们面临的许多困惑，如果不从教育规律上找原因，而是只想采用简单的行政命令办法解决问题，并把这种简单的行政命令称之为教育改革，这是教育改革的悲哀。

陶老对新教育人尊重规律、探索规律的努力，则给予了高度赞赏："新教育始终坚持教育实验，并在实践中取得明显的成效，这才是教育家应走的道路。"他特别期待在新教育实验过程中有更多的教育家涌现，希望"新教育实验坚持继承和发扬中华民族优秀文化传统，高扬站在时代发展前沿的改革和创新精神，用教育改革实验的新的成就，成为中国先进教育思想的代表、教育改革的指南、新世纪教育成长的摇篮"。陶老的这个讲话，不仅仅是对我们的褒奖和肯定，也是鼓励和鞭策，我也把它视为陶老的第二次对新教育的"预言"。

2015年1月9日至10日，由中国教育学会与新教育研究院联合举办的新教育实验"缔造完美教室"叙事研讨会在北京师范大学举行。四川省宜宾市人民路小学"太阳花"教室班主任郭明晓等9位老师相继发言，讲述他们教室里的故事。陶老和时任教育部教师工作司司长王定华、教育部基础教育课程教材发展中心主任田慧生、北京师范大学教育学部部长石中英教授、清华大学附属小学校长窦桂梅等多位嘉宾出席会议，并在会上对相关教师进行了点评。

陶老的点评，风趣生动而深刻睿智，给与会者留下了深刻印象。他一开始就说，自己是新教育的老朋友了，已经参加过四次新教育的活动，这是第五次。"每一次都能看到新教育实验前进的脚步。""感觉到我们新教育在推动中国的基础教育改革方面迈的步子越来越大，而且影响也越来越大。"陶老讲述了他对新教育的新的感受，认为"新教育确实跳动着中国教育的脉搏"，对郭明晓等老师在教室里的"微创新"给予了高度评价，认为完美教室"体现了一种理想的教育追求"，希望新教育继续坚持做求真、求善、求美的教育。他在讲话最后，称网名飓风的郭明晓老师为"飓风小妹妹"，并且解释道：他不久前与他担任班主任的开国第一个班的学生聚会，他们的平均年龄是70岁，所以郭明晓当然就是小妹妹了。

会议结束以后的当天晚上，我发短信感谢他对新教育和我个人的鼎力支持。他很快回复："老朋友，不客气！"短短六个字，让我热泪盈眶。

2016年2月27日，"全面提高教育质量"座谈会暨"朱永新教育作品"英文版首发仪式在中国国家图书馆举行。这套16卷的"朱永新教育作品"由中国人民大学出版社2012年出版后，很快由美国麦格劳－希尔教育集团购买英文版版权，经过4年多的翻译，16卷英文版如期出版。出版社决定搞一个仪式祝贺一下英文版的正式出版。在考虑邀请专家名单的时候，陶老自然又在首选之中。一再麻烦陶老，我自己都有点不好意思。但是会议召开在即，我只好在2月18日给他发短信邀请。没有想到，他又是第一时间回复："我现在在巴黎，23日回京。27日上午应可以出席。"

在那天活动的现场，中国人民大学党委副书记吴付来主持了首发仪式。全国政协副主席、民进中央常务副主席罗富和，中国出版协会副理事长、国家新闻出版广电总局原副局长邬书林等出席活动，顾明远、陶西平、周国平、陈平原、杨东平等专家学者共聚一堂，探讨"全面提高教育质量"和"朱永新教育作品"英文版的出版意义和推广价值。陶老在会上再次做了热情洋溢的发言，他和顾明远等前辈学者平易近人的作风、奖掖后进的精神，不仅彰显出他们强烈的人格魅力，更给了我深刻的教育。

作为陶老的"小老弟"朋友，我知道，他经常是带病参加各种活动的。有很长一段时间，陶老住在医院治疗，往往是从医院直接赶到会场，在偌大的北京城穿梭。但每次出现在大家的面前时，他又才思敏捷，激情澎湃，口若悬河。

2017年4月10日，得知陶老出院不久，我专门去他的家中看望拜访。上午9点半，我如约来到他在东花市北里的住宅。在他家客厅的沙发上，我们边喝茶边聊天，陶老讲了他在北京四中学习的故事。那时他是学校学生会的主席，同学中有后来的国家领导人，也有李敖这样的文化名人。他讲了自己以华北五省一市文科第一名的成绩被北京大学历史系录取的故事，也讲了自己身体"底子不好"，因为生病终止学业的故事。他告诉我，他曾经在两所农村学校任教，教过语文、数学、历史、地理、英语、俄语等多个学科，后来在北京十二中任校长，再后来当北京市市长助理兼教育局局长、北京市人大常委会副主任。他用自己的故事鼓励我继续坚持新教育实验的探索，为教育改革发声，也希望我能够发挥更大的作用。我介绍了自己工作、学习和写作的情况，听说我正在编选《朱永新教育演讲录》，有意请他写序，他也一口应承下来。离开的时候，陶老夫妇还专门为我准备了礼物。那天，我更深入地走进了他的人生，深深感受到他的温厚慈祥。

2017年10月1日，我给陶老发去一个问候节日的短信：

陶先生好，双节快乐！感恩多年帮助提携。一晃自己也六十啦。生发许多感慨，写了一首打油诗：

人叹白发染双鬓，

却喜平和耳顺年。

人生百年刚过半，

明月照我耕梦田。

他很快发来短信："生日快乐！"没有想到，他从此记住了我的农历生日。此后的重要节日，经常是陶老先问候我。2018年春节，他发短信说："祝你在新的一年，新政务再进一步，新教育再谱新篇！"2018年9月10日教师节，他的短信是："祝新教育焕发新的光芒！"9月22日，他再次发短信问候我生日。透过这一条条短信，我总能看到这位80多岁的老人殷切的目光和温暖的期冀。

2018年3月,《朱永新教育演讲录——创新教育才能创造未来》由人民教育出版社正式出版。我在第一时间将书呈送给陶老。陶老为这本书撰写了一篇情真意切的长序。他在序言中说,这本书的出版,"为拓展我国教育工作者的视野,为加深对我国当前教育面临的诸多问题的思考,提供了可贵的理论依据和实践借鉴,是教育界的一件盛事"。在序言中,他详细论述了我的教育思想具有的"前沿性、人民性、实在性和可操作性"四个重要特点。在序言的最后,陶老写道:"教育家成长的历程不是一部浪漫史,而是面对难以破解的教育难题,敢于迎难而上、奋力拼搏。从永新同志这部演讲录中,我们可以听到一位教育家前进的脚步声。"

2019年年初,为了庆祝中华人民共和国成立70周年,我和山西教育出版社商量准备编选一本《扎根中国大地办教育——共和国70年教育70人文选》。70人自然少不了陶老。但是,当时陶老身体已经非常不好了,我忐忑不安地发短信试探,能不能告诉我选哪篇文章即可。没有想到,病榻上的他还是一如既往地支持我,1月20日发短信告诉我:"《人民教育》2018年第17期文章《未来不再遥远》。"这是我手机中保存的他与我的最后一次联系。

四

在我的人生中,一直有"三陶"作为楷模,如影随形。

一位是"捧着一颗心来,不带半根草去"的人民教育家陶行知先生。我在30多年前就阅读了先生的主要著作,撰写出《中国教育思想史》。6年前我又再次精读先生的全集,写下10多万字的阅读笔记。陶行知先生是新教育的代表人物。可以说,我发起的新教育实验,正是继承和践行着新教育的思想与行动,把新教育在新时代中落地开花。

一位是叶圣陶先生,他编撰的语文教科书,曾经哺育了几代中国人的成长,他也是我们中国民主促进会的原主席。我在苏州住处对面的草桥小学,前身就是长元吴公立高等小学,是叶圣陶曾经就读过的学校;不远处的苏州市第一中学,前身是苏州公立第一中学堂(草桥中学),叶圣陶在此毕业后直接走上教学岗位。我不仅精神上受到先生的感召,我的生活也在这一空间与先生相交。

还有一位，就是被誉为"活的教育学"的陶西平先生。在中国古代，对老师或有道德、有学问的男子一般有"子"的尊称。所以有孔子、老子、庄子、韩非子等称呼，有先秦诸子之说。陶行知去世后，人们也曾经尊称他为"陶子"。我想，六十出头就被大家尊称为"陶老"的陶西平先生，正是当代的"陶子"。

时光流逝，生命短暂，但是，总有一些事物沉淀下来。回想与陶西平先生的数十载同行，他的睿智与直率，他的谦和与热忱，他的心胸之广与视野之高，他的见识之远与躬耕之勤……他的诸多特质所诠释的，正是一个大写的教育人。他只是默默帮助着众人，我们却被他深刻地影响、长久地引领。正所谓：桃李不言，下自成蹊。

大哉陶子，先生之风，山高水长。

伟哉陶子，先生之恩，永世难忘。

2021 年 8 月 21 日，一稿写于北京滴石斋
2021 年 10 月 4 日，定稿于苏州滴石斋

思君岁岁泣秋风

2020 年 8 月 10 日下午 4 时，在去往山东的火车上，中国陶行知研究会常务副会长兼秘书长吕德雄先生和南京师范大学戴联荣教授分别发来短信告知：小蔓老师于下午 2 时 50 分在南京病逝。

闻此噩耗，一时无语。虽然知道小蔓与病魔的抗争已经多年，近年病情恶化的消息也不时传来，已经有心理准备，但仍然一下子无法接受这个事实，不禁悲从中来。

晚上，写下了这首小诗：

姑苏论教犹在耳，

《读书》对话仍未终。
卅载关爱似姐弟，
思君岁岁泣秋风！

认识小蔓老师，是在20世纪90年代初。那个时候，我是苏州大学的教授，她是南京师范大学的教授，因为都是研究教育学，所以经常在各种学术会议和评审活动上见面。她为人富有激情而又不失宽厚，具有原则而又乐于助人，给我留下了深刻的印象。

1999年，小蔓老师的学生、南京师范大学出版社教育理论编辑室的戴联荣博士来找我，希望我能够为他们的一套跨学科丛书写一本。她告诉我，小蔓老师也有一本新书《教育的问题与挑战——思想的回应》即将在丛书中出版。听说能够与小蔓一起"出镜"，我毫不犹豫地答应了。2000年，《我的教育理想》正式出版，我和小蔓交换了自己的新著。据戴联荣博士介绍，小蔓和我的这两本书，是最受基础教育界一线老师欢迎的教育理论书籍。

2002年8月13—14日，小蔓参加在苏州举行的首次学习科学国际论坛。那次论坛是由教育部原副部长韦钰院士召集的，世界各地来了许多华裔教育家。13日晚，我和小蔓在苏州的茶馆共同举行了一个茶话会，邀请洋博士们畅谈中国教育特别是苏州教育的发展方向。

我抓住机会为苏州和新教育实验做广告，介绍了苏州教育发展的现状与新世纪的教育理想，通报了"新世纪教育文库""海外教育科学精品教材译丛"、新教育实验学校、教育在线网站、苏州工业园区研究生城等工程。小蔓则介绍了中央教育科学研究所的情况及今后发展战略。听完我俩的介绍，这些海外学子都很兴奋，纷纷表达了愿为祖国教育发展出智出力的激情和愿望。畅谈之余，芝加哥森林湖学院的杨效斯博士即兴作诗一首，赠送"中国教育之二朱"：

八月夜从二朱品茶
绿香入竹桶，汗青出府尹。
和轩人气雅，闲谈留圣意。

而来自美国肯尼索州立大学的万毅平博士也写了一首《和杨效斯兄》的诗文：

> 府尹献愿景，绿蔓呈苦丁。
> 五福议教育，和馆论古今。

当时，小蔓刚刚接任中央教科所所长，在短短十六天内，她就对中国的教育科研走向形成了比较完整的看法，改革之意和敬业精神给大家留下了深刻的印象。用万毅平教授的话来说，就是"令人肃然起敬"。他事后给我写了一封信，其中谈道："改革总是艰难的，但是只有改革才是唯一的出路。小蔓，绿色的青蔓也。但愿她的改革如同苦丁茶，先苦后甜。"

那一次，我就和小蔓约定，一起为中国教育科学研究做点实实在在的事情。一方面，我邀请小蔓和与会的专家共同为我主编的"海外教育科学精品教材译丛"出谋划策，他们全部成为译丛的编委和顾问；一方面与小蔓共同策划了一个教育科学研究论坛。

2003年11月8—10日，中央教育科学研究所主办、苏州市人民政府协办的首届中国教育科学论坛在江苏省苏州市举行。我主动报名当她的后勤部长。这次论坛本来是5月份在苏州召开的，由于"非典"的原因，会议推迟了。

会议开得非常成功，那是小蔓就任中国最高教育科学研究机构领导人的"首秀"。她对于教育研究的理解，给与会代表留下了深刻的印象。她认为，最根本的办法在于要用创新的精神激活教育研究的活力。她呼吁，教育研究必须进一步面向实践。要对教育实践有强烈的敏感性，对教育问题有强烈的问题意识和人文关怀，能够捕捉和抓得住最重要的课题，并通过一定的超前性的调查、实证与分析研究，通过在基层艰苦细致的扎根研究，为从中央到地方的教育政策以及面上的教育实践提供基础的、基本的、先期的行动依据和指导。她特别要求各级教育科研机构及人员进一步改变教育研究的封闭、割裂的状况，积极发展与社会其他领域、行业的互动，积极发展与自然科学、人文社会科学及其他学科的互动，学习借鉴其他学科的研究视角、概念与方法，不断开发和拓展新的研究方法和工具，整合运用到教育研究中来。要善于借鉴和吸纳中外历史上的教育思想与经验，借鉴和吸纳当今各国的教育经验。特别是要重视与教育实践第一线教师和教育工作者结成伙伴式的合作研究关系，在研究中相互学习、共同成长。

她在会议的致辞中反对为研究而研究。她主张，对基于扎实研究的科研成果和产品，包括教育政策、教育思想和揭示教育规律性的教育科学，应当充分发挥其作用。要积极地通过行之有效的方式宣传先进的教育思想，传播新的教育知识，改变那种将成果束之高阁、教育研究效益低下的现象。在这里的创新精神，应当体现在对研究成果做深度的开发，努力改变教育理论、教育知识在表达方式上的枯燥、晦涩、空玄、单一和模式化，探索用明晰、晓畅、活泼、文体与风格多样化的方式，满足社会不同人群对教育思想与教育知识的不同需要。

她清醒地认识到，中国教育科学研究在体制和机制上存在不少弊端，必须通过深化改革，使教育科研机构焕发生机。她指出：现行的从中央到地方的不少教育研究机构功能定位不尽准确和突出；其职能、建制、编制、投资体制缺乏合理依据；研究资源分散而缺乏整合；运作机制缺乏开放、透明、竞争与灵活多样；研究人员与教学工作脱节，缺乏知识传播和更新的刺激与动力；科研成果的评价与激励缺乏有效而健康的方式及其导向；等等。我们一定要将教育科研创新作为改革与发展的目标，打破过于行政化的管理模式，克服"等、靠、要"的陈旧心理，积极推进项目式、课题式的开放管理，加强跨部门、跨学科的联合，加强科研院所之间的联系与合作，形成集团的优势和科研合作的共同体。

参加会议的中央教科所的朋友告诉我，小蔓虽然到任时间不长，但她非常善于调动大家的积极性，在她的眼里，每个人都有巨大的能量。所以，中央教科所的学术委员会，她破例自己不做主席，而是发动大家选举。结果，程方平和陈云英两位干将，为她分担了不少学术管理的事务。其实，中央教科所的最重要的工作，不就是学术吗？朱小蔓把最重要的权力给了专家，她也真正地超脱了，可以集中精力考虑长远的发展问题。她的民主作风和高屋建瓴，在短时间内，就给中央教科所的同志们留下了深刻印象。

2007年年底，我也调任民进中央工作。到北京以后，我们的工作联系和学术交往就更多了。

2011年9月，新教育实验第十一届研讨会在内蒙古鄂尔多斯东胜实验区举行，小蔓以《新教育：一个思想性的实验》为题在开幕式上做了一个精彩的演讲。她说:"我自己算是新教育实验早期的支持者,但又是一个老年的新学生,因为前面十届研讨会都错过了。"她高度评价新教育实验"是目前中国当代教育史上最大规模、最大能量、最有号召力的教育实验"。她这样定位定性和评价新教育:"在教育研究类型上应该归类为本质上是实验研究,是一个行动研究,是一个行动性的实验研究,又是一个大型的综合性的行动性的实验研究。它从一开始提出的就是改变,从一开始提出的就是行走,它从一开始说的就是旅程。它一开始说的这些从十年前到今天,它就一直在行动,一直在行走,一直在旅途中来体现它的行动品质、行动品格、行动哲学,我以为这个是很了不起的。"

2012年1月,小蔓和我的教育对话录《中国教育:情感缺失》发表在《读书》杂志第一期。当时,《读书》杂志希望我们做一个连续性的对话,由他们陆续发表,为此,小蔓专门来民进中央进行了三个多小时的对话,对谈话的结构、内容进行了研讨。可惜,后来我和她都忙于各种事务,此事一直拖延着。总以为来日方长,没有想到成为永远的遗憾。

2012年11月,新教育国际高峰论坛在浙江宁波举行。小蔓老师应邀在会上做了《中国基础教育课程改革的文化透视》的讲演。在会议期间,她对新教育实验充满了期许,她说:"新教育团队这十年来的探索,是开拓性的、创造性的,他们已经贡献很多,还将会有更大的贡献。"

2015年春节期间,小蔓在南京和我多次联系,她和香港教育学院的教授共同主编的生命教育文集,希望收录我关于这一主题的论文。我在寒假期间第一时间完成以后交给了她。

2016年2月18日下午,我给小蔓发短信,告诉她,中国人民大学出版社和国家图书馆将要举办"'全面提高教育质量'座谈会暨'朱永新教育作品'英文版全球首发式"活动,不知道她能否参加?没有想到,她秒回我:"我一定参加,向你学习。届时见。"

2月27日,活动顺利举行。小蔓如约参加,并且做了精彩的发言。第二天,我发短信感谢她,她马上回复:

永新,心有灵犀,正准备给你发信。我本就该去,事先也写好了稿,后怕时间来不及,没有展开。回来后拜读了你关于质量的四论,很有水平。你确实做的事太多,贡献多多。我也在辛苦做事,在复杂的环境下尽力做好能做的事。与你的友谊很美好。祝你一切顺利。

朱小蔓

2016年9月19日，新教育研究院在北京召开新生命教育的研讨会暨《新生命教育》教材首发式，知道小蔓身体不好，实在不忍心打扰她。但是我们新生命教育研究所的同志反复说，朱小蔓教授是这个领域顶尖的专家，如果身体允许还是争取邀请她来指导。没有想到，她又非常爽快地答应了，而且做了非常精彩的致辞。

会后，我发短信感谢她克服困难参加新生命教育座谈会，同时建议她务必调整工作节奏，把身体放在第一位。她回复我说：

谢谢永新温暖的短信。再次表达祝贺和钦佩。刚又度过几天紧张艰苦的教材会审会议。这会儿在家备课，近期有三次博士生及本科生课。我一定听从建议，注意休息，锻炼身体以及调节情绪。与疾病抗争，是我最现实、真切的生命教育功课。

朱小蔓

那次活动之后，小蔓的学生告诉我，其实小蔓已经与疾病抗争了很多年了。她先后患胃癌和肺癌，但是一直坚持工作。小蔓的学生、江苏省南通田家炳中学校长陈永兵回忆小蔓如何对待疾病的一段文字让我非常感动。他说："朱小蔓从来不把她的癌细胞当作是她工作的一个阻力，相反的是，她很好地协调了，她在和病魔相处的过程中，同样把她工作的热情和激情发挥到了极致。当她的病再一次复发的时候，她跟她的癌细胞说，以前可能她忽视了它们的存在，现在我们一起和平共处。她以这样的心态来看待她的生命，同时也把这种精神力量以这种方式传递给我们，所以我们的同事都说朱老师是一个行走的活的课堂。她到哪里都给我们极大的滋养和感召。"

2017年初，听说小蔓在南通休养治疗，我请我的学生许新海代表我去看望。事后，她来信感谢，依然表示有信心战胜疾病：

永新主席老弟，新海已代表你看过我，谢谢关心。这次是肺癌复发了，所幸现在用靶向治疗还可以控制。第一个疗程下来证明有效。我有信心渡过难关。争取三月中旬北京相聚。

朱小蔓

2017年3月20日，全国两会结束不久，小蔓电话告诉我，"追随伟大人民教育家陶行知，做新时期'四有'好教师"主题论坛暨中陶会六届三次理事会定于4月27日在北京市朝阳区北京中学大礼堂召开，希望我到会做一个报告。电话放下一会儿，又接到了她的短信：

永新主席老弟，两会忙完了，到处看到你的影像和建言。你辛苦了。现有一事请你支持：今年中陶会年会已定在北京中学夏青峰校长那开，大家一致呼声要听你的报告，1个小时以内即可，说你想说的。请把4月27日上午空出点时间。如无特殊情况请一定满足我们吧。顺告我经靶向治疗，全部病灶明显缩小，现已出院在南京休息，4月初返京，6月再回南通复查。

具体会议信息我另发给你。

朱小蔓

我在电话和短信中都请她放心，小蔓姐吩咐的事情会照办。在那次理事会上，小蔓坚持辞去了她担任的中国陶行知研究会会长的职务。

那次会议之后，小蔓的病情逐步恶化，她在南京和南通两地治疗。我也帮着寻找药物，经常联系，鼓励她战胜疾病。有一次我发短信对她说："李开复已经成为李康复，也祝愿您早日康复。"她回复说："希望自己战胜疾病。精神力量的确还是强大的。"

2019年春节前，我给小蔓发了一个短信：

小蔓姐，在北京过年吗？如果在，我去看看您。另外，受托编一本中国教育70年70人文选，每人一篇文章。请尽快告知您一篇最有代表性的学术论文（文章名称、发表报刊与时间）。谢谢啦。祝新春大吉。

永新

正在治疗中的小蔓仍然满足了我的请求，及时回复我说：

永新老弟，你好！我出京看病已近一年了，分别在南通、南京住院或在宁休息。目前情况还好，在吃中药，自己有信心。我这人粗心，从来还未认真清理出一份论文清单。现综合考虑了一下还是选报《论情感在个体道德形成中的特殊价值》，该文刊载在《上海教育科研》1994 年第 5 期。因为不在京，托人查找耽误了时间，实在抱歉啊！谢谢你的好意。祝福你全家新春快乐阖家幸福！

朱小蔓

让我非常感动的是，小蔓在病榻上为了选文多次与我联系，对我的工作全力以赴地支持。2019 年 10 月，在共和国成立 70 周年之际，《扎根中国大地办教育——共和国 70 年教育 70 人文选》如期出版。这本书，如同她主编的生命教育文集，以及《读书》杂志的对话，成为我们情谊的见证。我在挽联中，也表达了新教育同人对她的敬爱和悼念。

教坛痛失巨擘，搦管飞龙，等身著作遗来者
学苑常怀中坚，绝尘驾鹤，真情文章毓大家

与小蔓近 30 年的交往，对我来说是一个不断向她学习的过程，是一个不断从她身上汲取力量的过程。往事并非云烟，不仅在今天像电影一般在眼前浮现，也将成为永远的怀念。斯人已去，但是她的情谊永存，精神永在。

学童李吉林

2016 年春节期间，李吉林老师打了几个电话给我。因为在京郊闭门读书写作，一直没有收到。前几天，李老师托人发来短信，说她最近要出版一本随笔集，希望我能够写一个序言。

说实话，我很惶恐。李老师是我非常敬重的前辈，岂敢为她写序言呢？

但她很坚定。她说，您是最合适的人。因为您就是我心目中的诗人。

恭敬不如从命。与李老师交往的一幕幕情景像过电影一样在眼前浮现。

1997年年底，我担任了苏州市人民政府分管教育的副市长。我知道，办好教育的关键是校长和教师。因此，我倡导开展了"名师名校长行动计划"，邀请国内知名专家来苏州讲学带徒。

当时，李吉林老师的情境教学理论已经在全国风生水起，她自然成为我们首选的导师。

在苏州讲学时，我曾经动了"挖墙脚"的念头，想请李老师到苏州开设一个情境教育研究所。看得出，当时她还是有点动心的。因为，她知道，我是真诚的。

但是，最后她没有来。她告诉我，是南通这方水土培养了她。她不能够离开。

2004年，第二届新教育实验研讨会在苏州张家港举行。李吉林老师原计划参加会议，但临时没有成行。她写了一封热情洋溢的信，给刚刚起步的新教育实验高度评价，让我备受激励。更让我意外的是，她还亲自打电话给我，说自己好想到苏州来跟我读博士。

我一直以为李老师说的是场面上的客套话，直到后来几次见到她，她都重复表达了这个意思，我才逐渐了解到，她以前还真的申请报考华东师范大学刘佛年先生的博士生，而且走了程序，可惜没有办成。她真诚地对我说，她毕竟只是一名师范生，理论素养不够。情境教育要真正走得远，需要理论的支撑。

其实，所有好老师都是善于学习的，李老师更是如此。她年轻时原本很喜欢打球，排球、羽毛球、乒乓球等都颇为喜爱，但是因为"深知一个小学的实际工作者的薄弱之处，便是缺少理论"，就放弃了不少爱好，大量阅读，"文学的、心理学的、教育学的、美学的、教学论的，中国的、外国的，甚至古代的"，倾心投入其中。为了有更多的阅读时间，她先后拒绝了当校长，推掉了当全国小学语文研究会的理事长，换届时主动向组织提出不再担任江苏省人大常委会的委员。她说：她的时间属于孩子，属于小学教育。

年过花甲以后，李老师"仍然像孩子一样，怀着强烈的求知欲望，什么都想知道，什么都想学"。从《学习的革命》到"建构主义丛书"，从课程理论到脑科学，她都不轻易放过。她感叹地说："世界这么大，新知识像浪潮向我涌来，我永远只能抓一点芝麻，大西瓜是搬不动了。但能抓一点芝麻，总比两手空空要好得多。"她多次告诉我，她十分警惕老人的封闭，因为"封闭就停滞，停滞就萎缩。只要像孩子那样，憧憬着未来，敞开自己的心怀，便能不断地呼吸到新的空气，吮吸新的营养，而这一切都是教孩子所必需的"。

她不仅向理论学，也向实践学，向同行学。她告诉我，她一直在关注着新教育实验。2010年，她为新教育年会写了一封长长的贺信。在信中她肯定了新教育的实验与研究，"是具有深远的普遍意义，从实验与研究的进程看，无论理论框架的构建还是实验的成效都已获得累累的硕果"。每次见面，她都客气地表示，向新教育致敬，向新教育学习。

转眼间，李吉林老师已是近80岁的老人。可她依然那么热情洋溢，那么勤于学习，是一个真正的学童。她又那么仁慈宽厚，那么谦逊低调，甚至经常让我觉得无地自容。她逢年过节经常主动给我打电话拜年问好，还不时寄来一些蕴藏着深情厚谊的礼物。我一直想，正是她把自己视为学童，才有这样的境界。

李老师说过，是儿童的眼睛、儿童的情感、儿童的心理，构筑了她的内心世界。正是儿童，是童心，给了她智慧。

李老师还说，她爱儿童，一辈子爱。如今她已不是儿童，但喜似儿童。"我只不过是个长大的儿童。我多么喜欢自己永远像儿童！"

是的，尊敬的李老师，您育儿童为生，也是为儿童而生，您自己就是一个儿童，一个诗意盎然的儿童，一个永远不老的学童！

"艺恐不高，业恐不精"

2007年6月，作为苏州市分管文化教育的副市长，我有机会在苏州工艺美术学院陪同中央政治局原委员、全国人大常委会副委员长李铁映考察工艺美术教育。

工艺美术学院是苏州国际教育园最美丽的一道风景，也是全国美术类高校中最漂亮的校园。但市委王荣书记提醒我们，首长要求很高，你们不要自我陶醉。果然，李铁映并没有称赞校园多么美丽，也许他见得太多了。他说，你们是工艺美术学院，为什么也是粉墙黛瓦？墙上为什么不可以让学生把作品画上去，画得好，保留得久一些，画得不好，马上涂掉！大树、草坪当然好，但是你们学生的雕塑作品应该到处展示。学校要成为全苏州最美丽的地方！

在参观陶艺工作坊的时候，李铁映看到有许多教师与学生的作品堆放在架子上，便问道："你们的作品如何处理？走市场吗？学生的劳动能得到尊重吗？"他建议，应该"假戏真唱"，师生合作，让学生的作品能够真正走向市场，学生的作品在扣除学校的成本和教师的劳动价值以后，应该得到合理的回报。这样，才能鼓励学生进行有价值的创造活动。

在参观首饰加工作坊的时候，李铁映又提出了"公司加家庭"的模式。他认为，学校应该成为带动周边工艺加工业发展的龙头，在苏州工艺美术学院的周边，应该有几万甚至更多的家庭作坊，学校搞创意，搞样品，家庭进行加工，按照销售进行分配。首饰、刺绣、服装、水印等都可以如此。

在参观工艺修复的工作坊的时候，李铁映问了一句："你们招收残疾人吗？"他说："其实，残疾人是最适合从事工艺美术的。他们往往比正常的人更加用心、更加安心，能够一辈子从事这个职业。"

在参观刺绣工作坊的时候，看到十七八岁的小绣娘，她们都是镇湖镇政府支持派来学习刺绣的。李铁映说："你们仅仅学刺绣是不够的，应该学历史，学文化，学艺术。仅仅有技术，可以成为技师，但是成不了真正的艺术家。你们应该超过你们的母亲、奶奶一辈，应该成为有底蕴的艺术家！"他说："今后应该有30多岁的大师，每年在这些学生中间选一个留下来，继续学习，不断提升，10年就应该超过她们的前辈，成为大师。"

在桃花坞木刻年画展示馆里，李铁映留下了"极学天公，艺法自然，最难超越"12个字，是他那特有的"李体"。

"艺恐不高，业恐不精"，是李铁映那天说得最多的一句话。当看完了工艺美术学院，我们又去镇湖看刺绣艺术家的工作坊，看中国刺绣博物馆的建筑时，他仍然不断地重复着这句话。

在参观完几个艺术家的工作坊以后，他说："你们的工人应该是艺术家，应该在作品上也有他们的名字，他们应该参加作品销售的分配。"

中午吃饭的时候，他还在丝绸上现场作画写字，与绣娘们讨论如何创造。他说："师承与学校制度是不同的体系，艺术家的培养不能离开师承。希望绣娘们在工人中间选择有水平的绣娘作为徒弟，探索绣娘培养的途径。"

那是难忘的一天。李铁映在考察过程中流露的许多教育思想，值得我们重视，让我回味良久。没想到一年后，我又得以再次聆听他的声音。

那是2008年3月的一个下午，我参加李铁映副委员长和许嘉璐副委员长召集的文化问题座谈会。中国文联副主席冯远、中国艺术研究院院长王文章、著名电影导演李前宽与冯小宁、北京大学教授张颐武、著名散文家与文学评论家张帆等参加了座谈会。许委员长在开场白中说："文化的问题是国家的大问题，中央已经出了题目，推进文化的大发展大繁荣，十七大的报告中用了非常大的篇幅讨论文化发展问题。但是，这个问题至今没有破题。现在的主流文化不完全在我们的手里，最广泛的受众接受的基本上是'舶来品'。"

李铁映副委员长说，尽管他要"退休"了，但是对于这么重要的问题，不应该袖手旁观。他说，要做一个"明白的共产党人"。干革命几十年了，去见马克思的时候，希望能够对他说：你的书我们读了一些，你的理论我多少也明白了一些。他说："我们搞文化艺术的，首先要知道究竟什么是文化艺术。现在，迎合西方在艺术上'妖魔化'中国的情况比较普遍，有些艺术家就依靠暴露中国人的丑恶的一面来获得国际的奖励和市场的热销，满足一些西方人从内心瞧不起中国人的心理。"

在谈到我们的文学艺术作品的时候，李铁映说："世界上最便宜的、成本最低廉的东西是吹捧。许多作品没有自己的话语，关键是没有实践。没有实践，只能用话语来证明真理。同时，也没有哲学思维。国学加上哲学再加上艺术，才可能产生真正的流传下去的作品。其实，真正能够影响人的东西，是思想，而不是眼睛。"

大家纷纷谈了自己的看法与建议，我也谈了自己对于文化问题的想法。我认为："一个没有自己的精神家园的民族是危险的。如何真正地让我们这个民族有自己的核心价值体系，如何让我们拥有共同的精神家园，是十七大报告提出的重要课题。这个问题，还必须落实到教育上，尤其是青少年的教育上。同时，国家应该制定文化发展的国家战略，要对那些真正能够改变国家文化形象，塑造国民灵魂的作品大力支持。对于各种文化艺术的塔尖的人才与作品，应该不惜成本地支持，真正形成我们的文化国家队。"

最后李铁映从文化发展哲学的角度谈了权与钱、长与短、一与多等问题，非常富有哲理。他说："破解文化发展的难题还是要先研究体制的问题，根本问题是资源的配置。一切社会问题的根本问题是物质资源的配置，没有物质资源的权力是没有意义的。在现实生活中，没有权的钱和没有钱的权，都是不存在的。"他主张，文化人也应该学哲学，应该懂经济。他还提出，思想有自由，研究无禁区，宣传有纪律，行为有法律。这是他在中国社会科学院提出的观点，同样对于文化研究有作用。

我们的讨论从下午3点一直持续到晚上9点，中间的晚餐也成为工作晚餐，没有停止过讨论。此时见到李铁映，又回忆起苏州那一天的陪同与学习，感佩不已。我真正理解了什么叫见多识广，什么叫高屋建瓴。

离开的时候，李铁映又非常感慨地对我们说："我们这些人老了，我们去见马克思的时候，应该能够对他说：'我们是明白的共产党人！'但是这多么不容易啊！所以，要不断学习，向文化人学习。当然你们文化人也要学会与领导交朋友。"他幽默地说："我们领导什么也不懂，你们应该告诉我们，文化应该怎么做，真正要开药方，要破解文化的难题，还是要文化人自己去做。"

其实开会前我已经知道，第二天，李副委员长和许副委员长就要离开人大的领导岗位了，但是他们心里想的还是文化，还是国家的大事。这，让我这个新的人大代表内心充满着感动。

灵魂不能下跪

我与冯骥才先生经常见面，对他的文化与教育情怀一直敬佩不已。他是中国最优秀的作家之一，先后出版各种作品集近百种，其中《啊！》《雕花烟斗》《高女人和她的矮丈夫》《神鞭》《三寸金莲》《珍珠鸟》《俗世奇人》

等均获全国文学奖,《感谢生活》获法国"女巫奖"和"青年读物奖",并获瑞士"蓝眼镜蛇奖"。他完全可以继续创作,写出流芳百世的作品,并为自己赚得万贯家财;他还是中国文人画的大家,卖画也可以发家致富。但是冯先生没有这样做。他为中国的民间文化"全家总动员",东奔西走;他发动了全国范围的民间文艺普查,为那些即将消失的城市、即将消失的文化留下最后的信息。

看到冯先生写的一篇题为《城市可以重来吗?》的文章,他在文章中说,开始对外经济开放和现代化的时候,我们并没有站在现代文明的立场去审视过去和面对今天,脑袋里热烘烘,依旧是"破旧立新"和"旧貌换新颜"那一套,所以用前所未有的力度"建设"城市,导致六百多个城市的历史生命被一扫而光,"性格形象消失了,年龄感没了,个性记忆被删除得干干净净,我们已经无法感知认识自己城市的文化性格和精神历程"。

冯先生坚定地说:"城市是不能重来的!"城市不是一个巨大的功能性的设施齐备的工作机器与生活机器。城市首先是一个生命。有命运,有历史,有记忆,有性格。它是一方水土的独特创造——人们集体的个性创造与审美创造。如果从精神与文化层面上去认识城市,城市是有尊严的,应当对它心存敬畏;可是如果仅仅把它当作一种使用对象,必然会对它随心所欲地宰割。他告诉我:"珍惜城市精神文化的人,一定会精心地保存自己城市的历史,因为城市的灵魂在它的历史里。"作为一个曾经担任苏州市副市长的城市管理者,我知道先生在说这些话的时候,多少有些无奈。

我对冯先生说:"其实许多问题的答案都在教育。如果我们的领导干部真正地尊重专家,真正地懂得文化,一定可以少做不少愚蠢的事情。"先生赞同我的观点。记得有一次,我在政协的常委会上做了一个发言,先生马上给我一个纸条,表示完全支持我的观点。条子上的落款是"大冯"。同时,他亲自给《文汇报》的总编打电话,希望发表我的文章,并在全国开展一个关于教育问题的大讨论。虽然后来由于种种原因,文章没有发表,讨论也没有开展,但是先生对于我的褒奖,对于教育的情怀,一直让我感佩不已,铭记在心。

2007年6月23日,"水墨诗文——冯骥才苏州公益画展"在苏州博物馆新馆举行。全国政协副主席张怀西、中国音乐家协会副主席王立平、著名画家韩美林、万科老总王石、影视明星赵文瑄等专门从外地赶来参加开幕式。江苏省委常委、苏州市委书记王荣，中国书法家协会副主席、江苏省文联副主席言恭达，江苏省委宣传部副部长，江苏省文联党组书记等也参加了开幕式。

我有幸主持了开幕式。我说："冯骥才先生作为中国文联副主席、中国民间文艺家协会主席、国家非物质文化遗产保护工作专家委员会主任，不仅具有精深的文学和艺术造诣，更具有高尚的人格魅力。他牺牲了自己大量的个人创作与休息时间，甚至以透支个人生命的方式，为抢救中国民间文化进行着'一个人的战争'。冯先生与苏州有缘分。他当初决定卖画抢救遗产的时候，是为了周庄的一幢老房子。他学画的时候，临摹得最多的也是苏州的文人画。所以，我提议为冯先生的义举鼓掌，表达我们的敬意。"

中国音协副主席王立平第一个发言。他与冯先生相交已有20多年，这位曾经写过《太阳岛上》《驼铃》《大海啊，故乡》等许多脍炙人口的歌曲，并且为电视剧《红楼梦》谱下不朽名曲的艺术家，在代表民进中央发言的时候，一反常规的形式，动情地说："冯骥才是一位了不起的文化人，是一个伟人，一个高人，一个好人，一个圣人，一个贤人。我喜欢冯骥才的文章，他的作品我总会从头读到尾，今年我却只读到他的两部短篇，他的时间都用作什么了？他去画画了。我喜欢他的画作，清新雅致是中国文人画的代表。但他的画呢？画卖了。我喜欢他的为人，他为文化做了很多的事情，把抢救民族文化当己任，奔走于市井和田野，感动了一批又一批的人加入进来。在当今这样追求物质化的社会中，他的行为对我们有很大的启迪，同时也感到一丝悲壮，我想说，冯骥才是我们的带领者。"

著名画家韩美林也是冯先生的好朋友。他说："冯骥才所做的民间文化遗产抢救是对社会的一项贡献，作为冯骥才的'铁杆队员'，我会倾力支持他。我曾经到过陕西的一个偏远山村，那里的艺术团大篷车走到哪座村子，都会引来全村的人，大家就坐在土里，戏台就搭在木板上，演员在台上很是带劲儿一丝不苟，比比那些没有十万二十万元请不来的所谓名演员，我们为什么不去支持民间的艺术家？我就是民间文化抢救的铁杆队员。"他还当场决定拿出自己的一幅画支持大冯的事业。王立平与韩美林先生的发言，让我想起了古代文人之间的美好唱和。

万科老总王石一早专门从杭州赶来。他本来准备用120万元购买大冯的《心中十二月》，但是已经被人捷足先登，只好以60万元买下了四幅冯先生的心爱之作《风物四时图》。王石讲自己是为冯骥才的义举感动而来的，一个企业有名了，赚钱了，就应该将社会责任作为自己的责任去分担。为了民族文化，一位画家尚且如此，一个企业更应该多做贡献。"阳光下创造利润，感恩心回报社会。"——王石的这句发言掷地有声，闻者动容。

在2004年第一次为民间文化抢救举办公益画展的时候，就有人问过冯骥才，依靠你一个人的力量，去做这样一项庞大的文化工程，那不就好比是精卫填海吗？冯先生当时就说："我欣赏的是精卫精神，精卫是我的偶像。这次画展的序言就是《精卫是我的偶像》。"在南京展出的时候，冯先生说："当把这些画从自己的画室取下来的时候，的确有'家徒四壁'的感觉，但为了民间文化卖出自己的作品，虽有不舍与留恋，却会更加激发出一名艺术家无穷的创作热情。"在撤展的时候，他很是幽默地对记者说："我还有很多美的画作藏在心里，你信吗？"坦然中有些悲壮。

身高1.92米的冯先生在最后答谢发言的时候，有点像明星。他把话筒放在胸前用双手举着，说："虽然我的工作很辛苦，但并不孤独。卖画原本是艺术行动，有这么多的友人加入进来，艺术行动变成了情感行动。我们是文化人，我们应该为我们的文化做些事情，而不是用文化去赚钱，所以为了民间文化，我卖画的钱一分不留全部捐出来。"

这次展览的46幅作品，在展览之前就已经全部名花有主，一共为民间文化遗产抢救工程筹得358万元资金。我一直认为，冯骥才先生卖画，是一种精神，是一种境界，是一种象征，是中国知识分子对时代的一种责任，对文化的一种救赎。其实，我们经常习惯于批评，习惯于埋怨，习惯于坐而论道，如果我们真正地行动起来，真正地贡献我们每一个人的心力，真正地有冯先生这样的精神，我们是可以改变这个世界的。

冯先生离开苏州时托人带给我四本书：《灵魂不能下跪》《年画手记》《文人画宣言》和《人类的敦煌》。收其书，读其书，再次让我兴奋、振奋又感喟不已。其中《灵魂不能下跪》是冯先生关于文化遗产的思想学术论集，100多篇文章，500多页篇幅，集中反映了冯先生对抢救和保护中国文化遗产的论述。《年画手记》则是冯先生多年研究、抢救中国年画的心得，也是他行走的记述。他说，年画是他走进中国民间文化大山首选的入口，他把抢救年画作为抢救民间文化的一个窗口、一个突破口。《文人画宣言》是一本非常特别的书。第一部分是关于文人画的问答；第二部分是他的"文房雅记"，是关于他自己写字作画的体会；第三部分是他自己的画作配上他自己的文字的"画中文章"。在苏州的时候，他告诉我，总有一天，他要写一本中国的文人画史。《人类的敦煌》是冯先生为中央电视台撰写的关于敦煌的史诗性巨片的文学剧本。在再版序言中，冯先生说："世界上有两种写作，一种是你要为它付出，为它呕心沥血，为它抽空了自己；另一种你却从写作中得到收获，你愈写愈充实，甚至会感到自己一时的博大与沉甸甸。"写作敦煌这本书的时候，冯先生的感觉是后者。

当天晚上，我一直在翻阅着《灵魂不能下跪》。我喜欢这个书名，喜欢冯先生为它做的诠释。他说，人最高贵的是灵魂。灵魂不仅仅为人所有，城市、国家、民族都有自己的灵魂。灵魂虽然看不见，但是思想、品格、信仰、原则都在其中。因为它经常看不见，所以容易被看得见的东西遮蔽。

对于知识分子来说，灵魂应该是独立的、个体的、有尊严的、不可侵犯的、比肉体更加高贵的东西。不管面对谁，无论为了什么，灵魂都不应该自我违背而屈膝下跪。下跪就是放弃，放弃的是尊严。知识分子不同于文化人，知识分子有强烈的现实责任，心甘情愿地背负起时代的十字架；文化人则可以超然世外和把玩文化。

读了这本书，我终于理解，一位著名作家，为什么那么心甘情愿地放弃自己优厚的生活，到处奔走呼唤，甚至依靠卖画来筹集保护传统文化的资金。我说，他进行的是一个人的战争。他自己说，他崇拜的是精卫。其实，他就是现代的精卫，他想填的海，是中国文化之海！

冯先生把多年绘画的精品义卖所得358万元，无偿捐赠给民间文化保护基金。他说，他要用精卫填海的精神，抢救和保护我们每一分钟都在消逝的传统文化，物质的和非物质的。他说，当这些画从墙上取下来的时候，自己有家徒四壁的感觉，但是，如果一个民族的文化流失到"家徒四壁"，才是真正的悲哀。

透过这个事实，我们是不是看到了一些并不愿意看到的现象？

如果冯先生进行的果真是"一个人的战争"，那就是我们这个民族的悲剧。现在，文化的浮躁心态愈来愈极端。大家往往对大制作、大场面的"大创新"更感兴趣，但是对不断在消失的文化，却没有多少人在真正地关心。许多民间文化大师生活得非常困难，许多民间文化遗产已经后继无人。

冯先生知道，传统的文化，能够抢救一点，就是对这个民族的文化多一份记忆。他的小说当然重要，但是远远不如抢救那些正在消逝的民间文化遗产重要。

是的，文化是民族的根，文化是国家的魂。"仓廪实而知礼节，衣食足而知荣辱"，虽然上学、看病、住房等是老百姓急需解决的问题，但是如果我们没有自觉的文化意识，没有对民族传统文化的特殊情感，没有系统的传承文化的措施，我们就不能真正地拥有自己的精神家园。所以，我建议，应该大力弘扬中国传统文化，并且在大中小学的课程体系中有其一席之地，应该在大中小学将非物质文化遗产纳入课程。

中国传统文化的传承应该从物质与非物质两个系统进行。物质方面，最重要的是建筑文化。建筑文化可以从两个路径开始。一是要努力地保护古建筑、古民居、古村落，应该尽快进行全国的古建筑、古民居、古村落的普查，建立各级政府的保护名录，明确责任。对于无力保护的地区，应该由国家财政买单。二是要加大对于现代建筑的文化审查。现在的建筑规划，文化严重缺位，国家用巨大的资金投入现代建筑，但是完全没有民族的风格，没有中国的气派。贝聿铭先生设计的苏州博物馆为我们做了一个非常好的榜样。既是中国的，苏州的；又是世界的，现代的。中国最近几十年有多少这样的建筑？所以，我认为，在城市规划中，应该有文化部门的参与，有文化人的参与。

非物质方面，主要有戏曲、节庆、诗词、家书等。尤其是诗词与节庆，应该是当务之急。戏曲，特别是地方戏曲的式微，应该引起我们的高度重视。冯其庸先生曾经说过：中国的戏曲如果灭亡了，中国传统文化也就灭亡了一半或三分之一；一个民族如果失去了传统文化，中华民族也就失去了自己独立存在的精神基础。

拿昆曲来说，从昆曲被列入人类口述与非物质文化遗产以后，国家专门成立了保护基金，对昆曲的抢救与传承起了重要作用。但是，这些钱主要被用到哪里了？可能用在补助昆曲院团的运转上了，用在鼓励创新上了……花在这些方面的资金，远远大于支持抢救。有人统计，流传下来的昆曲剧本有3000多个折子戏，老一辈的演员可以演出的有400多个，年轻的演员只能够演出其中的100多个。每一年都有老演员离开这个世界，同时也带走了他们的演艺和绝技。这些才是永远不可能再生的财富。为什么不能够由国家花钱，把他们集中起来，用过去昆曲传习所的办法，一个一个折子戏地来恢复、传承？把老艺术家的讲述、演唱、行头、器乐等原生态地记录下来，让他们手把手地带徒弟，把带的过程也原生态地记录下来？甚至连徒弟的演出也全部录制下来？

其实，类似昆曲的东西还非常多。传统的节庆也是一个非常重要的问题。节庆是凝聚着民族文化习俗与文化情感的活动，也是彰显民族文化特色的重要渠道。现在，青少年已经习惯于吃洋饭过洋节，对于中国人的传统节庆，似乎已经开始淡忘。我认为，至少清明与中秋两个节日，应该成为中国人最重要的休假日。在清明，大家要回家乡扫墓，纪念自己的亲人，这其实是中国人的感恩节。中秋，是中国人团圆的日子，中国文化中有多少有关月圆的传说与诗词？这其实是中国人的亲情节。

至于诗词，作为汉语中最美丽、最精致的表达，作为中国文化的精华，作为中国古代文人最基本的交往方式与生活样式，吟诵唐诗宋词，擅长琴棋书画，曾经是古代知识分子的必修课。现在，这些东西正在离我们远去。

还有，古村落也是每天都在消失。谁能够讲得清楚，我们到底还有多少古村落？民间手工技艺的消逝也是加速度进行着，刚刚授予的民间工艺大师、传承人就有几位已经离开了我们，同时也带走了他们的手艺。

总之，传统文化的弘扬与保护，应该是中国文化建设中最急迫、最重要的事情，应该作为国家的方针政策强力推动。文化是民族的灵魂。我们的灵魂不能这样流亡，我们的精神不能这样荒芜。由此，我更加敬重冯先生的行动。他是用自己的努力教导我们应该做什么，应该怎样做。

不能说创新不重要。一个没有创新精神与创新能力的民族，同样是一个没有出息、没有竞争力的民族。但是，如果我们连老祖宗留下的东西都不能记录下来，不能传承下去，恐怕更加没有出息，更加没有竞争力。抢救，能够给我们的时间已经不多了，能够给我们的空间已经不大了。对于传统文化，我们不能靠一个人去斗争，我们需要共同打响一场抢救的战争。

而我终于知道，梁漱溟先生为什么不承认自己是一个学者，而说自己是一个行动家。真正的学者，应该是有行动精神的。

与冯骥才先生的第二次亲密接触，是2008年汶川大地震之后不久。地震发生以后的第六天，冯骥才先生立即带领民进中央和中国民间文艺家协会的有关人员，赶赴灾区。我有幸随同调研组前行，目睹了冯骥才先生的睿智眼光与工作作风。当时交通非常不便，我们克服了许多困难才赶到北川。站在高高的山冈上，看着已经成为废墟的县城，冯骥才先生酝酿了全面抢救和保护羌族文化的计划。

汶川大地震对于羌族这个民族来说可以说是毁灭性的。羌族是我们国家 56 个民族之一，是历史最悠久的民族之一，有 3000 多年的历史。北川也是国家唯一的羌族自治县。这次大地震，羌族大概十分之一的人遇难，而且羌族的文化名人这一天正好在文化馆开诗会，40 多名当地的文化名人，几乎全部遇难。

冯骥才先生告诉我们，羌族是云朵上的民族，有很多独特的文化，这个民族认为万物是有灵的，每个人都祭山，每座山都是有名字的山神，羌舞和羌族服饰都是非常灿烂的。民族生活在文化里，文化是民族的真正生命。这次地震以后，北川县城要搬迁，那么这个民族的文化怎样保存下去，怎样传承下去？他在现场就表示要做几项羌族文化保护的工程。一是把关于羌族文化所有的资料全面收集梳理，出一套"羌族文化集成"；二是给羌族的孩子编一本"羌族文化读本"，让羌族的后代能够认同自己的文化、热爱自己的文化，有一种文化的认同感。

不久，我和冯骥才先生等做客"新浪网上大讲堂"，他又提出了建地震博物馆的建议。他说，这是我们国家近百年来最大的一次自然灾害。在这次地震中，我们民族所表现出来的精神高度也是空前的。这种精神使我们民族看见了自己，看见了自己的本质，看见了自己的精神，增强了我们的自信，对我们自己充满希望。这样的精神也需要博物馆见证。

后来，冯骥才先生提出的建议都先后得到了落实，《羌族口头遗产集成》（四卷）和《羌族文化学生读本》陆续出版，汶川大地震的纪念馆和博物馆等也已经先后建成。

这些年来，冯骥才先生担任院长的天津大学冯骥才文学艺术研究院，是我去得最多的地方。每年我都会来这里与先生交流。2015 年 10 月 3 日，我还非常荣幸地应邀作为"亲友团"成员，参加了十周年庆典，得以再次现场感受这个特殊研究院的特殊魅力。

早在 2007 年我参加冯骥才先生的画作义卖活动时，冯先生就告诉我，他两年前在天津大学建立了以自己名字命名的文学艺术研究院，希望我有时间去天津看看他的研究院。一年后我调任民进中央副主席，成为冯骥才教授的党内同人，不久就应邀专程去他的研究院拜访取经。

冯骥才教授是一个对教育、对大学有自己想法的学者。他说，大学需要一个自由自在的生命环境，需要一个可以让心灵喘息和敞开的地方，需要一个让思想和想象驰骋的空间。校园虽然很小，但是要把大自然最本质的元素——天然和随性拉进来。

的确，研究院是一座令人心旷神怡的建筑，贯彻了冯先生"把大自然请进校园"的理想。研究院的大门和院内建筑爬满了自由自在的青藤，门口的池塘里鱼儿自由自在地嬉戏游弋，院中的草木无拘无束地生长，营造出古代宁静幽深的书院意境。而院内整个建筑，则利用空间、环境、结构、材料及光影的独特处理，强化了现代审美与传统意境的融汇，表达了研究院的文学气质与文化情怀。

走进这座建筑，一个个神奇的美术馆、博物馆应接不暇：北洋美术馆、大树画馆、跳龙门乡土艺术博物馆（内设雕塑厅、年画剪纸厅、蓝印花布厅、木版活字厅等）。冯骥才教授告诉我，"学院博物馆化"是他的又一个创意追求。他说，在学院随处可见的是中华文明各个时期与地域的艺术珍品，"每一件作品表面上各是一种独特的美，后边却是一个很大的无形的历史与文化的空间"。

把大自然请进校园，使学院博物馆化，这两个追求的背后，是冯骥才教授的教育梦想——让自然和人文带来的两种美、两种气质融会贯通，形成学院独特的美与诗性。

大学是科学研究与人才培养的重镇，也是保存与传播文化最重要的场所。但是冯骥才教授理想的大学，是要"把书桌放在田野上，在大地上思考，让思想既有翅膀，也有双脚"。在冯骥才先生的努力之下，研究院先后建成中国木版年画研究中心、中国传统村落保护与发展研究中心、中国传承人口述史研究所三个国字号研究机构以及文学研究室、视觉工作室互为支撑的教研体系，形成了传承人口述史、传统村落、木版年画研究等学科特色，承担了多个国家重大科研项目，举办了首届北洋文化节、意大利绘画巨匠原作展、"陈和陈"平面设计艺术展、"丝绸之路上的敦煌"艺术大展、"拥抱母亲河"摄影艺术展、"田野的经验"中日非物质文化遗产保护方法论坛、中国木版年画普查成果展、"人文精神与大学教育"国际学术研讨会、"当代社会中的传统生活"国际学术研讨会、传承人口述史研讨会等数十次大型学术活动。与此同时，学院也培养了近30名硕士生、博士生和博士后，这些学生目前大多活跃在非物质文化遗产保护的舞台上。

10年之间，我多次来到这里，参加过研究院的许多重大活动，也见证着研究院的不断成长。冯骥才先生在研究院成立时曾经表示："从今天起，天大（天津大学）的事对于我，是天大的事。"的确，他没有食言，他说，研究院是他这10年里从自己身上切下的一大块生命蛋糕。

这一次的10周年庆典活动简约而别致。我在发言中说，冯骥才先生不仅是中国文化的精卫，也是中国教育的精卫。他不知疲倦地填中国文化和中国教育的"海"。大学正因为有大师才成其为大学。中国的文化精英不到大学去，大学永远没有希望。冯骥才文学艺术研究院已经成为中国教育的范本。所以，我认为这不是一次简单的庆典，冯骥才文学艺术研究院10年的探索，其实更是中国大学如何吸引和留住大师，以及中国优秀的知识分子和社会精英如何走进大学的成功案例，值得关注和研究。这些年来，我们更多地看到的是作为作家、画家、文化遗产保护专家的冯骥才，而忽略了作为教育家的冯骥才。我们更多地关注了教育行政部门的教育改革举措，而忽略了民间的教育变革探索。冯骥才先生的"先觉"，应该是中国大学未来变革的方向。

大师身在大学，本身就是一个强大的磁场，吸引和聚集各方人才；同时大学也会协助大师与年轻一代广泛交流，有助于大师作品的深入研究、创作的进一步提高。

这次10周年庆典，国内外嘉宾如云。刘诗昆、余秋雨、冯远、吉狄马加、濮存昕、王立平、彭一刚、龚克、阮仪三、张颐武、梁晓声、李光曦、吴雁泽、白淑湘、王铁成、张海、邵大箴、白岩松、宋雨桂、吴为山、何家英、郁钧剑、关牧村、王志、朱迅等百余位海内外文学、艺术、文化、学术、演艺界人士前来参加。冯骥才先生说，他很喜欢国外的沙龙，朋友们一起相聚，交流思想，如切如磋，如琢如磨。其实，我们都是被冯骥才先生个人的魅力吸引而来的。

大学需要大师，尤其是大学更重视培养创新人才的当下，大师所具有的丰沛的独创性是一般教师不能比拟的，也是大多数创作者短时间内无法比肩的。

很多年前，清华大学的校长梅贻琦先生曾经说过："所谓大学者，非谓有大楼之谓也，有大师之谓也。"的确，过去，社会精英大部分聚集在大学，民国时期的大师们，从蔡元培、胡适之、鲁迅，到陈独秀、李大钊、陈鹤琴，从沈从文、徐悲鸿、茅以升，再到徐志摩、朱自清、季羡林，等等，我们熟悉的那些大家，基本都在各个大学从教讲学。相对而言，在今天的大学，大师还是少了一些。反观国际上的大学教育体制中，驻校作家和驻校艺术家已经成了重要组成部分。

我们有理由相信，冯骥才文学艺术研究院在天津大学这座中国第一所现代大学深邃而优美的校园里会创造更多的精彩，也期待它能够为中国大学的变革提供更多的经验与启迪。

文化部长的教育智慧

王蒙先生是文化部的老部长，我曾经在苏州多次接待过他，聆听过他许多精彩的谈话。他的智慧与幽默，给我留下了非常深刻的印象。

我非常喜欢读王蒙先生的文字，特别的语言魅力加上特别的人生经历，读来韵味悠长。记得有次和他一起参加全国政协常委会，早晨到会场的时候，他正在我的座位上写字，我上前一看，是在送给我的新书《大块文章》上题字。这是他个人自传的第二部，用他自己的话来说，是有不少"干货"的。尤其是写他当文化部长的经历，写得自然、诙谐又有分寸。他告诉我，许多没有写出来的东西，也应该能够体会出来。比如他在33章讲对官场的体会时说，"越是升官越是感到自己的官小""如果我再多干几年，也许我也不想再回到写作的案头了"。要仔细品味，才知道他想说的是什么。

我也非常喜欢王蒙的讲演，非常喜欢听他的"王式幽默"。无论是开会发言还是个人讲座，他的每一次发言都能给我们惊喜。

比如在一次大会发言中说到关于文化软实力的问题。王蒙认为，世界上任何一种有价值的文化，从来都不仅仅是国门内的货色，世界各地的文化，都是你中有我，我中有你。中国引进了马克思主义，发展形成了毛泽东思想、邓小平理论、"三个代表"重要思想、科学发展观等，没有人会认为这是来自欧洲或者德国的。所以，文化是可以吃洋饭喝洋汤，长出中国的肉的。他说:"我们反对西方国家把与我们有关的各种问题政治化,但是我们不反对把一些政治性非常强的问题适当地文化化。应该加强中外文化交流,尤其是重视民间机构与文化人个人之间的交流,让世界更加客观和公正地了解中国的真实情况。与其用意识形态语言来传播文化,不如用文化形态的语言来传播意识形态。"

让我印象更深刻的,则是2007年10月12日王蒙在天津大学冯骥才文学艺术研究院主办的"人文精神与大学教育"国际学术研讨会上的主题讲演。

那是一场开幕式简单得让我吃惊的研讨会。如果在其他地方,这样"高规格"的学术会议,一定会有许多领导光临。但是冯骥才先生几乎没有邀请领导。除了天津大学、南开大学的校长,唯一的"官"就是天津人大的张副主任,而他是张伯苓先生的后代,本身就是一种精神的象征。

开场讲话的也只有两个人,完全围绕主题:天津大学的龚克校长致欢迎词,南开大学的饶子和校长致祝贺词。然后就是王蒙先生、香港大学副校长李焯芬院士和我的主题讲演。

王蒙说,自己对大学没有什么研究,就是想来听听各位对大学的看法,同时表达对冯先生的羡佩与支持。他说:"大学出现了许多问题,一是官场化的影响侵入了大学,官本位的情况严重。"这个时候他用了"此时无声胜有声"的王式幽默,让大家发挥自己的想象力。"二是市场化的影响导致许多大学急功近利、学术腐败、不良竞争、道德失范、价值沦丧,在一定意义上是'礼崩乐坏'。"现在往往不知道哪些事情是大学不能做的。"三是分工越来越狭窄,学习自然科学的不学人文科学,语文水平越来越低,对联既不对也不联,各种笑话很多。有些知识分子甚至信奉邪教。四是过分依赖网络,许多大学的学者已经不习惯用自己的大脑,而是习惯了在网络上找资料,缺乏推敲衡量的能力。"他说:"通俗化本来是好事情,但是如果普及的后果是真理的简单化、平滑化,甚至修正了真理的面容,变成一个简单的口诀,真理就贬值了。"

王蒙提出了几条非常有意思的建议:

1. 在大学校园里原则上不称官衔,老师、先生足矣。

2. 在大学举办人文讲座,进行通识教育。

3. 开设选修课程,加强民俗学、艺术学、伦理学,甚至宗教学的选修,应该有学分。

4. 在大学建立保护弘扬中国戏曲、国画、书法、武术、民间文化、文物、考古等方面的研究中心。

5. 希望各大学能够注意缅怀自己的人文遗迹，积累自己的人文资源。

6. 希望各大学认真制作自己的校歌、校训，设计建造学校的代表性纪念性建筑，这些建筑应该有优美的文字记载，有漂亮的匾额。

7. 希望大学有高雅的文化环境，对于校园内部的江湖广告、破坏人文气氛的东西要认真清除。大学不能乱停汽车，最好原则上汽车不进校园。

8. 建立驻校作家、艺术家、人文大家的制度。学校给予优待，提供方便和工作补贴。让大学生能够经常看到他们的身影，见到他们的名字。

王先生就是用这样的春秋笔法，表达了他对于大学人文教育的看法。其实，这是一个学者的呐喊。

在政协的常委会上，我和王先生也有许多交往，他对我的教育主张一直给予着坚定的支持，而他的发言通常也会赢得热烈掌声。

还记得一次常委会上，王先生的发言题目是"同一个世界，同一个梦想"，开宗明义，他就说："One World One Dream，2008年北京奥运会口号，提得是何等好啊！"他认为，应该以这样的奥运精神、这样的中国人民的胸怀来主办万国宾来、四海瞩目的奥运会，以这样的共产主义、社会主义、爱国主义与国际主义的思想境界来展示中国形象，以建设和谐社会、和谐世界的理念，以中华民族的固有的世界大同的理想来反求诸己。在这个基本价值的基础上，他给2008年奥运的有关体育宣传提出了以下建议：

一是不再采纳"体育比赛是和平时期的战争"的说法。二是对一场比赛的输赢的政治意义不要做过分夸张的报道。三是切切不可在赢了以后联系到种族、国籍等国际政治中极其敏感的内容。四是输得起也赢得起。尤其在输了的情况下，在报道裁判的误判或对方运动员的不良不雅表现时，要掌握分寸。五是注重表达对比赛对手的尊重和友谊。六是尊重国际体育组织。七是要突出昂扬乐观、健康开阔的精神面貌。

最后，王先生用他特别的语气与表情，用他的"王氏风格"指出：多年来，我们的体育运动成绩有目共睹，我们的传媒在宣传报道体育运动的影响与效果上光辉灿烂。我提出一些问题，是为了更上一层楼，借着北京奥运会的东风，借着"同一个世界，同一个梦想"的东风，进一步提升我们的思想境界、文明程度，开阔文明胸怀。"同一个世界，同一个梦想"，我期盼北京奥运会的口号响彻八方，我期盼北京奥运会的精神有助于和谐世界的建立。

我想，如果我们的提案与发言都能够建立在大量深入的调查研究基础上，在表达的时候像王先生这样富有幽默感与智慧，政协的会议一定会更加精彩。

接触多了，我和王蒙先生也成了忘年交。2008年，我完成了一本《回到教育的原点》的教育随笔，冒昧地请他写序。他非常爽快地答应了。他在序言中说，他看到了我们是如何为突破"填鸭式"的应试教育而进行着"认真的有时候是苍凉的努力"。他在序言中称我是"有头脑、有心灵、有创意、有理论、有实践、有文采的教育家"，称我们的新教育实验的主张和实践让他"耳目一新"，非常欣赏我们"不无理想主义的教育观"。我把先生的这些褒奖视为我们前行的目标与动力。

教育的明亮远方

结识顾明远先生差不多有30年了。这是有幸被顾先生引领着、提携着前行的30年。

20世纪90年代初，我还是苏州大学的一位年轻教师，受日本国际教育学会委托，在苏州举办一个以"迈向21世纪的国际理解教育"为主题的学术研讨会。为了能够把大会开好，日本朋友提议邀请中国教育学会会长顾明远先生到会上做主旨讲演。我以初生牛犊的勇气给顾先生去了一封信，没有想到，顾先生愉快地接受了邀请，不仅准时参加会议，做了一个精彩的主题讲演，而且为我们的会议论文集撰写了一篇热情洋溢的序言。

有了这一次交往，我与顾先生的距离一下子就拉近了很多，对他的敬畏感很快变成了亲切感。当时，我与日本的一位学者交流时，提出了编写一本以编年体方式来比较世界教育发展历程的《世界教育大事典》的动议。这是一个庞大的工程，靠我们的影响力和号召力无疑是力不从心的。我们不约而同地想到了邀请顾先生担任主编，主持编写工作。

那个时候，顾先生主编的《教育大辞典》刚刚杀青，他和夫人周蕖老师刚刚可以喘口气，不太想接受任何新的任务。但我对他说，虽然我国教育辞典类的工具书不下十种，更有许多教育史类的学术著作和参考书，但是用事典的体例来研究比较教育，还是第一次。作为中国比较教育学科的开创者，领衔这一庞大的工程，非他莫属。我告诉他，我会全力以赴协助他工作。为了他心爱的比较教育，为了支持年轻人的行动，他和周老师又很快被这一项新的大工程"缠"上了。

1995年，我们正式成立了以顾明远教授为主编、国内著名比较教育专家任分卷主编的编委会，我和江苏教育出版社的社长担任全书的副总主编协助顾先生工作。为了能够高质量地完成这一规模较大的编撰工程，编委会分别于1996年、1997年、1999年和2000年在苏州、无锡、上海等地四次召开编委会成员会议，对《世界教育大事典》的选目标准、各卷分工、编排体例以及撰写要求等问题进行了深入的探讨，制定了严格的编写方案。

在顾先生的直接领导和编委会精心的组织筹划下，经过全体撰写人员近四年的努力，这部收集条目近4000条，时间跨度从人类社会最初有记载的教育活动开始，一直到1999年为止，条目内容涉及近百个国家，分别按照亚洲、非洲、欧洲、大洋洲、北美洲以及国际的顺序进行排列的《世界教育大事典》，终于在人类即将跨入新世纪之时如期付梓，并且获得了国家图书最高奖。

按照我和顾先生的约定，我本来应该用更多的时间和精力协助顾先生做更多的审稿统稿工作。但是1997年底，我担任了苏州市政府副市长，在民主党派也有不少党务工作，所以非常惭愧的是，大量的学术工作最后还是落到了顾先生和周老师的身上。记得在无锡召开审稿会议的时候，我因为工作冲突迟到了半天，因此被一位资深教授批评，说我让顾先生和周老师受累了。顾先生却笑着说，我们要支持永新同志的工作，他的本职是政府工作，是为人民服务。

在我担任苏州市副市长期间，顾先生给了我许多实实在在的帮助与支持。

在他的直接指导下，我们苏州市政府与中国教育学会、江苏省教育厅举办了"21世纪教育论坛",讨论教育国际化、数字化与基础教育问题。由于形式新颖,内容丰富,会议开得非常成功,受到广泛关注,中央电视台连续播放了好几期节目。

后来,中国教育学会又在苏州市召开第19次学术年会,民进中央和叶圣陶研究会也在苏州开了海峡两岸教育研讨会。顾先生每次都鼎力支持,拨冗参加。

其实那个时候,顾先生已经是古稀之年的老人了,但在我们许多中青年学者的心中,他就像一个邻家大哥,永远是那么和蔼可亲,那么充满活力,根本没有感觉到他的年龄。

2007年底,我从苏州调任中国民主促进会中央委员会,担任专职副主席。让我压根也没有想到的是,顾先生与民进中央也有着不解之缘。这不仅仅是因为民进是"教育党",60%以上的会员来自教育界,而且民进经常与他担任会长的中国教育学会联合举办各种活动,更重要的是,周蕖老师的父亲周建人先生,曾经担任过民进中央主席——原来顾先生有一位国家领导人岳父。我到民进中央一段时间以后,才知道这件鲜为人知的事情。

2013年年初,顾先生告诉我,他有一批周建人主席的文物准备捐给民进中央。我将这个好消息告诉了时任全国人大常委会副委员长、民进中央主席严隽琪同志,严主席高度重视,会同中央驻会主席班子全体成员参加了捐赠仪式。顾先生将周建人的部分遗物(包括国外元首赠送的玉器和刺绣等)与部分图书、文稿等赠送给民进中央,其中包括一本德文原版《共产主义宣言》和周建人的读书笔记《读〈共产主义宣言〉》等,书里的每一页都有周建人亲笔书写的读书笔记、批注等。

顾先生在捐赠仪式上介绍说,周老生前有一个愿望,准备重译《共产党宣言》。他认为现在的译本有许多误译,特别是书名译为《共产主义宣言》更恰当。周老在20世纪60年代就开始对照英文版、德文版,对中文译本进行批注、校订,后因眼底出血,双眼几近失明,愿望未能完成。这份遗作中就有他在德文版上的亲笔批注和中文本的亲笔校订。顾先生还讲述了周老许多严谨治学的故事,不仅让我们对民进老一辈领导人的风范与品格更加崇敬,也对顾先生的高风亮节更加感佩。

顾先生为人低调随和,谦逊慈祥。在北京,我们经常同时参加同一个活动，每一次与他在一起，他总是特别照顾我们年轻人，让我们先说，大胆说，让我们很放松，很自由。2007年底，我参加了他主持的中国教育学会的学术年会，在会上做了一个即席发言，对中国教育存在的问题进行了批评。当时有人提醒我说，教育部有领导在场，不能够讲"过头话"，但作为学会会长的顾先生却对我说，还是实事求是说，学术会议就要不戴帽子，不打棍子，不抓辫子，还夸奖我讲得对，讲得好。

  2011年，在16卷的"朱永新教育作品"出版前，我不揣浅陋地请顾先生撰写序言，他二话没说就答应了下来。很快就发来了数千余字的序言和自己的电子签名。顾先生在序言中讲述了我们交往的许多细节，谈到我"旺盛的精力和乐于奉献的精神"给他留下了深刻的印象，并且评价我的文章有一个很大的特点，"就是有理论有实际，平易近人，用广大教师能够听得懂的语言说出具有教育科学规律性的理论，案例中含有教育的哲学。广大教师容易理解，容易接受。所以他的书会拥有众多的读者"。后来，这套书被麦格劳－希尔教育集团翻译成英文出版，成为中国教育家著作输出海外规模最大的作品。2016年2月27日，出版机构在国家图书馆举行了出版座谈会和全球首发仪式，顾先生又抱病参加了会议并做了热情洋溢的讲话……

  30年中，和顾先生的每一次交往，都清晰如昨。顾先生，就是以这种甘为人梯的精神，一直提携和关怀着后辈的成长。

  2017年国庆节，我向顾先生祝贺节日，同时发去了自己的一首六十感怀的打油诗："人叹白发染双鬓，却喜平和耳顺年。人生百年刚过半，明月照我耕梦田。"顾先生很快回复："怎么你已到花甲了？我觉得你还年轻。不过这个年龄现在还算壮年。祝你身体健康，工作顺利，阖家幸福！"

  想起顾先生60岁的时候，我们还没有认识呢。只是，因为对教育的热爱，心系教育，情牵教育，孜孜以求，不忘教育，顾先生和我因教育而起，为教育而行。

  比如今年（2018年）两会前，顾先生联系我，希望我在会议上能够提一个关于"建立中国教育博物馆"的提案。他告诉我，他曾经在国家教育咨询委员会上提过相关建议，刘延东同志也很赞成，在2011年还给总理写过信。不久，他还专门发来了相关资料，我在此基础上，通过调研提交了关于建立国家教育博物馆的建议。

我在提案中对建立国家教育博物馆的教育价值、社会价值和文化传播价值进行了阐述，提出建设中国教育博物馆能够温故知新，促进人们在教育上继往开来地探索；建设中国教育博物馆对于认识中国教育的传统，了解中华文化的传承的历史，进而深入地了解中国文化的底蕴，对于增强国人特别是年轻一代的民族自豪感、文化自信与文化自觉也有着积极的意义；同时，通过博物馆的传播教育功能，可以更好地展示和传播新时代中国教育发展的理念，发挥对社会良好的引导作用，凝聚全社会对中国教育发展的共识，共同创造中国特色社会主义教育文化。顾先生对提案的内容表示赞同，在两会提出以后也产生了良好的社会反响。

　　前不久，北京师范大学的筹备组通知我，10月13日，将在北京召开"中国教育改革开放四十年暨顾明远教育思想研讨会"。我当即表示会争取参加。但是，回来一查时间安排，与我主持的中国教育学会家庭教育专业委员会的家校合作经验交流会时间冲突。我电话联系向江苏方面请假，但他们说这个时间是多方反复商量确定的，江苏省有关方面也做了全面的安排，又是我主持的工作，无论如何也要请我参加江苏的会议。

　　我知道，这次顾先生的教育思想研讨会不仅仅是一个研讨会，也是为顾先生90华诞庆生的活动。作为晚辈和学生，作为一个受恩受惠如此多的学者，自然应该参加。但是忠孝不能两全，我只能向顾先生和组委会请假。

　　20年前，我曾经写过一篇文章《中国教育的"大哥大"》，描写了我眼中的顾明远先生。虽然那个时候他已经是70岁的老人，但我们总认为他好年轻。20年后的今天，顾先生已经是鲐背之年，他依然激情澎湃、思维敏捷、青春依旧，依然经常在各种学术会议上做讲演，依然在各种活动上做嘉宾，根本不像是一位90岁的老人，而是一棵中国教育的"不老松"，伫立在高山之巅，扎根深远，思想青翠，可钦可敬，又可亲可近。

　　以此短文作为顾先生的生日礼物，也作为一张请假条。顾先生的人生已是一本丰厚的著作，字里行间记录着他的梦想与探索，书写着中国教育的明亮远方。有思想又有梦想的人永远青春不老，不老的顾先生正在以智慧继续为中国教育激扬文字，我无限期待先生书写的新的篇章。

恩师燕国材

1980年9月，还是大三学生的我，从当时的江苏师范学院被选送到上海师范大学教育心理学研究班。当时"四人帮"刚刚粉碎，教育科学元气尚未复苏，是"文革"后心理学科首次在该校重新开课。学校派出了最强阵容的师资队伍，一批著名的教育心理学家，李伯黍、陈科美、吴福元、陈桂生等已经张开双臂拥抱即将到来的"科学的春天"。其中给我影响最大的是恩师燕国材先生。

我的脑海里清晰地记得与燕先生第一次相见的情形。那一天，教室里来了一位个子不高，但气度不凡的中年人，上课铃一响，他就健步登上讲台，在黑板上写下"标新立异，自圆其说"八个龙飞凤舞的大字。很快我们就知道，这就是学术界一位传奇式的人物——燕国材教授。燕先生博学多才，这八个大字就是他倡导的治学方法。他把"创新"作为治学的灵魂，也作为对弟子们的期待。"标新立异，自圆其说"八个字，激起我们的创造冲动，自此也深深地印刻在我的脑海中，成为我治学的座右铭。

燕师1930年12月29日出生在美丽的桃花源边，17岁考入湖南省立第四师范学校，20岁时考进北京师范大学教育系，是正宗的科班出身。大学毕业后不久，他就出版了个人专著《马卡连柯的教育理论和方法》，在学术界崭露头角。只是，随之而来的反右运动，让这位血气方刚的年轻人离开了心爱的教学岗位，先是劳动改造，再是到图书馆搬书。80年代初，他差不多与我们同时走进了课堂，给我们开设了心理学概论、教育心理学和中国心理学史三门课。

燕师是中国心理学史学科的重要开创者。他反对"言必称希腊，言必称西方"的心理学教学与研究，主张系统整理中国古代心理思想的遗产，并身体力行，出版了《先秦心理思想研究》等一批专著。有一次，他用"蜂蝶纷纷过墙去，却疑春色在邻家"的诗句，开始了他对中国心理学史课程的讲授。这句也许不太经典的诗，却激起了一个年轻学子的强烈冲动——

研究中国心理学史，解析中国人的心灵！于是，有了我们师徒间的长期合作。

在燕师的精神引领和具体指导下，我很快完成了第一篇中国心理学史的习作《朱熹心理思想研究》。没有想到，这篇出自初学者的论文，被燕师带到一个重要的学术会议上，向潘菽、高觉敷教授等大力推荐，很快收录在二老主编的《中国心理学史》文集中。我的第二篇习作《二程心理思想研究》，也被燕师推荐到权威核心期刊《心理学报》，很快变成了铅字。不久，我被他破格推荐参加《中国大百科全书·心理学》的编纂工作。再次没想到的是，我撰写的条目被出版社编辑作为"样板"条目供其他作者参考，还闹出了责任编辑张人骏教授到苏州大学来寻找"朱老先生"的笑话。要知道，当时大百科全书的作者至少需要有大学讲师的职称呢。

后来，在燕师的推荐下，我又先后加入了全国统编教材《中国心理学史》和《中国心理学史资料选编》两个重要工程，受到比较系统的中国心理学史研究方法的训练。这些，对一个刚刚走上教学科研道路的年轻人来说，既是宝贵的锻炼机会，也是一种很大的激励。

在燕师的指导下，我们合作撰写了一些著作与论文，如《非智力因素与学习》《地球上最美丽的花朵——心理学及其应用》《现代视野内的中国教育心理观》《刘智〈天方性理〉对大脑研究的贡献》《中国古代心理学思想史》等。在合作的过程中，他从不以先生的口吻教训我，而总是以朋友的方式进行沟通。

1987年，我破格成为江苏省最年轻的副教授。燕师又鼓励我独自闯荡，开拓新的研究领域，如中国犯罪心理学史、中国管理心理学史等。其后，我遵照燕师的教诲勤力前行，每当我有新著出版时，每当我获得一个个国内外科学研究基金时，他总是为我喝彩，为我加油。

1993年，我走上了苏州大学教学管理的工作岗位，成为全国综合大学最年轻的教务处处长。燕师又鼓励我结合工作进行思考与研究。他现身说法，告诉我教育学与心理学的相通互补，指导我从事教学管理的研究。2000年，我开始发起一项民间的教育改革——新教育实验，他也及时地给予关注指导。"标新立异，自圆其说"，也成为我们新教育同人从事理论与实践创新的重要原则。

燕师的研究视野非常开阔，不仅用《先秦心理思想研究》等四卷本著作奠定了他在中国心理学史中的地位,而且在非智力因素理论、素质教育理论等方面,都独具慧眼,自成一家。燕师不仅善于创新,他的勤奋与执着也超乎常人。在我所知道的学术前辈中,很少有人能像他那样勤奋,60岁以后,他差不多每年还至少有一部个人专著问世,数十篇论文发表。今年84岁的他,仍然笔耕不辍,不断发表教育、心理的言论,继续撰写新的著作。

燕师虽然学富五车,讲演时口若悬河,声音洪亮,在生活中却是一个不太擅长交际的人。他和同时代的很多学者一样遭遇坎坷,大学毕业不久就被关进了牛棚,后来又让他当了图书管理员,但无论在哪里,他从来没有停止过阅读与思考。他只顾耕耘、不计收获,淡泊名利、不计得失,这种个性使他失去了一些本来应当属于他的东西,然而他不在乎,依然乐呵呵地向前走。他的心,近乎明代李贽所说的"童心"。

前两年,我们为燕师的八十寿辰搞了一次学术研讨会,他依然那样淡然从容。一晃三十年,我自己也开始双鬓发白了,但在我的印象中,燕师是不老的。每当治学上有所懈怠时,只要一想起笔耕不辍的恩师,就会精神抖擞。每当在学术上陷入困顿时,只要一想起"标新立异,自圆其说"的叮咛,就会柳暗花明。老师,感谢你一直给我前行的力量!(2014年)

有担当的文学才能走远

曹文轩先生荣获有儿童文学界的诺贝尔奖之称的国际安徒生奖的当天,我给他发去了祝贺的短信。估计我的短信淹没在海量的祝贺短信之中了,没有得到他的回复。我自然不会在意,表达了自己对朋友的心意,足矣。

前不久与他一起参加"美丽广西 书香八桂"广西少年百场图书阅读分享活动,在少儿家庭阅读论坛上,他发表了一个精彩的演讲。他说,只有阅读才能成为高尚的人、丰富的人、有境界的人、高贵的人、有眼力的人、姿态优雅的人、获得平等人权的人、有创造力的人、快乐的人、享有公民称号的人、到达天堂的人。在对话的环节,他还特别赞赏新教育研制的书目。他还开玩笑说,这个书目的研制工作是一个叫作朱永新的人做的,朱,朱德的朱,永,永远的永,新,新旧的新。为我们做了一个大大的广告。

其实,早在2012年9月,我就预料他将是中国儿童文学的骄傲。因为,那一次,我受邀参加了一个重要的活动——"世界的认可——曹文轩文学作品走向海外"版贸成果展。

记得展览的前些天,曹先生给我打电话,说在考虑出席仪式的嘉宾时,他和出版社不约而同地想到了我。能够被人记得,是一件非常开心的事情,能够被朋友在重要的时刻想起,更是一件非常荣幸的事情。所以,我愉快地接受了邀请,不仅利用人大常委会中午休息的时间,赶去参加了这个重要的仪式,而且阅读了我能够看到的部分他的重要作品。

我在致辞时说,我参加这个活动,不仅仅是为朋友捧场,更是为了向曹文轩先生致敬,向这位有追求、有担当的儿童文学作家致敬。

在中国的儿童文学作家中,曹先生一直是一个"异"类——优异的"异"。他是作品长期高居畅销书排行榜的作家,也是版权输出成果最多的作家。他的作品被译为英文、法文、德文、日文、韩文、希腊文、瑞典文、爱沙尼亚文、越南文等文字,被外国出版社购买版权的作品达30种,已出版和即将出版的外文版本有35种,据说有些甚至被选入了国外的高中课本。

但是,曹先生当然不是那种为了销售榜单而写作的作家。他是北京大学的名教授,完全可以像许多教授那样在象牙塔里做学问;他是现当代文学研究者,当然比我更清楚,儿童文学在中国的很多人眼中,仍被视为"小儿科"。这样的状况下,曹先生却选择了儿童文学创作,而且,他不仅笔耕不辍,创作了丰富多彩的儿童文学作品,还抽出宝贵的时间为推动儿童阅读、全民阅读,一路行走、呐喊。

我想,正是作者的人格力量,才诞生了作品的精神力量。尽管曹先生一直高举的,是"美"的旗帜——在他笔下,这个世界的景是美的,人是美的,人性闪光之处更是美的。他曾说:"美是文学的基础,是我们活下去的理由,是我们得以升华的动力。"为此他甚至宣称:"美的力量大于思想的力量;再深刻的思想都会过时或成为常识,唯独美是永远的。"但阅读曹先生的作品,我正是从那宁静而深邃的美中,感受到了思想的力度——那源自一种理想的力量。

从曹先生的文章，尤其是小说中，我们可以清晰地看见另一个世界，那是他理想中的国度，一个纯净而美好的国度。他的作品通常不会直接鞭挞丑恶，而是热烈地讴歌美好；不破不立，他是以立为破，用尽全力去挖掘、呈现美好，从而让丑恶自惭形秽地退却。

这种"美"，既是儿童文学创作的要求，也是曹先生个人性格使然。所以，他与儿童文学互相选择了对方，就诞生了如《草房子》这样优秀的作品。他的作品并不是一种炽热灿烂、咄咄逼人的美，而是如月般皎洁静雅，耐人寻味。当越来越多的外国孩子看到了桑桑、纸月、白雀、杜小康……就看到了发生在我们中国孩子身上的故事，看到了这种饱含中国古典含蓄之韵味的美好。最终，大家用不同颜色的眼睛，透过不同形态的语言，看到自己的童年，看到一个真善美最终战胜假恶丑的世界。与此同时曹先生仍在继续探索：《大王书》《我的儿子皮卡》，以及最近出版的《丁丁当当》……这些风格多变的作品不断问世，充分说明他的追求从未止步。

从某种意义而言，我也是曹先生的同路人。多年来，我一直把阅读推广视为我生命的一个重要部分。因为工作原因，我常常在各地行走，与各个民族、各个地区的孩子沟通交流。在旅行和考察中，我惊讶地发现，虽然中国已是世界上最大的图书生产国，却是人均阅读量最少的国家之一，而这一点发生在孩子身上，就更让人痛心疾首！所以，我才会一直呼吁：一个人的精神发育史就是他的阅读史，一个民族的精神境界取决于这个民族的阅读水平，一个没有阅读的学校永远不会有真正的教育，一个书香充盈的城市必然是一个美丽的城市！

我在致辞中还强调：童年的秘密我们远远没有发现，童书的价值我们远远没有认识。格林在《消失的童年与其他散文》里说："或许只有童年读的书，才会对人生产生深刻的影响……孩提时，所有的书都是预言书，告诉我们有关未来的种种，就好像占卜师在纸牌中看到漫长的旅程或经由水见到死亡一样。"我绝对支持这个观点。在我看来，儿童时期的阅读体验，对一个人的成长至关重要，成年的生活历程只不过是童年精神世界的展开。也就是说，一个孩子在童年构建的价值观、世界观，以及感恩、善良等品德，就是构筑自己成人世界的基石，而且这种构建相当程度上是以阅读为手段的。因此，对儿童文学这个"小儿科"缺乏足够的重视，我们将会眼睁睁看着成年后的疑难杂症,而痛感无处下手甚至无药可医。

从这一点看,我们更应该感谢曹先生。在曹先生身上,有着一种近乎可爱的固执,我认为这正是一种可贵的儿童精神。正是因为有了这种儿童精神,他才会在商业大潮的冲击下,以美为武器,选择了为儿童而坚守,而担当。他的作品,在孩子们幼小的心灵中播下那一颗颗美与善良的种子,今后若逢阳光雨露,迟早会生根、发芽、开花、结果。

我和曹先生出生在共同的家乡——盐城,是地道的老乡。而在我们许多新教育学校里,曹先生的《草房子》都被列为师生共读书。记得一个午后,我走到一间乡村教室外,听到曹先生的文字被孩子们用清脆嘹亮、抑扬顿挫的童声念出。那时那刻,我仿佛也重新站在故乡的阳光下,回到了自己的童年……

世界属于儿童。儿童的世界没有国界。有担当的童书,才拥有直抵人心的力量,创造出美好与感动,才会让读者忘记彼此间的文化差异、地域差异和年龄差异,让每个读者都在那一刻成为幸福的孩子。我想,这就是曹文轩的作品能够走得如此之远的原因。

相信童话,呵护童年

梅子涵老师是我非常尊敬的儿童文学作家,也是一位优秀的儿童阅读推广人。他一直主张,我们应该相信童话,相信童话里的美好情感,相信童话里那种快乐的情绪,相信童话里的乐观,相信童话里的豁达,相信童话里的智慧,相信童话里具有的很多我们在日常生活里想不到的生命原理、生命规则,相信童话里的很多对我们一生有用的能帮助我们去度过一生生命的那种哲学。

梅子涵老师坚信:孩子从小阅读童话书,记忆里就会有这种颜色,会有那种快乐。童话书里的笑声会变成他心情里的精神里的笑声。没有在童话的摇篮里躺过、睡眠过的孩子是不幸的,没有童话的阅历和记忆的孩子是可悲的。而儿童文学就是寒冷中盖在孩子身上的那条暖暖的毯子。

梅子涵老师是一个演讲高手。这些年来，他一直奔走在全国各地为儿童阅读鼓与呼。每一次听他讲话，我都如痴如醉。他在中国儿童阅读论坛上的每一次致辞，都是一篇可以传诵的美文。

梅子涵老师也是一个讲故事的高手。每一次听他讲图画书，他都能够讲出一些我们没有看到的东西。他大概是中国最懂图画书的人了。他说，图画书是带儿童进入文学的最初的媒介。

我曾经读过他自己撰写的图画书《麻雀》。著名儿童文学作家王晓明说，这是一个伟大的童话。他还希望大家快点看，放久了也许会看不懂，因为懂的人正在逝去。

是不是伟大的童话，可能要让时间去评说。但是，它无疑是一本值得好好读的图画书，它适合所有人，成人和孩子。无论是文字，还是图画，都非常精彩。

这本《麻雀》讲述了那一个荒诞的时代的故事：大人们决定消灭麻雀，敲锣打鼓，麻雀们被惊吓，纷纷从树上掉下来。年龄大一点的朋友，应该对这个曾经在生活中发生的场景并不陌生。

其实，我们这个时代是不是同样荒诞呢？也许后人也会认为是的。虽然今天的我们不再打麻雀了，但是我们砍伐森林，污染河流，糟蹋天空，我们是在打更多更大的"麻雀"。

《麻雀》作为一本图画书，不仅故事有吸引力、文字有张力，图画也很有震撼力、冲击力。黑白的色彩，有着历史的沧桑感，上海弄堂的幽静与人物表情的张狂，形成了鲜明的对比。据说，作者为此专门"打飞的"去上海观察，我想大家都会对那从黑色到铜黄的屋顶留下深刻的印象。

梅子涵老师在送我的书的扉页上，写了这样一段话："如果所有的麻雀和鸟儿都可以自由飞翔了，那么人类也就有了真正的自由和强大了。人类啊，你是需要养育世界的一切呼吸的。"我想，这是他对于这本图画书的解读。

其实，哪怕从同样的一本书中，每个人读到的，都是他自己能够读到的东西。梅老师说，这本书，孩子们可能比成人更容易读懂。因为孩子们的童心天生是善良的、怜悯的，孩子们会知道，麻雀是人类的朋友，知道麻雀救了男孩的命，知道应该善待麻雀和所有的鸟儿、所有的生命。而成人，总是喜欢把自己当作世界的主宰，当作唯一的英雄。

的确，最懂得动物语言的是孩子，最能亲近动物的也是孩子。

可我相信，最起码有一个成人不是这样的，那就是梅子涵老师。生活中的麻雀不会说话，但梅老师却像能够听懂麻雀的语言一样，创造出这样一部为麻雀代言的作品。

小小的麻雀，又何尝只是小小的麻雀呢？那分明是一颗小小的跳动着的童心啊！我们的梅子涵老师显然就是跳动着这样一颗童心的人，正因为有着这样一颗自由自在、无拘无束的童心，才能放飞想象，让《麻雀》终于飞到了童年的天空上。

梅子涵老师也是一位优秀的父亲。

20年前，他写下了感动了几代人的《女儿的故事》，不仅记录了一个小女孩的成长历程，也记录了一个父亲的喜悦与悲伤、梦想与惆怅、努力与无助、刚强与柔弱。20年以后，他的女儿梅思繁以一本《爸爸的故事》，续写了两代人之间的情感与思想交流的故事，丰富了这个小女孩成长的心路历程，也丰富了那个父亲的可亲可爱的形象。这两本书，让我们看到了一位作为父亲的梅子涵。

虽然父亲们从事的职业不同，对孩子的期望也不一定相似，但我相信，每个父亲都可以从梅子涵的身上找到自己的影子，找到我们这个时代的特质，找到我们教育的问题。

不是吗？如果我们的孩子没有考上一所好学校，我们会不会像梅子涵对女儿说的那样"发神经"呢？在幼儿园和小学让孩子们学弹钢琴拉小提琴，到了中学却让钢琴小提琴睡大觉，是不是都在"下赌注"呢？发现孩子偏科，数学或者某一门功课特别糟糕，是不是也会"咆哮如雷"呢？

幸亏，梅思繁遇到了梅子涵。虽然梅子涵有着所有父亲的苦恼和无奈，但是，他毕竟是懂孩子的。他知道，对于孩子来说陪伴是最重要的。所以，尽管作为大学教授和作家的他，有那么多的事情要忙碌，但是我们看到他一直在女儿身边。他和女儿玩"胡子"游戏，他和女儿一起买生煎包、小馄饨、排骨年糕，一起喝咖啡，他和女儿一起看戏剧和电影。他知道，女儿总是要长大的。

最让我感动的是女儿准备放弃索邦大学的比较文学博士学位，而从事专业写作时，父亲与女儿的纠葛与矛盾。一方面，是非常清晰的康庄大道——在世界著名的大学拿到博士学位，有一个体面而稳定的职业。另一方面，是充满了不确定性的艰难险恶之路。"我不要自己的女儿有一天也许凄风苦雨饿肚子，我就你这么一个女儿！"但是，既然女儿选择了文学梦，父亲最终还是选择了接受、尊重与支持。梅子涵对梅思繁说："你也许一生都会过得很简单很清苦，但是我会拉着你的手，站在你的边上，我会像当年一样，支持你，帮你把那个梦想的风筝放飞起来。"

我是含着眼泪读完这个故事的。其实，这也是我自己的故事。我的儿子朱墨，也是一个文学青年。梅思繁在书中提到的那篇《朝北教室的风筝》，后来被上海少年儿童出版社作为一本书的书名，朱墨与梅思繁是这本书的共同作者。我也曾经像梅子涵一样期待他在拿到博士学位以后轻轻松松做一个大学教授，而朱墨也像梅思繁一样，有着自己的人生梦想。我也曾经苦口婆心劝说朱墨，最后，我也选择了梅子涵的选择。

这两本书虽然讲述的是一个家庭中父亲与女儿的故事，其实，也是我们这个时代的教育故事。我们从中是可以学习和思考许多东西的。我之所以说，写作的人是幸福的，不仅是因为他们通过文字记录了自己的生命故事，让读者与他们同悲共喜，更重要的是，他们自己也在写作中思考与成长。写作本身就是一种治愈，一种疗伤，一种分享。希望有更多的父亲和女儿，母亲与儿子，像梅子涵和梅思繁一样，拿起自己的笔，记录自己的生活，书写生命的传奇。

读书有远见，天下在心中

台湾天下远见出版股份有限公司的董事长高希均先生是台湾著名的出版家，也是我非常敬重的朋友和师长。

几年前去台湾时，我就在书店买了他的《读一流书·做一流人》等书籍，为他的阅读理念和推广阅读的行动而感动。那时，他已经在台湾倡导"酒柜变书柜，餐桌变书桌""自己再忙也要读书，收入再少也要买书，住处再挤也要藏书，交情再浅也要送书"。他一直对读者强调："人生的终点，不是死亡，而是与好书绝缘的那一刻；人生的起点，不是诞生，而是与好书结缘的那一刻。"

2011年，有幸和他一起参加苏州阅读节的活动，并且有幸与他同台演讲，为阅读鼓呼。不久，又与他在北京见面，交流阅读观点，相谈甚欢。

所以，2014年6月我率领叶圣陶研究会的出版界会员访问台湾时，拟定的日程中就特地安排了拜访天下远见出版公司。

6月14日下午4点，我们来到了离下榻酒店不远的天下远见。精致的欢迎牌和指示牌，让我们感受到他们的细心和用心。穿过一楼的书店，我们直接去了二楼的会议室。

在二楼的会议室加展示室，我们访问团一行与高希均的团队进行了热烈的交流。高希均先生告诉我们，他对习近平访美非常关注。

高先生认为，一个好的社会，应该吸引优秀的人才进入政府队伍。"台湾有两个行业汇聚了大量精英，一个是金融，一个是高教。1987年解严以后，太多的人投入这个行业，因为活得有尊严，做一个专业的知识分子，能够得到合理报酬、机会与休假。"但是，一个社会没有好的人才进入政府是不行的，事实上，台湾的有关部门也吸引和聚集了不少人才。只是，当官不容易，现在台湾是"官不聊生"。

高先生的团队个个身手不凡。高先生本人自不必说，天下远见文化事业群发行人兼事业群总编辑王力行也是台湾著名的才女。在她主持《远见》杂志总编辑任内，曾带领该杂志荣获台湾新闻主管部门金鼎奖杂志报道奖、杂志公共服务奖，花旗集团杰出财经新闻奖，两岸新闻报道奖，吴舜文新闻奖等奖项。她撰写的《爱与执着：追寻远见的年代》《无愧——郝柏村的政治之旅》《闹中取静》《宁静中的风雨——蒋孝勇真实的声音》《蒋孝勇的最后告白》等著作在台湾也广受好评。天下阅读推广是一家。虽然与她是第一次见面，但仿佛是多年的老朋友了。她介绍了天下远见在推动阅读方面进行的活动，解答了关于台湾学校如何选书配书的问题。她认为，中小学选书关键要发挥老师的作用，由老师"负责优良读本推荐，反过来落实和推动教师阅读，提升老师的鉴赏能力"。

而天下远见事业群的三驾马车中，最具传奇色彩的是总经理林天来。他曾经是花莲女中的一名工友，负责修剪花草树木、清洗厕所和游泳池，以及其他勤杂事务。1986年，天下文化为出版的《乐在工作》一书进行全台湾征文大赛。林天来的投稿文章获得了头等奖。高希均先生借到花莲演讲之机，专门看望了林天来。高希均告诉他，如果他愿意，可以到台北工作。于是，林天来从仓库管理员、发行员开始做起，一步一步为天下远见的大厦添砖加瓦，也成就了自己。

在北京的时候，我曾经见过这个言语不多的天来总经理和《小天下》的总编辑许耀云。他们作为高希均的得力干将，给我留下了深刻印象。这一次，他介绍了天下远见如何践行高希均先生"阅读救自己"的理念的情况。他提出，上学是为了开心而不是为了升学，读书是为了幸福而不是为了赚钱。现在的教育完全扭曲了孩子的灵魂和生活，许多人一直到大学里也没有养成读书的习惯。为此，天下远见文化教育基金会还发起了为边远落后地区孩子捐赠图书的活动，除自己出资外，还在许多公共场合设立了捐款箱，号召大家认领落后地区的小学，为每个班配备一个书柜，为学校装备一个图书馆。

有情怀才有天下，有卓识才有远见。天下文化这样有影响也有担当的机构，在1982年创办时，只是一个小小的公司，由从美国回来的高希均先生与王力行女士共同创办，经过30年的耕耘，已经成为在华文世界颇具影响力的文化事业群。他们坚持"传播进步观念，丰富阅读世界"的理念，已出版图书超过两千种，涵括财经企管、心理励志、社会人文、科学、文学、健康等领域。

1986年，他们又创办了《远见》杂志，秉承"关心台湾，关注世界；关心现在，关注未来"的宗旨，用财经知识拓展前瞻视野，以人文养分积累素质品位，先后获得多项大奖，成为台湾有影响力的刊物。

2000年和2001年，他们又先后开办了"93巷人文空间"和天下远见读书俱乐部，那是为读者提供的可静思、阅读、谈话、学习的场所，更是一个知识激荡的磁场，传播进步观念的沙龙，很多重要的书与作者都出现在新书发布会中。如今，"93巷人文空间"已被认为是台北的人文新地标。拥有六万多名会员的天下远见读书俱乐部，则通过主编选书导读会、"新读书主义"系列演讲等活动，分享彼此的感动与收获。"读好书"已不再是一种向往、一种承诺，而变成了一种实践、一种推广。

2002年和2004年，以少年儿童和青年为对象的《小天下》与《30》杂志又分别创刊。前者以少年儿童为对象，希望从小引导他们阅读优良的丛书，培养他们变成卓越的未来公民，为他们开拓一望无际的视野。后者则为 30 岁的年轻人度身定做，为他们整合多元化前瞻实用的工作、理财、生活和进修的信息与分析，全面拓展宽广的知性视野。从"三十而立"到"三十当家"，全方位为事业成功、理想实现、人生圆融做准备。

2006 年，他们启动《哈佛商业评论》全球繁体中文版，为提升华人企业的管理理念、改进实务运作、增加实际绩效提供借鉴。同时，成立了远见民调中心，以严谨专业的调查研究，反映民众对社会趋势、财经民生、政策时事等的意向，并透过客观中立的报道扣紧社会脉动，提供国际参考，如企业社会责任调查、民心指数调查等。

……

一路走来，"天下远见"高歌猛进，捷报频传。是什么让他们这样发展？我以为，与其说是商业的驱使，不如说是精神的推动。以传承创新文化为使命，把这样的根扎进现实的土壤里，只需要坚持不懈，就一定能创造奇迹。

短短的一个小时很快过去了。高希均先生送我一大包他们的最新图书，沉甸甸的。而我突然想起曾经读过他在回顾自己创业历程时说过的一段话："近半世纪的台湾发展证明：只有知识与知识分子得到较多的重视，社会才能走向开放与多元。世界上没有一个国家和地区，它的知识水平落后而社会却能发展；世界上没有一个社会，它的知识分子懦弱而法治却能树立起来。我们常听到：'有什么样的人民，就会有什么样的政府。'更确切的说法是：有什么样的知识分子，就会有什么样的社会！因此，坚持传播进步观念的人，自然义不容辞地以传播为己任。在《天下》与《远见》杂志的创刊词中，我分别强调'经济是我们的命脉''知识与远见的结合，才能够避免无知与短视，才能够审察世局'。'天下文化'则从开始就以'传播进步观念'为出版的职志。"

是的，读书有远见，天下在心中。作为一名教育工作者，一个阅读推广人，怎样成为一名有良知的知识分子，怎样为我们的民族、为我们的社会，做出自己的贡献，也是一直盘旋在我心里的问题。从小事情做起，从自己做起，坚持不懈，合力前行，就是高先生和他的团队给我的启迪。

守护孩子唯一的童年

认识信谊,是2009年的一天,信谊基金会执行长张杏如通过朋友找到我,希望我参与发起成立信谊图画书奖,共同推动原创图画书的创作,让更多孩子看到母语作品,成长为有中国文化之根的人。

一个台湾人,为什么对在大陆推广图画书那么热心?带着敬重也带着好奇,我走进了信谊。

一了解,才发现缘分在不知不觉中早已注定:我们新教育实验中有一个深受欢迎的"读写绘"项目,一线教师在开展实验项目过程中,需要把优秀图画书引入课堂,而这些被我们广泛使用的《猜猜我有多爱你》《爷爷一定有办法》《好饿的毛毛虫》《青蛙和蟾蜍》等经典图画书,都是信谊出版。

再了解,才得知信谊是台湾地区非常有影响的推广幼儿学前教育与亲职教育的专业服务机构,成立于1971年9月,创始人何传(字信谊)是张杏如的公公,基金会就以他的字号命名。近40年来,在"守护孩子唯一的童年"的宗旨下,信谊在推动儿童阅读、亲子教育、亲职教育方面做了大量卓有成效的工作。

朝着同样的方向,在同一条教育大道上相遇,行走就变得更加温暖而愉快。接着,我欣然参加了信谊的几次活动,见证着他们的品质、用心与努力。而新教育研究院的新阅读研究所在研制中国小学生基础阅读书目和幼儿基础阅读书目时,也得到张杏如执行长的大力支持。

所以,拜访信谊基金会张杏如执行长,是这次访问台湾的重要行程之一。时间实在紧张,只能安排出一个半小时,但是信谊为了这一个半小时,专门为我们布置了展厅,准备了新出版的童书和《宝宝爱看书》《宝宝的第一份书单》等资料,把短短90分钟浓缩成为一场精美的精神之宴。

张执行长在介绍信谊的缘起与发展以后,重点为我们介绍了信谊以幼儿为中心开展的五大工作,即亲子阅读、趋势引领、幼儿教育、社会关怀、图书出版。

张执行长告诉我们，她是从幼儿教育走向亲子教育的。她在实践中发现，幼儿教育如果没有父母的参与，没有父母对于教育的理解和主持，是无法真正取得成效的。"给孩子健康快乐的童年，就是给他幸福；给孩子最好的教育，就是给我们的社会最美好的未来。教育不只是一个观念，一种形式，它是天天的工作和日积月累的功夫。只有更多父母愿意认真做父母，有更多的家庭和团体愿意一起守护孩子，给孩子好的教育，我们孩子的幸福，才是可以期待的。"

在这样的理念指导下，信谊建立了信谊亲子馆、信谊奇蜜亲子网、小太阳亲子教室、幼儿图书馆，编写了亲职教育丛书，出版了学前教育杂志等。仅2012年，他们就送出2万个"信谊幸福好孕袋"，帮助孕期母亲；亲子馆服务人数达8万人，平均每天260名亲子来游戏阅读；信谊幼教服务团举办了185场亲子共读讲座和100场幼师研习，有2500名幼儿教师和8000名父母参加了他们组织的活动。

在趋势引导方面，为了提升台湾地区原创幼儿文学的水平，信谊已经举办了24届幼儿文学奖，引发我与信谊结识的原创图画书奖，已经连续举办了四届。信谊还每年举办幼儿发展国际研讨会，并且从2005年开始参加了Bookstart（阅读起步走）的国际婴幼儿阅读运动，做了许多卓有成效的工作，如与地方有关部门携手，通过乡镇、社区图书馆赠送免费的阅读袋，鼓励图书馆设立婴幼儿阅读专区，举办婴幼儿亲子阅读活动，协助图书馆培训馆员和义工，让他们具有带领幼儿阅读的能力。希望每个孩子都有机会持续阅读、享受阅读，成为小小的爱书人。

张执行长还兴致勃勃地介绍说，英国的研究表明，参加Bookstart阅读活动的孩子在学业方面表现好，语文、数学、科学等学科成绩进步明显，68%的2—3岁幼儿喜欢阅读，是没有参加活动的幼儿的3倍以上。每天陪孩子阅读的父母增加了23%，有一半的父母会花更长的时间与孩子共读。75%的父母乐于提供更多的资源给孩子。

在幼儿教育方面，信谊实验幼儿园把自己定位成引导幼儿探索、发现、学习的童年乐园。他们开发了许多颇具特色的幼儿教育课程，编写了幼儿教师的成长丛书。

在图书出版方面，信谊作为一个专业儿童图书出版机构，一方面大量引进国际上最好的儿童图书，一方面积极支持海峡两岸暨香港、澳门的儿童文学原创，成就斐然。同时，信谊出版的《学前教育》杂志、《小太阳》幼儿杂志、"小袋鼠"系列幼儿园教材等也受到父母和幼儿老师的广泛欢迎。

张执行长对待出版的态度是认真严肃的。她告诉我们，人的发展，人的成长，人的幸福，是信谊的出版哲学。她自己一直在不断地追问："到底我们是以怎样的儿童观、人生观，来看待一本我们要交到孩子手上的书呢？或者更简单一点来说，到底我们希望孩子有什么样的阅读品位，希望他长成一个什么样的人呢？对幼儿来说，这攸关着幼儿的发展和幼儿的成长。我衷心希望我们出版的每一本书，都是我们给孩子最深的祝福。"

在社会关怀方面，信谊热情参加、积极组织儿童阅读推广的各种公益活动，如先后认领了100多个"乡村学校图书室"，台湾"9·21"大地震后成立"重建家园儿童认养基金"，在台湾大学医院建立了"家庭资源中心"，捐赠了"小太阳阅读BUBU车"。2012年，信谊幼儿阅读列车前往桃园县，在花莲捐赠"Bookstart阅读专区"等。同时在偏僻乡村开展"地方'政府'买一本书，信谊就送一本书"的活动，鼓励地方有关部门支持阅读事业。

信谊赠送的《宝宝爱看书》《宝宝的第一份书单》，也受到父母们普遍的欢迎。《宝宝爱看书》通过图文并茂幽默风趣的图画，告诉父母："打开书，和宝宝一起读，一起玩，一起说，帮助他们跨出阅读的第一步。"《宝宝的第一份书单》是一份由婴幼儿阅读专家、语言发展专家、儿科医生等7位专家从儿童性、文学性、多元性与互动性四个角度遴选的亲子共读书单，适合0—3岁幼儿与父母的亲子共读。书单从认知学习、感官游戏、语文学习、社会情绪、想象创意、生活能力6个领域，遴选了60本优质童书，期望能够增强孩子多种能力，让亲子同享共读美好经验。

"守护孩子唯一的童年"，是张执行长的PPT的题目，也是她的开场白。而守护孩子唯一的童年，关键是把父母的积极性、主动性真正地调动起来。

张执行长曾经说："在推动的过程中，虽然我们勤力以赴，但深知我们做得再多再好，也绝不能替代父母，因此在各项工作上，总是提醒同人把自己放在提供资源、支持和协助的角色上。我们该做的是帮助父母学习做父母，懂得享受育儿的乐趣，也要帮助父母培养自我学习的习惯和自我教育的能力，成为孩子的榜样，和孩子一起享受学习的乐趣。"

我非常认同她的这段肺腑之言，这也是新教育成立新父母研究所的重要原因，也是我坚持每天为父母写"新父母晨诵"的重要动力。家庭教育是教育的基础，感受到为人父母乐趣的父母，才可能做好家庭教育。

最后，张执行长说：出版与阅读推广是一直不断交错的两条线。三十多年来，信谊走过的台湾幼儿阅读推广历程，也是一条扣紧社会动脉的长路。其实，与其说信谊是在做出版，不如说他们在做阅读、做教育。做出版的人，真正有做阅读的视野，一定能够收获良多；做出版的人，真正有做教育的胸怀，一定能够走得更远。

孩子的童年，应该是大人们最贵重的珍宝。用童书滋养孩子的童年，以童书守卫孩子的童年，也因童书似乎回到了自己的童年，纯粹而愉悦。无论是信谊到大陆推动阅读，还是我到台湾走访信谊，这些关于儿童、关于阅读的交流，都是精神的沟通、心灵的碰撞。童年的美好总是相似的，赤子之心的颜色总是相同的。海峡两岸，文化为桥，对明天的阅读、明天的教育、明天的孩子，我充满期待。

数学学科虔诚的传教士

因为是江苏老乡的缘故，我们有许多共同的朋友，所以与华应龙老师有过许多次交流。但是，好友见面，把酒言欢，更多的是聊教育，聊人生，很少聊到他心爱的数学。

听过华应龙老师的讲演，走进过他的课堂，读过他的《我就是数学》等著作。但是，只不过是随意翻阅，浅尝辄止，不敢说把握了他数学教育思想的精髓。

几次走进他在北京第二实验小学的数学教室，也在他们学校的一次会议上对他的数学教学思想进行过即席点评。那次点评我使用了三个关键词，倒是基本总结了他给我的启发。

第一个关键词，是自信。"我就是数学"是他的一本书的书名，充满了"舍我其谁"的自信与担当。只有自信的老师，才不会怕自己犯错，才不会怕学生犯错，才会说："作为教师，我们一定要树立一个观念，学生不是我们的对手，而是帮助我们缔造课堂生活的另一只手。在课堂上，正确的可能只是模仿，但是错误的一定是创新。当出现不一样的东西时，孩子一定是动脑筋了，不管是正确的还是错误的，都是课堂上的生命体，都是应该尊重的。"

第二个关键词，是文化。真正的学科教师，绝不是简单的知识"搬运工"，而是通过广泛阅读，对学科文化、学科历史、学科哲学有着深刻理解的人。我认识许多优秀的数学教师，如李烈老师、夏青峰老师、周建华老师等，很多都是有文化情怀的人。华应龙也是如此。他说："你是带着你所了解的数学世界走进学生的，而不只是一种数学教材。这样你才会感到数学教学的生动与多样，学生的数学学习、数学思考也才可能丰富多彩。作为数学教师，你必须借助数学这个通道，引导学生去感悟世界的奥秘，而不仅仅是数学知识本身。数学的好玩、学数学的有趣，也就在这里。"正是基于对数学教育这样的理解，华应龙教授给孩子们的，已不再是单纯的数学知识，而是整个数学文化。

第三个关键词，是发现。华应龙的数学教学思想，基于发现，基于创新。他深谙学习的基本规律，带领学生像数学家发现数学那样学习和创造。他在介绍自己的"融错"教学理论时曾经说："在这样一种融错的教育中，积淀下来的就是孩子创新的人格，在学习的过程中，他不但掌握了知识，而且还养成了敢于尝试的良好习惯，错了、失败了，他会去分析，然后再不断地探索。这种教育能帮助孩子磨炼出百折不挠的意志品质。"所以，帮助学生在发现数学规律、数学原理的过程中，成为勇于尝试，不畏错误的人，才是他的目标。记得叶澜老师在评价他的数学课堂时曾经说："融错这个概念的确很难反映华应龙的数学思想，太小了，太窄了。"我也有类似的想法。其实，发现是"融错"的基础和源头。

在华应龙老师的课堂上，我们经常可以看到这样的风景：他一直是在背后，学生们始终在前面。他是一个促进者，一个帮助者，一个提问者。他的课很平实，很平静，不像一些老师的课堂那样华丽、热闹。但我们都可以感受到，学生的内心波涛汹涌，思考热烈深入。学生在尝试错误中走向成功，是一个持续积极思维的过程。从这个过程中，学生不断发现数学的美丽，教师不断创造教学的精彩。

新教育实验强调，一个优秀的学科教师，应该是他所教学科虔诚的传教士。前不久，华应龙送我一本他的新著《华应龙与化错教学》，50万字，沉甸甸的。讲述了他的成长之路，他的教育观。他在书中说，他自己这一生就做一件事——"我就是数学"。他说，这句话是他的自我安顿、自我期许和自我鞭策，他要用数学修身，用数学育人，用数学立命。我想，这就是传教士的精神。

时间过得真快。这位叫作华应龙的老师，19岁就想做一名好老师，29岁就想成为一名特级教师，36岁就想成为一名数学教育家。他一步一个脚印地实现着他的人生梦想。下一步，他又会带给我们怎样的惊喜呢？

我们期待着。

字痴陆衡

认识陆衡，是从字开始的。

1997年，我担任了苏州市副市长。也正是在这一年，苏州古吴轩出版社编辑出版了《林散之书法集》。为了宣传这本书，出版社在人民大会堂举行了首发式。作为分管文化的副市长，自然要前去站台。由此，认识了这本书背后的年轻副总编陆衡。在熟悉这本书背后的一些故事中，知道了陆衡为求真迹"死磕"马鞍山林散之纪念馆，知道了他在密不透风的房间里与摄影师用4只500瓦的灯泡拍摄的经历，也知道了他追随林散之先生的一些故事。后来，这本关于字的书获得了第11届中国图书奖，陆衡功不可没。

不久以后，陆衡去了南京，担任了江苏省国画院的院长助理，成为一位专业书画家。从一个与文字打交道的出书人，变成了一个继续与文字打交道的"写字"人。看到了他的书法以后我才知道，他还是一位颇有成就的书法家。他曾经参加了全国第七届中青年书法篆刻展、第六届中国艺术节、近现代书法展等大展，并且获得了首届"兰亭奖"（中国书法艺术最高奖）、"林散之奖"等大奖。

陆衡不是一位写字的工匠，而是一位文字的"魔术师"。他写的字，一般都是他自己创造的诗句。他的多篇诗歌，被林散之等前辈赞为"唐音"。

如他写对于书法创作境界的期盼："缶庐横绝大江东，铁笔萧萧万里风。岂是萍翁真走狗，樊笼打破最英雄。"如他写对于家乡的深爱："春风得意山水间，曾醉屠苏明月湾。今夜洞庭秋雨急，扁舟一叶过西山。"尤其他的长诗《傅抱石山水图歌》，被诗词家郭莘先生评为："沉着痛快，得诗品雄浑之境，实可平视古人！"文化耆宿俞律先生则题赞曰："作诗如制酒，作字即舞蹈。浮生爱少年，为艺欲其老。陆生四十五，已梦池塘草。他年雪两鬓，会当树一蠹。傅老天上知，举杯当一笑。呜呼世上纷纷声与色，唯有真才方是宝！"

陆衡自己最看重的，是研究字。他曾经说："诗词书画都只是表达方式而已，或者说是枝叶而已。根本的是人文本体是否深厚。两耳不闻窗外事，成不了大家；缺乏人文厚度，成不了大家。"他是国内最早研究林散之书法的学者之一。陆续有《林散之笔谈书法》《林散之》《谈林散之书法的鉴定》等专著和论文面世。其中，《林散之笔谈书法》出版以来，已再版近20次，成为研究林散之书法理论最重要的资料。他撰写的《傅抱石大典》则被誉为"傅抱石的百科全书""新型年谱的开创之作"，已成为研究傅抱石绕不开的工具书。他撰写的《书法入门》及论文《我说碑和帖》《萧憺碑研究》《论王羲之》《论赵孟頫》《论唐寅》《中国画必须从"八股文"的阴影中走出来》《书画创新呼唤战略家》等，也在书画界产生了广泛的影响。

陆衡不仅研究书家书法，更痴迷于文字本身的奥秘。他认为，目前对于中国文字的教学存在两个问题：一是填鸭式，这类教字者往往不明中国文字的正形本义，而是让受教者死记硬背，好不容易记住了，但最终还是会提笔忘字；二是戏说式，这类教字者不满于填鸭式教字，试图形象生动地进行教学，但他们往往同样也不明正形本义，而仅凭自己的直觉，"肢解"中国文字。陆衡举例说，如有人将"權"（权）字木旁解释成"权杖"之类。甚至更有人解说，"曾"这个字像一只可爱的小虫子，它顶上有两只倾斜的耳朵、两个大眼睛和一个四四方方的小身体，底部的"曰"使它看起来有条纹，就像一个卡通蜜蜂一样。这类解说，使本来有机的、充满智慧的中国文字，变成了浅薄的、无机的符号。这就严重影响了中国文字的普及和推广。

要改变这种现象，就要对中国文字进行探源溯流、爬罗剔抉的工作。但是，中国文字的源流颇多淤塞，清理工作难度非常大。陆衡深研上古字音和上古字形，经过30多年的研究，对基本文字做了全面梳理，汲取了《说文解字》以来的历代文字研究的学术成果，破解了一批文字的"密码"。如"旳"（的）字，自《说文解字》以来一直笼统地解释为"明也"。陆衡通过考索其形、音、义，并结合实证，首次揭示，这是古人聚日光于勺形器，聚光成焦而取明火，所以"旳"（的）字与燧、鐅同音。这不仅是对文字本义的发明，也为中国科学技术史提供了值得研究的史料。他力求正字、正解，写出了长达 600 余万字的巨著《正汉字》，初步建立了他的"正汉字"体系。我曾经将他的手抄本样稿送呈著名文字学家许嘉璐先生，得到了先生的好评。先生说，现在像陆衡这样沉下心来做学问的人太少了。

文字是文化的根，根深才能叶茂。陆衡相信，通过文字这个媒介传播和弘扬中国优秀传统文化，是一条行之有效的路径。所以，在研究的基础上，他发愿让中国文字走向民间，将学术成果惠及于民。2016 年 10 月，"陆衡国学·书法"公开课在苏州宛溪书院隆重开讲。他对 2000 个常用汉字溯源导流，使汉字变得易教、易学、易记、易用，改变了汉字教学死记硬背及提笔忘字的现状，使"一周识汉字"成为现实。他亲自编写教材，到学校、街道、机关，深入浅出、图文并茂地讲解汉字。2017 年 8 月，陆衡的"正汉字馆"正式开馆，这里也将成为他普及中国文字的新的"道场"。

人是需要一点精神的，做学问干事业也是需要一点痴劲的。有这样的痴劲，无论遇到怎样的困难，总能逢山开路，遇水架桥。相信字痴陆衡在这个文字新"道场"里的继续修炼，会以最美的文字书写最好的人生新篇章。

姑苏一枝梅

前不久，新蕾出版社来函，邀请我参加王一梅《鼹鼠的月亮河》发行 100 万册的纪念活动。我愉快地接受了邀请，不仅因为王一梅曾经是我苏州大学的同事，更因为这是一件值得祝贺的事情，100 万，不只是一个简单的数字，它意味着，这本书走进了 100 万个孩子的心灵，影响着 100 万个孩子的成长。

这本书讲述的是一个王一梅版的中国丑小鸭的故事。鼹鼠米加一家住在美丽的月亮河畔。生下来就与众不同的鼹鼠米加,又瘦又黑,没有八个哥哥那样棕色发亮的毛,不愿意像其他鼹鼠兄弟姐妹那样生活,不喜欢打洞,不喜欢成为挖掘专家,不喜欢白天干活,不喜欢父母为他选择的人生道路。米加向往外面的世界,怀揣着尼里送的月亮石离开了家乡。经历了许多困难,米加结识了许多新的朋友,学到了许多新的本领,发现了自我,找到了自信。最后,米加回到家乡,成为大家心目中的英雄。

我曾经说过,书的生命是读者与作者共同赋予的。一本能够被人们喜爱,不断被阅读,被传播的书,就是有生命力的书。就如同书中说的那样,"月亮河早就是一个有名的地方了"。对于读过这本书的孩子来说,月亮河,与米加、尼里、魔法师等一样,早已经是一个密码,一个符号了。读过这本书的孩子一定会明白,无论是做乌鸦还是做鼹鼠,无论是做老鹰还是当小鸡,最重要的是成为自己。每个人的生命都会因为有了友情而温暖,因为有了梦想而精彩,都能从不起眼的丑小鸭蜕变为在蓝天飞翔的白天鹅。

王一梅是从苏州的土地上成长起来的。她的童年时代在苏州太仓的小镇上度过。小时候她就喜欢观察大自然,喜欢写作。在苏州幼儿师范学校读书时,她担任了学校的文学社社长和童话剧剧团团长。一个酷爱写作的人,一定有着一颗敏感的心和一双善于发现的眼。这是她日后成为儿童文学作家的基因。

认识她的时候,她还是苏州大学幼儿园的老师,我的儿子朱墨曾经在这里上幼儿园,所以,她既是我在苏州大学的同事,也是我孩子"母园"的老师。我一直以为,我们对幼儿园的重视是不够的,比如我们都把自己在中小学和大学读书的学校称为母校,但几乎没人会提及自己就读的幼儿园,也从来没有人把自己就读的幼儿园称为"母园"。后来,王一梅从一名幼儿园老师成为苏州大学社会学院的一名老师,又成为苏州职业大学儿童文学研究所的所长。

王一梅拔节成长最快的时间,恰好是我在苏州大学担任教务处处长和在苏州市担任副市长的十五年期间。她的一些代表作品都是在这段时间发表的,从长篇童话《鼹鼠的月亮河》《住在雨街的猫》《恐龙的宝藏》《木偶的森林》到系列童话《糊涂猪》、短篇童话集《第十二只枯叶蝶》《书本里的蚂蚁》《兔子的胡萝卜》等。同时，她也先后获得了第十届国家"五个一工程"奖，第五、六届全国优秀儿童文学奖，第五届国家图书奖，冰心儿童图书奖和陈伯吹儿童文学奖等奖项，成为苏州儿童文学的领军人物。

回望王一梅的成长道路，与孩子打交道的十余年，让她无缝对接儿童。而离开孩子的岁月，又让她反思研究儿童。相信这是每个优秀的作者都需要经历的道路。如今我虽然离开苏州已经近十年，与王一梅联系不多，但一直关注着她，也一直读她的作品。在为她的成长而骄傲的同时，也期待着她能够不断带给我们新的惊喜。

2017年1月6日写于北京滴石斋

与高尚的灵魂为伍

2011年春节回苏州，与几位文化界的朋友聊天。谈到陆文夫。

朋友说，作为一个把自己的作品和生命都献给苏州的作家，作为一个用《小巷深处》和《美食家》等小说让世界记住苏州的"陆苏州"，苏州也应该记住他。

由此，大家提议建一个陆文夫的纪念馆。我第一个附议赞成。

也许有人会说，苏州已有名人馆，包括陆文夫和当代院士在内的五百名家，都已在那里榜上有名，不必再另外搞一个纪念馆。我不以为然。如果这样，苏州那么多文化名人，永远只需一座名人馆就够了？其实，纪念文化名人，国际上通行的做法是在他曾经生活的地方或工作的场所，留一个空间，触景生情，睹物思人。没有这样的"场"，就好像舞台没了背景。

也许有人会说，苏州那么多文化名人，如果每一个人都建一座纪念馆，要建多少馆才能够容纳得下？我也不以为然。我一直在想，若苏州这个城市真的能够为那些文化名人，建一座又一座纪念馆，若我们在苏州随时随地可以走进韦应物、白居易、范仲淹、唐寅、文徵明、蒯祥、周瘦鹃、李根源、谢孝思、陆文夫等人的纪念馆，那该是多么美丽的邂逅啊！

记得我在《一个人与一座城市——谢孝思与苏州文化》的序言中曾经说过，在当代苏州，有两个人我们不能忘记：一个是李根源，另一个是谢孝思。苏州两千五百多年的历史与文化固然深厚与博大，但如果没有一代又一代文化名人的挚爱与培植，没有他们将源源不断的聪明与才智投入并营造，其辉煌恐怕也难逃出日薄西山的命运。两位大家，一代名士，都不是苏州人，却以苏州为家，为苏州殚精竭虑，为苏州添薪续火。这是苏州的骄傲，更是苏州的幸运与福分，也是苏州美丽延续之所在。

现在看来，需要加上一个人，他也不是苏州人，但也是长期生活在苏州的，他就是陆文夫。他虽然没有像李根源和谢孝思那样，直接投入"物"的建设，但是他在苏州人的"心"的建设上，是有独特贡献的。

陆文夫的作品没有宏大的英雄叙事，作品的主人公大部分都是普普通通的小人物。但是，这些小人物，恰恰反映了大时代。正如范小青在评价陆文夫时所说："苏州只是他观察世界的窗口，只是他通向更广大境界的出发地。在苏州韵味的背后，始终有一个宏阔的历史的大背景存在。前景是吴越美食，是市井小巷，但深厚历史背景的存在，使得他的作品有一种独特的穿透力。在他作品轻松幽默的背后，有一种'重'的力量。陆文夫写出了吴文化的骨。"

是的，人与城市，从来就是相辅相成的。伟大的城市也总是与伟大的人物相辅相成的。一个城市建设得再美丽、再辉煌，如果没有关于这个城市文化名人的传说和记忆，充其量只是一个可供观赏而无法回味的城市，就像韶山没有毛泽东，绍兴没有鲁迅，斯特拉福德没有莎士比亚一样。文化和名人，是让城市具有内涵和历史的主要载体。

所以，我支持为陆文夫建一个纪念馆，让《小巷深处》《献身》《小贩世家》《美食家》《井》《围墙》《清高》《人之窝》等那些脍炙人口的作品手稿和出版物，以及日、英、德、法等各种语言的翻译文本，让陆文夫先生生前用过的文房四宝等，永远陈列展览其中，其实也是为这个城市留下文化的记忆。

我不主张建名人纪念馆的事情由政府大包大揽，完全可以调动民间的资源和力量。其实，陆文夫的纪念馆也是不需要政府花多少钱就可以做的事情。如不妨在他曾经担任主编的苏州杂志社，或在他曾经就职过的苏州日报社，拿出一两间房子，稍加装修，陈列物品，布置展览，再在院子里面为陆文夫先生立一尊塑像，就可建成一个可以供人们参观的纪念馆。在我们讨论这个话题时，就有几位"志愿者"表示愿意参与这件事情。

苏州的风景，不仅需要美轮美奂的园林、昆曲、评弹，更需要那些伟大的灵魂。徜徉在这个城市，若能看到一座又一座名人的纪念馆，我们就可随时随地感受他们存在的气息，与他们的思想对话，我们的孩子生活其中，也将更易与这些高尚美好的灵魂为伍，这是多么令人神往的风景！

第二辑
把生命读成传奇大书

在历史的长河中，我们每个人的人生都非常短暂。我们来到这个世界上，不是为了赚多少钱，也不是为了当多大官，因为这些东西你是带不走的。那么，我们是为什么而来？陶行知先生说，人生为一大事来。我经常把这件大事理解为"看风景"。人类有两种风景，自然的风景和精神的风景。行万里路，是为了看自然的风景；读万卷书，是为了看精神的风景。腿不能够到达的地方，眼可以到达；眼不能到达的地方，心可以抵达。自然的风景是有限的，精神的风景是没有边际的，这才是无限风光的顶峰。人生真正的财富，是精神的财富。在我们离开这个世界的时候，唯一可以带走的，就是精神的财富。

回望阅读这一路

对于我来说,阅读两个字是如此辽阔,如此庄严,如此神圣。

自觉不自觉地,我似乎已经把自己的生命交付给了阅读。因为,从我的个人成长来说,我的生命,我的精神,得益于阅读的不断滋养。从我发起的新教育实验来说,阅读是所有实验项目的基石,是重中之重。

新教育诞生的直接起因,就是一颗心被阅读点燃的过程。1999年年底,《管理大师德鲁克》一书中的那句"仅仅凭自己的著作流芳百世是不够的,除非你能够改变和影响人们的生活",深深震撼了我。在那之后,我开始走出书斋,不仅走到了基础教育第一线,也逐渐走到了阅读推广的第一线。

2002年,新教育实验在苏州昆山玉峰实验学校正式起航。这个实验一开始就推出了"六大行动",位于六大行动之首的是:营造书香校园。我对我的新教育同人说,即使新教育其他事情什么都没有做,能够真正地把阅读做好,能够通过学校的阅读来撬动中国全社会的阅读,它的贡献也就非常了不起了。

2003年,第一届新教育实验研讨会正式举行,第一批新教育实验学校也正式挂牌。这一年,我当选为全国政协委员。在这一年的两会上,我正式提出了建立国家阅读节的提案。同时,提出了新教育关于阅读的几个主要主张——一个人的精神发育史就是他的阅读史,一个民族的精神境界取决于这个民族的阅读水平,一个没有阅读的学校永远也不可能有真正的教育,一个书香充盈的城市才能成为真正的家园。

从2003年开始,无论担任全国政协常委还是担任全国人大常委会委员,我从未放弃对阅读的呼吁,我们的新教育团队,也从未放弃对阅读的研究、实践与推广。

2005年,我们推出了"新世纪教育文库",公布了小学生、中学生、大学生、教师的阅读书目各100种。

2007年，我们在山西运城召开了新教育实验第7届研讨会，会议的主题是"共读、共写、共同生活"。以"毛虫与蝴蝶"儿童阶梯阅读和"晨诵、午读、暮省"的儿童生活方式为基础的新教育儿童课程在会议上正式亮相，第一批以推广儿童阅读为特色的新教育榜样教师在会议上言说了他们的成长故事。阅读的效用，童书的神奇，在老师、孩子身上展现得淋漓尽致，许多参会者感动震撼到泪流满面。

2010年9月，我直接推动的新阅读研究所在北京成立，先后推出的"中国小学生基础阅读书目"和"中国幼儿基础阅读书目"受到媒体和专家广泛赞誉，被曹文轩教授等称为"中国最好的儿童阅读书目"，中学生、大学生、企业家、教师、父母等书目研制工作也已启动，将陆续发布。新阅读研究所先后荣获了由中国新闻出版报、腾讯网等颁布的2011年、2012年全国阅读推广机构大奖和年度致敬阅读推广机构等奖项。

2011年11月，新教育亲子共读中心在北京成立，后更名为新父母研究所。以推广亲子共读为主要任务的新父母研究所在成立的一年多时间里，在全国30多个城市建立了"萤火虫工作站"，直接汇聚着近2万名父母；在全国各地开展了200多场关于阅读的公益讲座和活动，直接参与者近9万人次；发布了近500则"新父母晨诵"，读者3000余万人次……以"点亮自己，照亮他人"为宗旨的萤火虫精神，帮助千万父母孩子点亮了阅读的心灯。在推动阅读中至关重要却长期缺位，甚至因为错误的教育理念而成为儿童阅读阻力的父母群体，就此被深度卷入阅读、教育之中。

2012年1月，《人民日报》用难得的大篇幅发表我的长文《改变，从阅读开始》，与此同时，整合我多年思考的《我的阅读观》一书由中国人民大学出版社正式出版。这一年，我被国家新闻出版总署聘请为国家全民阅读形象代言人，柳斌杰署长亲自为我颁发了聘书。比这些更让我激动与自豪的是：这一年，中央电视台举行全国十大读书少年评选，海选产生的30个候选人中新教育的孩子有17名，最后获奖的十大少年中，新教育的孩子有6名。阅读，让这些孩子的生命变得美好；孩子，将让我们的世界变得美好！这就是热爱阅读的魔力，这才是精神生命的传承，绵延不绝，生生不息！

从2003年两会开始，一直到今年，我连续十一年在全国人大和全国政协呼吁设立"国家阅读节"，把全民阅读作为国家战略，建立国家阅读基金，成立国家阅读推广委员会，加强社区图书馆建设，把农家书屋建在村小，给实体书店免税，国家领导人带头做阅读的模范，打击盗版、繁荣网络文学……几十个关于阅读的提案建议，记录着我这些年为阅读的鼓与呼。

十年过去了，虽然国家阅读节的提案没有成为现实，但时光从不辜负任何真诚的努力。我与新教育同人、与诸多阅读推广的行动者们一起欣慰地看到，阅读的理念已经被更多的人接受，全民阅读的氛围越来越浓厚，阅读率连续下降的趋势也得到遏制。据不完全统计，全国已有400多个城市设立了城市读书节，如苏州、深圳等地的读书节已经发展成为城市的重要文化活动。许多城市和学校根据我们的提议，把每年的9月28日孔子诞辰日作为自己的阅读节、阅读日。

在阅读推广的路上，我们并不孤独。这条路上，不仅有越来越多的朋友共同前行，我们的努力，也一直受到媒体朋友的高度关注。每年我们为阅读鼓与呼的声音，经过媒体的热情帮助，被不断向着更大更远的领域传播。比如，自2005年《中国教育报》评选我为推动读书的十大人物后，新教育的老师们也因其持续的行动、感人的事迹，不断获此殊荣——许新海、常丽华、陈东强、王林、窦桂梅、管建刚、刘畅、时朝莉、李庆明、高万祥等，几乎每年都有新教育的老师入选榜单。

2012年底，《中国新闻出版报》评选了四个推动阅读的年度机构和年度人物。我担任名誉所长的新阅读研究所和我本人都榜上有名。其中，给我的致敬词是这样写的："从央视全民阅读晚会现场到全民阅读形象代言人，到以一己之力推动新阅读的朱永新，怀着激情、循着理想行走在新教育实验和阅读推广的道路上。通过倡导'晨诵、午读、暮省'的阅读生活方式，他使中国教育充满活力。毋庸置疑的是，在过去的10年里，朱永新一直站立在中国阅读推广的精神之巅。"

报社没有搞任何形式的颁奖活动，甚至也没有通知我们本人。我是在事后多天偶然翻到那张12月28日的报纸，才得知这个消息。对于他们的鼓励，我心存感激。但是，说我以"一己之力"或者说我个人"站立在中国阅读推广的精神之巅"，是不符合实际的。因为，如果没有新教育同人的共同努力，没有政府、媒体和同行者的共同努力，任何个人都难有真正的作为。其中，《中国教育报》的《读书周刊》，就是我们的同行者。

今年，利用春节长假，我修订完成了一本小书《书香，也醉人》。在该书后记中我写道：生活节奏越是匆促，越需要保持从容的心境；精神世界污染越重，越需要浸染一份醉人的香氛。传统的纸质图书飘溢着纸和墨的香味，可随着电子书的普及，纸质图书的命运已经受到了很大的挑战。如今的电子书尽力在模仿纸质书的所有细节与功能，包括翻页的声音、墨汁的痕迹，或许在将来，也能模拟出纸和墨的香味。我相信，改变的永远是形式，而实质的内容，精神的书香，永远不会消失。

是的，书香醉人，不忍释卷，阅读推广，余香满怀。而今更加令人高兴的是，党的十八大也提出了"开展全民阅读活动"的号召，全民阅读第一次被写进了党的工作报告。接下去的全民阅读的行动，会有着怎样的精彩，让人满怀期待。

回望，不是为了顾影自怜，尽管我们走过的这一路，的确并不平坦。回望，也不是为了自我陶醉，尽管我们这一路上，的确得到过额外的奖赏。推动全民阅读，就像爬山。如诗人所写的那样："半山腰所见是平庸之景。最美丽的花多半在山顶，在岩脊下，被风滋养。"回望，是为了审视我们的来路，总结行走的经验与教训。回望，是为了鼓舞我们自己，因为我们还只是站在半山腰，前路仍然漫长。

回望，更是为了展望。展望我们的明天，展望我们这个伟大的民族，如果整个社会都被书香萦绕，如果大人孩子都手不释卷，那时那刻，我们的祖国，我们每个人，该会有着怎样美好的成长，有着怎样的自信与自强！

我深信，书香中国，绝不是梦。为推动阅读而鼓而呼，我愿永远在这条芬芳的山路上，不断登攀。

阅读，让中国更有力量

前不久参加聂震宁先生《阅读力》的新书出版研讨会。聂先生集多年思考与实践之功，以这本书提出了"阅读力"这一概念，这标志着他对阅读思考的高度又有了新的提升。

在我看来，"阅读力"是一个充满张力和想象，充满魅力和期待的概念，也是现代人特别需要提升、与"智商""情商""财商"等概念同等重要，并能通过后天培养而不断提升的一种能力。无论是国际上对中小学生的PISA测验（国际学生评估项目），还是在全世界指标性的评价中，阅读能力一直是最为重要的项目之一。

而且，阅读力，不仅是指一个人的阅读能力和一个国家民族的阅读水平。我曾在众多场合强调阅读的重要性——"阅读最大的意义和价值就是改变，通过阅读能够改变我们的一切。"

阅读力就是精神力。无论是一个人，还是一个国家甚至民族，阅读都是精神发育和文化传承的基本途径。一个人的精神发育史就是他的阅读史。阅读力是一个人奋发图强的精神支柱，一个阅读水平能力低下的人，很难从精神上得到更多先贤的滋养。一个人生活得有没有意义，人生有没有价值，实际上取决于人内在精神生活的品质，这就是精神力的重要价值。真正的阅读就是一种精神生活，可以提高人的精神力。

阅读力就是凝聚力。共读、共写、共同生活，才能拥有共同的语言和密码，拥有共同的愿景和价值，才能避免成为生活在同一个屋檐下的陌生人。所以，阅读力是一个国家民族凝聚力的重要源泉，一个阅读率低下、阅读力孱弱的民族，难以在当下世界立足，也难免被人类社会抛弃和淘汰。

阅读力就是竞争力。我很喜欢的《朗读手册》一书里有一句话："阅读是消灭无知、贫穷与绝望的终极武器，我们要在它们消灭我们之前歼灭它们。"对于个体来说，学习是取得成就的途径，阅读是进行学习的工具。对于一个民族和国家来说，在知识快速累积、科技突飞猛进的当下时代，阅读力意味着对人类智慧经验的搜集、整合和应用，意味着创新能力的培养。所以我们发现，国家越重视阅读教育，国民的阅读能力就越好，国民的整体素质就越高，国家的竞争力自然也就提高了。

阅读力就是幸福力。真正的幸福是一种精神的宁静与充裕。阅读可以使一个人变得优秀，可以增进知识、提升智能和成就事业，同时，阅读能愉悦身心，修养品行，满足人类固有的内在需求，使人拥有更充实、更高尚的生活，获得精神上的陶冶与升华，从而加强幸福感。这种幸福远不止体现在个人层面，而且关系到国家民族的兴衰荣辱，因为，每个人的幸福，就是中华民族伟大复兴的中国梦。

近年来，党和政府高度重视全民阅读能力的提升，习近平总书记在多个场合强调领导干部要加强读书学习，要爱读书、读好书、善读书，"把学习作为一种追求、一种爱好、一种健康的生活方式，做到好学乐学"。在2017年闭幕的两会上，李克强总理在政府工作报告中也指出，要大力推动全民阅读。其实，自2014年始，倡导"全民阅读"连续四年被写入政府工作报告。2015年，国家首次提出"建设书香社会"。2016年年初，国家新闻出版广电总局下发"关于开展2016年全民阅读工作的通知"，从十个方面对全民阅读工作提出明确要求。《全民阅读促进条例》也在2017年6月正式颁布。提升全民的阅读力，已经逐渐成为全社会的共识。

我们坚定地相信：阅读，让中国更有力量！全民阅读，让我们早日实现中华民族伟大复兴的中国梦！

有阅读更美好

前不久看到网友说的一句话："不翻书，生活就会给你翻脸。"颇有感触。是啊，一个人的力量总是有限的，不读书，我们就少了一个深度学习他人的机会，就会少了一些对生活的思考，少了一些生活的智慧与艺术，生活对我们"翻脸"也就很正常了。

读书为什么能够让我们的生活更美好？

阅读，能够让我们看到一个更加真实立体的生活世界。正如美国文化人类学者哈维兰所说："好的阅读对于心灵就像优质的眼镜对于眼睛一样，它可以使你看到生活的细微之处。"我们看到的世界总是受到许多因素的制约，近视老花等身体因素，或者粗心马虎等心理因素，都可能让我们无法清晰把握这个世界。阅读，就是帮助我们看世界的眼镜，也是帮助我们看自己的镜子。如通过读托马斯·弗里德曼的书，我们就知道了"世界是平的"这个简单而深刻的道理。读基辛格的新著，我们就理解了为什么世界秩序"永远需要克制、力量和合法性三者间的微妙平衡"。读弗洛伊德的著作，我们就发现了人其实有三个"我"：本我、自我与超我。走进那些伟大的著作，犹如与大师面对面对话，借他们的慧眼帮助我们更好地发现世界的细微与奥妙，自然有助于我们更轻松愉快地前行，这正是阅读的魅力所在。

阅读，能够让我们拥有生活的勇气。白岩松前不久在与龙永图对话时说："读书读久了你总会信一些什么，信一些什么就有了敬，有了畏。"其实，"信"就是生活的勇气，生活的信心，生活的信念。人是需要有信仰，有敬畏心的。读书会让人知道世界的深奥，会让人明白自己的无知与渺小，会让人产生敬畏之心。而敬畏之心是建立信仰的重要基础。这一切不需要刻意而为，会在读书中自然而然地形成。德国作家黑塞说："如果从阅读的时间里没有迸发出一点力量的火花，没有出现愈发年轻的预感，没有给读者散发出一丝新鲜有活力的气息，那么这样的阅读时间就被浪费了。"记得我在大学读书时，曾经读过一本日本医学改革家德田虎雄的著作《产生奇迹的行动哲学》。这本书让我知道，理想是人前行的灯塔，而行动才能把理想变成现实。我发起的新教育实验，之所以能够坚守理想主义与行动哲学，与这本书有着直接的关系。那些伟大的著作，一直陪伴着我们的人生。它们像照耀我们的太阳一样，让我们的人生温暖而有方向。即使在漆黑的夜晚，太阳也从未离开我们，它忙碌地去另外半个星球，照耀那些需要阳光的人们。再黑的夜，我们心里也有太阳的光芒。

阅读，能够使我们具有生活的智慧。人的生活，包括物质生活与精神生活两个方面。无疑，读书是为了让我们的生活更精彩，更有条理，更有方向，更有智慧，让我们的心灵有一个安身立命之所。过去我们经常说，知识就是力量。其实，那些最伟大的知识，就藏在那些最伟大的著作之中。伟大的书，本身就拥有伟大的力量，我们只有通过阅读才能拥有这种力量。好的书会让我们更敏锐、更有力。

如何通过阅读让我们的生活更加美好，关键还是要选择那些优秀的著作。德国作家黑塞说："只有当书籍将人带向生活、服务于生活、对生活有利的时候，它们才拥有了一种价值。"开卷有益的时代已经过去，在泥沙俱下、良莠难分的海量图书面前，我们的确需要认真选择最值得我们阅读的书。书有新旧之分也有优劣之别。选书的诀窍，就是选择经过时间的洗涤依然熠熠生辉的书。人生需要一些能影响自己世界观、价值观、人生观，影响自己的思维方式和生活态度的书籍，新教育称之为"根本书籍"。它们会把我们带到更加遥远的地方。除了读有字书，还要读无字书。有时候，读无字书的价值不亚于读有字书。清代的涨潮说："能读无字之书，方可得惊人妙句；能会难通之解，方可参最上禅机。"应善于向生活学习。

人与人的差别往往在于如何利用闲暇时间。台湾商界奇才陈茂榜甚至说："一个人的命运，决定于晚上8点到10点之间。"如果我们每天能够拿出两个小时阅读，每天不让自己的闲暇时间被电视麻将扑克喝酒等填满，就会有别样的生活，别样的人生。齐邦媛老人85岁时出版了《巨流河》，90岁的她在总结自己一生时坦言"很够，很累，很满意"。她希望自己离开世界的时候仍然是个读书人的样子。是的，读书，不是我们无奈的选择，也不是用来打发无聊的光阴。读书，本来就应该是我们的生活方式。读书是人生活中最美的姿态，也是人生最美的状态。能够把这个姿态和状态定格多久，就拥有了多久的幸福美好。

用阅读丰盈儿童的精神世界

少年儿童是祖国的未来，是中华民族的希望。少年儿童时期是一生之中精神成长的关键时期。儿童阅读作为一种早期的精神体验、心灵体验，能激发孩子们的想象力、创造力，还能帮助他们认识世界，形成对于人生、对于未来的基本态度和价值观念。对于少年儿童来说，培养阅读的兴趣、学会阅读的方法、养成阅读的习惯，可以滋养心灵、塑造审美、增加知识储备。因此，我们需要更重视阅读对于少年儿童成长成才的价值。

重视儿童阅读，要让孩子们有好书可读。好的童书就像是一颗种子，能在一个人的心灵深处扎下根来。只有让孩子们爱读书、读好书，才能让他们在童年时期就打下良好的文化根基，儿童阅读也才是真正有意义、有价值的。

从儿童阅读上看，目前主要存在两方面的问题。第一是我们对于儿童阅读的研究和引导不够，没有解决好"孩子们阅读什么书""孩子们怎么更好阅读"的问题。第二是阅读方法问题。比如，亲子共读、班级共读、整本书共读等有助于提升阅读能力的方法，都有待进一步推广。只有帮助儿童改进阅读方法,才能够提高儿童阅读的效率。

全社会都应该提高对儿童阅读的重视程度,把最美好的童书给最美好的童年。近年来,我们以"营造书香校园"为主题进行教育探索,通过营造浓郁的阅读氛围,整合丰富的阅读资源,开展多彩的读书活动,让师生共读、亲子共读、自由阅读等成为大家习惯的阅读方式。推动儿童阅读,让孩子们爱读书、读好书,才能让他们更好地成长,以深厚的素养滋养一生。

有教育家曾经用"有吸收力的心灵"来形容儿童强大的学习与成长能力。阅读,不仅是一种学习能力,还应该成为一种习惯。书籍打开了一扇扇通向外部世界的窗户,每扇窗户的风景都不相同。选择真正能够打动孩子们心灵,既有意义又有意思的书籍,让孩子们走进阅读、热爱阅读,他们慢慢地就会懂得欣赏、学会思考,养成终身学习的习惯。当阅读成为儿童的生活方式时,我们就可以在此基础上,探索如何让儿童去主动追求和创造幸福充实的人生。

有书香童年,才有书香人生;有书香家庭,才有书香社会、书香中国。用儿童阅读丰盈儿童的精神世界,用儿童阅读塑造儿童美好的人格,我们就一定能更好地提升孩子们的综合素养,培养德智体美劳全面发展的社会主义建设者和接班人。

少年阅读强则中国未来强

信息时代,是喧嚣的时代。然而,有价值的声音,会以各种形式,穿透时空,在我们身边回响。图书,就是承载那些声音的重要载体。就像今天,我们回望梁启超的那篇气吞山河的《少年中国说》,仍然深感振聋发聩:"少年智则国智,少年富则国富;少年强则国强,少年独立则国独立;少年自由则国自由;少年进步则国进步。"

借用梁启超先生的这一句式,我们完全可以说:少年阅读强则中国未来强。

少年儿童时期是一生之中精神成长关键的时期。在这段时间里，一个人所看到的东西、所阅读的内容，都会对他的思想、价值观以及整个人生产生最根本的影响。正如美国著名诗人沃尔特·惠特曼说："有一个孩子每天向前走去，他看见最初的东西，他就变成那东西，那东西就成了他的一部分。"

关于儿童阅读，我曾经谈到两个问题。第一个问题是：童年的秘密远远没有被发现。我们还没有清楚地认识到儿童的潜力之大，童年的意义之深。童年是人一生的源头，人的一生是围绕童年展开的。

第二个问题是：童书的价值远远没有被认识。尽管阅读推广已经在全社会的推动下，有了长足进步，但是，我们还是没有充分地认识到童书的价值之大，儿童阅读对一生的影响之远。早期的阅读是早期的精神体验、心灵体验，童年的记忆历久弥新，对一个人来说刻骨铭心。我一直强调：一个人的精神发育史就是他的阅读史。那么，儿童时期的阅读，不仅促成了自己的精神发育，还奠定了一个人的精神底色。人生虽然有不同的阅读时期、不同的阅读重点、不同的阅读趣味、不同的阅读内容，但是，儿童时期的阅读，起着关键性和基础性的作用。

正是在这样的基础上，我才一直倡导全民阅读，推动国家阅读节的成立，因为我深信：一个民族的精神境界取决于这个民族的阅读水平。

一个国家的竞争力，从本质而言，不是取决于它的物质力量，而是取决于它的精神力量。

一个国家的精神力量，不是取决于这个国家的人口数量，而是取决于它的阅读能力。

现在的儿童，就是未来中国的主人，就是未来建设中国的主人翁。现在儿童的核心素养、德行品格、精神趣味，就是未来的国民素质，是未来国家的精神力量，直接影响到未来国家的基础。未来的国民素质，未来国家的精神力量从何而来？从现在的童年而来，从现在的童书而来。所以，阅读对于一个国家的未来，起着举足轻重的作用。

基于此，我们特别提出：把最美好的童书给最美丽的童年。为此，我发起的新教育实验把"营造书香校园"作为第一大行动：通过营造浓郁的阅读氛围，整合丰富的阅读资源，开展多彩的读书活动，让师生共读、亲子共读、生生共读、自由阅读等多种形态，成为师生日常的生活方式。我们研究了许多行之有效的阅读方法，推出了"晨诵、午读、暮省"等一系列阅读课程。我创办的新阅读研究所专注于阅读研究和推广，推出了不同年龄段、不同学科、不同主题的系列书目，还推出了系列原创重点童书，尤其是以教育部《中国学生发展核心素养》为体系，创作了反映当下中国家校共育风采的儿童教育文学"新孩子"系列，创作了反映中华历史人物、传奇人生的励志读物《给新孩子的中华优秀传统故事》等。

"孩提时所有的书都是预言书"，早期阅读塑造着儿童的精神趣味与人格倾向，也多少预测着他的未来。我们的行动，都是为了让今天的孩子真正成长为一个有着中国灵魂、世界眼光的新孩子，以丰沛的心灵、深厚的素养去创造更美好的未来，建设人类命运共同体。

少年阅读强则中国未来强。今天，无数少年儿童个人的未来，凝聚为我们民族的未来，组合成我们国家的未来。我们相信，当我们用儿童阅读丰盈儿童的精神世界，用儿童阅读塑造儿童美好的人格时，我们就可以用儿童阅读去创造国家和全人类的美好未来！

让青春在阅读中美丽绽放

"青年强，则国家强。"在每一次的中国共产党全国代表大会的报告中，总是对青年人寄予深切的期待。

在刚刚召开的二十大的报告中，习近平总书记再次对青年人提出殷切期望：坚定不移听党话、跟党走，怀抱梦想又脚踏实地，敢想敢为又善作善成，立志做有理想、敢担当、能吃苦、肯奋斗的新时代好青年，让青春在全面建设社会主义现代化国家的火热实践中绽放绚丽之花。

现在青年的模样，就是明天国家的模样。

近年来，"躺平"一词开始在互联网上频繁出现，2021年更是成为十大网络用语、十大流行语，甚至有人用"躺平"来描述当代青年的整体形象。其实，真正"躺平"的只是极少数，认真生活、努力工作、不懈奋斗的才是大多数。

最近，朋友给我讲了一个青年人读书的故事。这个叫黄可的女孩子，从给父母亲朗读开始，慢慢把朗读会变成了小讲座，又把小讲座变成了几个家庭的新知读书会，从一个人到一群人，从线上到线下，从阅读到行走、戏剧演出，一个学习型社群有声有色地开展起活动来。

现在，一群青年人，带动着他们的父母，每天早晨 6 点相约晨读，用琅琅书声开启新的一天。这是一道多么美丽的阅读风景啊！我知道，这也是许许多多青年人真实生活的缩影。作为一名阅读推广人，我被这个故事深深打动了。

我一直认为，一个人的精神发育史就是他的阅读史，一个民族的精神境界取决于这个民族的阅读水平。对于一个社会来说，青年人的阅读有着特别重要的意义。

刘向在《说苑·建本》中说："少而好学，如日出之阳；壮而好学，如日中之光；老而好学，如炳烛之明。"人生不同的时期，读书学习有不同的特点和不同的风景。一般而言，在学校教育阶段，由于课业的需要，青少年学生多少会有一些阅读生活。但是，这个时期的阅读往往带有一定的功利性。真正衡量一个人是否真正地养成了阅读习惯，能否把阅读作为自己的生活方式，往往取决于青年时期是否真正地形成了精神的饥饿感，是否有着阅读的内在需要。在面临职场的压力和创业的忙碌时，是否能够为自己寻找安放灵魂的时间。所以，当我听说这位刚刚毕业的大学生，在疫情期间的读书故事，还是感到非常欣慰的。

是的，阅读也是需要传播、需要吆喝、需要带动的。前不久，人民政协报的一位记者朋友告诉我说，中国文史出版社出版的《家庭教育何为》一书作为委员读书成果之一，正在中宣部举办的"奋进新时代"主题成就展览中展出，新时代读书已经蔚然成风。全国政协开展的委员读书活动，两年以来已经风生水起，不仅影响和带动了全国近百万各级政协委员，也充分发挥了溢出效应，从书香政协走向书香社会。

期待看到更多像黄可这样的青年人，用自己的智慧和热情播撒阅读的种子，让青春在阅读中美丽绽放。

家庭藏书是家庭教育的宝库

全民阅读尤其是孩子们的阅读，对一个民族和国家的意义和价值是巨大的。阅读是提高国民素质，凝聚民族力量，推进社会公平最有效、最直接、最基础，也最廉价的路径。任何一个强大的社会，都是由一群热爱阅读的人，一群不放弃追寻理想的人支撑起来的。

每本书都是一颗种子，它播到人的心里，会发芽、生根、生长，会让人成为一个卓越和优秀的人。每个人也都是一颗种子，他去传播他读的书，不断地让更多人了解这本书。人和书的结合会产生很多奇迹。

在美国，曾有学者做过研究，调查家庭藏书500本和家庭没有书的孩子的人生发展可能性。研究显示，平均藏书超过500本的家庭的孩子，比没有书的家庭的孩子受教育的年限长6.6年。也就是，家里书多的孩子会有更好的发展。苏州大学新教育研究院做了一个课题研究，调查了五个实验区几十所学校1700多名孩子的家庭藏书，研究发现家庭藏书和孩子的学习成绩之间存在正相关性。

最好的学区房就是家里的书房。把家里书房建好，让孩子热爱阅读，有了阅读的习惯和兴趣、能力，他自我成长的力量远远比父母投资学区房要有效得多。

家庭藏书应该选择什么样的书呢？我认为，家庭藏书要特别参考一些有指导意义的书目。比如，新阅读研究所推出的基础阅读书目中，就有给父母，给幼儿、小学生、初中生、高中生以及大学生等一系列不同的书目，还有学科书目、研究书目等。

对于家庭教育而言，要特别提到传记类的书。阎崇年先生作为大学者还在读《我的贝多芬》这本书。为什么传记很重要？因为传记在人们的成长过程中起到非常重要的作用。人的成长和生命，就是不断向优秀生命学习的过程。而那些优秀的人物在他们成长过程中总是有自己的人生榜样，总是有他们的生命原型。每个人群中，从幼儿、小学、初中到高中都有传记类图书。有的人可能想成为科学家，他可能把爱因斯坦、乔布斯等作为榜样；有的人想成为运动员，他可能把姚明、乔丹作为榜样……

其实，推动家庭藏书，就是推动社会公平。美国学者赫希写过一本书《知识匮乏》，研究了美国社会的学生的不平等。美国社会不平等的根源在哪里？作者认为，在阅读。贫困的家庭、穷人的孩子家里没书，父母忙于生计，也不和孩子一起读书。中产阶级家庭家里有书，父母亲和孩子一起分享读书，所以当他们到学校里去时，差距早就形成了，而且不止十万八千里了。

在我国同样也存在这样的问题。因此，我们要推动社会公平，可以从推动家庭藏书公平开始。怎样推动家庭藏书，有如下几种途径。

第一是政府推动。正如《知识匮乏》一书里提出"新民权运动"，在美国应该由政府推动帮助那些贫困的孩子，让他们有书读，读好书。社会的公益机构应该做这样的事。我们也要通过乡村的阅读，通过阅读的公平推进社会的公平。阅读和图书是孩子的起跑线。就像英国阅读起跑线计划一样，我们要努力地推进政府服务、公共服务为穷人去买书。中国的每个家庭都要有一本《新华字典》，中国的每个家庭都能有一本《论语》，开十本、二十本的书单，让每个家庭都有这些书，保证每个孩子都拥有一些最基本的、最伟大的书。

第二是公益组织推动。杨帆博士曾对新教育实验学校和非新教育实验学校在同一个地区的、相近地区的做了一个对比研究。从对比研究抽样调查的若干数据统计，分析四个数据：家庭藏书量、阅读空间（家庭氛围）、阅读时间、阅读素养（阅读能力）。结果发现：新教育学校家庭的藏书明显地高于非新教育实验学校家庭。新教育实验学校的孩子大部分是有阅读空间的，家里面或者有个小书房或者有个小书架，很多非新教育实验学校的孩子家里没有书房、没有书柜、没有读书空间，数量更不用说了。新教育实验学校的这些孩子的阅读能力和阅读素养，明显好于非新教育实验学校。

通过阅读推广，我们可以影响父母对家庭阅读的认识。台湾的阅读推广人高希均先生曾经讲过一句话：收入再少、家里再穷也要买书。书虽然比较贵，但是再穷的人也买得起书，如果买不起书，政府可以通过公益机构送书。家里再小也要藏书，哪怕是只有一个小书架，一个小书柜，也要藏书。

如果每个父母、每个家庭都能意识到这一点，都能多花点时间跟孩子一起读书，多花点钱去给孩子买点书，那孩子自然就不会"输在起跑线"上。阅读推广影响父母对家庭藏书重要性的认识，将有助于推进藏书公平和社会公平。

阅读推广人为阅读鼓与呼，国家设置阅读节，以仪式和庆典的形式，目的在于唤醒全中国所有的人认识到阅读很重要，从而热爱和走进阅读，和那些伟大的灵魂对话。父母认识到阅读的重要性，必然会真正重视家庭阅读。

全社会也要发挥舆论倡导的力量、发挥民间力量，在民间倡导交情再浅也要送书。我们中国人没有送书的习惯。西方人和朋友见面、去家庭拜访，送书是代表着很高尚的情谊。我们需要倡导这样的风气。所以应该建立读书节，引导我们中国人也有更多读书的仪式感、送书的好习惯。对好朋友，送本书给他。去看孩子，送本书给他。书是最好的礼物，比送水果、酒还要好。就像韩国人在20世纪五六十年代时曾经发起一个用书柜代替酒柜的运动，当时韩国经济发达以后，有一阵每个家庭都建了一个酒柜，后来韩国人发现这样不行，把酒柜换成书柜，来推进阅读。

总之，发挥家庭藏书在家庭教育中的重要作用，需要全社会的共同努力。当有了重视阅读的社会环境和家庭氛围，时间再紧，父母和孩子也会读书。只要父母觉得阅读很重要，能认同家庭阅读在家庭教育中的重要作用，那么，他们就一定可以把时间留给重要的事情，挤出时间进行阅读，以及鼓励孩子阅读。如此一来，家庭藏书就是家庭教育的宝库，为家庭的幸福和发展提供源源不绝的动力。

朗读者，领读出时代的心声

非常荣幸受邀参加《朗读者》一书的读者分享会。

这不是一个简单的读者分享会。因为"朗读者"这几个字，无论作为一档电视节目还是作为一本图书，都已超出本身的意义，具有特别的力量。电视、书籍这两种不同的载体，通过阅读、通过朗读者联系起来，将科技发展与心灵需求结合，是一件值得赞美的事情。所以，我认为这个活动堪称一次全民阅读的动员会。

多年前，我曾经写过一篇文章，题目叫《电视应该"赎罪"》。电视的出现，让许多人在夜晚远离了书桌，疏远了书籍。那时我就呼吁，电视应该把黄金时段留给阅读，应该通过电视把那些最伟大的思想、最美好的诗篇、最优秀的著作给成长中的孩子，给最需要精神营养的青少年，给需要过精神生活的成年人。

我的这个梦想，在《读书》《中国诗词大会》《朗读者》等电视栏目中看见了端倪，也在这本书中看到了希望。作为国家全民阅读形象代言人，作为一个长期为阅读鼓与呼的教育学者，我要向所有为《朗读者》做出贡献的电视人和出版人表示敬意！

许渊冲先生在这本书的序言里说，人生最大的乐趣是发现美、创造美，这个乐趣是取之不尽、用之不竭的，而美的乐趣来自阅读，阅读这些名篇佳作。

是的，不仅美的乐趣来自阅读，我认为，阅读也是人之所以为人的前提。人，是这个星球上唯一能够用文字记录自己的生活与智慧，唯一能够通过阅读充盈自己的心灵，丰富自己的精神世界的生物。一个人的精神发育史就是他的阅读史，一个民族的精神境界也取决于这个民族的阅读水平。

正是基于这样的认识，17年前我发起的新教育实验，就把阅读作为教育的抓手，把营造书香校园作为学校的基石，把建设书香中国作为新教育人的使命。这些年来，我们先后研制了中国幼儿、小学生、初中生、高中生、大学生和教师、父母、公务员、企业家的书目，我们的新教育实验学校把晨诵、午读、暮省作为师生的生活方式，去年9月28日，我们在国家图书馆召开了中国首届领读者大会，将痴迷阅读与推广的国际同行请至现场，共同交流探讨。

领读者，就是阅读推广人，就是愿意带领大家一起阅读的人。如果说，读书是一件幸福的事情，领读则是创造着幸福。如果说，读者是一个美好的身份，领读者则是传播着美好。如果说，读书是一件快乐的事情，领读则是双重的快乐。如果说，读者是一个美丽的称呼，领读者则拥有双份的美丽。

《朗读者》，其实就是领读者，而且是借助了科技的力量，用智慧的方式更为有效地传播，从而说出时代心声。所以，我要特别感谢董卿和她的团队，感谢中央电视台和人民文学出版社。你们通过《朗读者》，成为我们这个时代的领读者，是领读者的骄傲。

现在，阅读面临的形势仍然严峻。除了电视这个大屏，我们还同时面临着另外两个屏幕的冲击，手机的小屏幕和电脑的中屏幕。在网络时代碎片化的信息汹涌而来的情况下，"低头族"越来越多。如何回归真正的阅读，让浮躁的心灵有安顿的地方，仍然是我们这个时代的重要课题。

所以，我们希望有更多的人成为领读者，使用更多科学的工具，发明更多巧妙的方法，希望有更多的机构像央视、人民文学出版社这样，创作出更多像《朗读者》这样的节目和作品，一起为建设书香中国，而继续努力！

少一点烟酒味，多一点书卷气
——之一：领导干部为什么要读书

国家领导人热爱阅读、推广阅读，是民族的福祉。因为领导人的率先垂范，就是无言的榜样，就是最好的广告。领导人阅读的图书，往往会成为社会阅读的风向标。习近平指出：书籍是人类知识的载体，是人类智慧的结晶，是人类进步的阶梯。要求各级领导干部一定要深刻认识现代领导活动与读书学习的密切关系，深刻认识领导干部的读书学习水平在很大程度上决定着工作水平和领导水平，真正把读书学习当成一种生活态度、一种工作责任、一种精神追求，自觉做到爱读书、读好书、善读书，积极推动学习型政党、学习型社会建设。

领导干部为什么要读书？为什么凭经验工作是不够的？关于这个问题，习近平总书记在中央党校2013年春季学期开学典礼上讲得很深刻。他说，只有加强学习，才能增强工作的科学性、预见性、主动性，才能使领导和决策体现时代性、把握规律性、富于创造性。

的确，领导干部的阅读首先是对自己的工作具有重要的指导作用。领导干部的工作内容非常广泛，但最重要的还是做决策，拿主意。做决策拿主意往往需要有广阔的视野、多方面的知识背景和相对精深的专业素养。总的来看，我们的领导干部虽然已经不是新中国成立初期的工农干部，一般都受过正规的高等教育训练，但是，大部分是从基层慢慢成长起来的，往往经验比较丰富，理论素养不够。而且，我们没有国外的技术官僚体系，领导干部跨行业跨专业的情况比较普遍，许多人对自己分管的专业领域是比较陌生的。外行领导内行，不仅使决策风险增加，而且容易导致领导团队之间的矛盾与冲突。这个时候，读书学习就显得非常重要。

我曾经在苏州担任过分管文化、教育、新闻出版、妇女儿童、计划生育、科技、城市管理等工作。每个领域都有许多事情需要"拍板"。这个时候，就明显感到知识恐慌，感到阅读的重要性。不说外行话已经不容易，要做出正确、有前瞻性的决策就更不容易。所以，我一方面订阅了分管领域的报刊，及时了解行情动态，一方面依靠专家咨询的力量，读专家的"外脑"。中国作为后发国家，许多发达国家治理的理论和实践有很多是可以借鉴的。从我们的工作体会来看，善于读书的领导，往往知识面比较宽，决策比较理性，工作上自然会更加游刃有余。我认为，只要善于阅读，积极学习，作为领导干部，就能完成工作任务，游刃有余，如果长期坚持不懈，还完全有可能成为该领域的专家。

领导干部读书不仅仅是为了胜任工作，也是为了使自己的人生更加丰富多彩。在历史的长河中，我们每个人的人生都非常短暂。我们来到这个世界上，不是为了赚多少钱，也不是为了当多大官，因为这些东西你是带不走的。那么，我们是为什么而来？陶行知先生说，人生为一大事来。我经常把这件大事理解为"看风景"。人类有两种风景，自然的风景和精神的风景。行万里路，是为了看自然的风景；读万卷书，是为了看精神的风景。腿不能够到达的地方，眼可以到达；眼不能到达的地方，心可以抵达。自然的风景是有限的，精神的风景是没有边际的，这才是无限风光的顶峰。人生真正的财富，是精神的财富。在我们离开这个世界的时候，唯一可以带走的，就是精神的财富。总之，领导干部读书，可以帮助他们拥有宁静的心态，从容的心情，理智的头脑，开放的胸怀。

领导干部读书还有一个特别的作用，那就是对社会的示范作用。领导干部在会议上引用到什么书，他正在读的书，多少会影响到一个部门甚至一个城市的阅读风气。比如，汪洋在担任重庆市委书记时曾向干部推荐《世界是平的》一书，当时一下子这本书在重庆就火了起来，成为重庆干部的必读书。上有所行下有所效。领导干部的读书风气对全社会的阅读氛围的形成具有重要的引领、示范与推动作用。

正因为如此，发达国家的主要领导人往往都特别重视阅读推广。美国历届总统都力争使自己成为美国全民阅读的第一推广人，在位时身体力行，退位后还建立"总统图书馆"，而他们的夫人则成为全民阅读的形象代言人。林肯总统虽然接受正规教育的时间不足一年，但他广泛阅读哲学、科技、宗教、文学、法律和政治等方面的书籍，不断增强自身力量，最终成为美国历史上最伟大的总统之一。杜鲁门总统也没有上过大学，但他多次通读《圣经》，还一卷一卷地读了《大英百科全书》，以及所有查理斯·狄更斯和维克多·雨果的小说、莎士比亚戏剧和十四行诗等，广泛的阅读，科学的决策，让他能够带领美国实现了战后的繁荣。他有一句名言："不是所有的读书人都是一名领袖，然而每一位领袖必然是读书人。"

多年前，我曾经呼吁领导干部要"少一点烟酒味，多一点书卷气"。现在，随着中央八项规定的出台，领导干部的应酬少了，读书的人多了。但是，"如何读书，读什么书"等问题仍然需要我们认真研究探索，积极引导推进。

拧紧时间的水龙头
——之二：领导干部如何有时间读书

其实，对于阅读的重要性，许多人并不否认，甚至许多领导干部尤为赞赏。但是，许多重视阅读的领导也会推荐他人读书，而觉得自己工作实在太忙，根本没有时间读书。2009年，《人民论坛》杂志社曾经进行了"万名党政干部阅读状况调查"活动，结果显示许多党政干部有较强烈的读书需求，但工作太忙、应酬过多已经成为影响干部阅读的最主要因素，大部分干部并不读书。

总的来看，我们的各级领导干部的确很忙。中央八项规定的出台虽然帮助减少了不少应酬，但作为政府官员，许多工作自然必须完成：上级通知的会议，必须参加；自己组织的会议，必须讲话；单位举行的例会，必须到场；上级领导调研，必须陪同；了解基层情况，必须调研；外地客人来访，必须接待；各种偶发事件，必须处理……要挤出整块时间专心读书、从容学习，似乎不可能。能够坚持阅读，也的确不容易。

但我还是认为，尽管我们的工作非常繁忙，"没有时间"仍然只是缺乏阅读习惯的借口。

要想找到阅读的时间，首先必须从思想上真正把阅读当作最重要的事情。管理学上有 ABC 时间管理法，即按照工作的轻重缓急把事情分为三类，用 80% 的精力优先处理 20% 最重要的事情。自来水是压出来的，时间是挤出来的。试想某一天，你本来已经把时间排满了，可你生命中最重要的人突然约你相见，你会不去吗？肯定会想方设法去见。我认为，阅读就是我们生命中最重要的这个人。认可这一点，就一定能找出时间。重要的事情，总是有时间做的。工作忙是事实，但也是借口。因为时间对每个人而言都是固定不变的，之所以会忙得没有时间阅读，是因为还没有把阅读作为自己人生中最重要的事情。

要想有时间读书，学会利用零碎时间也非常重要。古人就有所谓"三上"（马上、枕上、厕上）读书法，看似有些不雅，其实是很重要的经验之谈。"马上"，相当于我们在汽车里、旅途中的读书。北京的交通很拥堵，我的小车里总会备有充足的报刊书籍，平时的报纸主要是在汽车上浏览，重要的文章则剪下来细读。出差时，包里总是带上一两本书，在飞机上和候车时随时可以阅读。"枕上"，相当于今天的睡前阅读。睡前阅读可以因人而异，有些人在睡前留有充分的时间来读书，也有人把读书作为"催眠"，两者选择的图书就不一样。当然，不能够因为睡前阅读影响睡眠是前提。"厕上"，相当于现代人在卫生间里的阅读。这个习惯也是因人而异，并不值得特别提倡。但在卫生间放一些相对轻松的小品、画册、短文，也不失为一种办法。

时间抓起来就是黄金，抓不起来就是流水。有权威机构测试"水龙头滴水"问题，结果令人震惊：一个滴水的水龙头，1 个小时内可以悄悄流失 3.6 公斤水，1 个月内可以悄悄流失 2.6 吨水，这些水量足够保证一个正常人维持1个月的生活。"滴水"如此,读书尤其如此。早晨早十分钟起床,可以挤这十分钟读书;晚上少看一点电视,翻几页书应该可以做到;节假日休息时,推掉一两个应酬,就有了整块时间。不能小看这十分钟、这几页书,阅读像爬山,不怕慢,只怕站。只有多重视短短几分钟的时间,才可能把时间积少成多地利用起来,从而可能赢得更多整块的时间。只有抓紧时间阅读,才可能积跬步以至千里,才可能事半功倍地节约出时间。阅读就有收获,坚持才有奇迹。

我幼年开始每天早起,多年养成了早晨五点半左右起床的习惯,也就每天早晨"多出了"两个小时读书写作,思考工作。晚上睡前也会尽可能挤出时间阅读。长此以往养成了习惯,不读书就会若有所失,甚至会有罪恶感。如果一段时间书读少了,我就会尽可能安排相对多一些的时间集中阅读,求得平衡。

所以我也特别理解,对于领导干部来说,时间的确特别不够用。但领导干部必须意识到,时间的开关,握在每个人自己手中。拧紧时间的水龙头,把零碎边角时间用于阅读,不让时间"跑冒滴漏",这是想阅读的领导必须重视的问题,也是每个成年读者的必由之路。总之,阅读贵在坚持,贵在养成习惯。当阅读成为我们的生活方式,成为生命中不可缺少的组成部分时,我们就会发现,不必刻意为阅读寻找时间,就在身边,时时都有阅读时间。

把生命读成传奇大书
——之三:领导干部应该读什么书

费尔巴哈说,人是他自己食物的产物。从身体发育来看,吃什么,你就会成为什么。从精神发育来看,很大程度上人的精神世界由他阅读的图书塑造,读什么,你就会成为什么。在文化产品匮乏的古代,古人认为"开卷有益",现在看来是不合时宜了。目前,我国每年出版的图书多达40万种,我们不可能所有书都看,许多书也不值得看。领导干部应该读什么书？如何把有限的时间用来读最值得读的书？这是领导干部读书应该认真思考的问题。

我个人认为，领导干部阅读的书籍中，有六个关键词值得注意：经典书、专业书、传记书、管理书、文学书、中国书。

从图书的品质上，我们特别强调要读经典。读书就像交朋友，要交就交最值得交的好朋友，要读就读最值得读的好书。时间是最公正的法官。那些经过时间大浪淘沙积淀下来的经典，是最值得交往的朋友，它们是文化的源头，同时阐述着人生的哲理，能帮助领导干部树立正确的人生观和价值观。好钢要用在刀刃上，阅读时间应该用到经典书籍上。因为经典诞生的时间相对比较久远，无论是东方还是西方的经典，在阅读上障碍也相对较多，不容易进入。但是，一旦捺着性子静下心，真正把经典读进去，读多了，阅读审美能力就加强了，阅读的口味和习惯也就养成了，阅读的鉴别力也会提高，再读其他好书就势如破竹。

从阅读的内容上，最重要的当然是要读专业。领导干部要成为自己分管领域的行家里手，就离不开阅读，必须结合自己的阅读兴趣和工作性质，阅读一些自己特别关注的领域和相关专业的书。在这个问题上，我印象深刻的是全国政协张怀西副主席曾经对我所做的指点。他说：一个人不可能什么都懂，边工作边学习也一下忙不过来，你首先要订阅两份分管工作领域的报纸与杂志，看大家在关心什么，那些先进典型的经验好在哪里。外行看热闹，但看多了就懂门道了，就能够把握住最重要的事情，然后再围绕这些事情有目标地阅读更多书籍。所以，我在苏州市政府工作时，就努力读一些城市管理的书籍，读一些经济、环境方面的书籍。到民进中央工作以后，结合参政议政等方面的工作，我加强了政治理论和教育理论的阅读。

同时，领导干部要读传记。归根结底，我们每个人的生命都是一个不断书写中的故事，每个人既是这个故事中的唯一主角，也是最重要的编剧。能否把自己的生命故事写成一部伟大的传奇，在很大程度上取决于我们自己。那些伟大的人物传记，如《乔布斯传》《林肯传》《居里夫人传》《毛泽东传》《假如给我三天光明》等，就是一个个已经被成功书写的生命传奇，是一部部厚重的大书，就是为我们书写传奇树立的原型和榜样。为自己寻找到生命的原型、人生的榜样，无疑会为我们的书写过程提供更为充沛的动力。与伟大的人物对话，与崇高的精神交流，会使自己不断地汲取到奋进的力量。

当然，领导干部要读管理。领导干部是从事管理的，管理是科学也是艺术。一些优秀的管理图书，会让我们更加深刻地理解人性，理解工作，掌握工作中的方法和技巧。如《从优秀到卓越》让我们知道，优秀经常是卓越的敌人;《如何改变世界》让我们知道，只要用心去行动，普通人的努力也可以改变世界。这些书首先教我们"管"自己，会让自己的生活与工作更有效率，同时教我们"理"他人，协助同事做好相关工作。

领导干部还要读文学。好的文艺作品往往通过移情的作用，通过作品中人物的悲欢离合的命运，让人们的心灵受到震撼与启迪。如《平凡的世界》《巴黎圣母院》等，这些优秀的文学作品是活的哲学，通过浓缩和提炼，深刻地揭示出人生的意义和价值，让我们更好地认识世界、认识自我，在潜移默化中陶冶情操、提升境界，可谓无用之大用。仅从小处讲，阅读文学作品还可以让我们的语言更加丰富优美。熟读唐诗三百首，不会作诗也会吟，阅读是写作和讲演的基础，阅读好的文学作品，对于提高我们的表达能力与写作能力，无疑是大有裨益的。

最后，领导干部在阅读中需要留意的一点：要读中国。我们从事的是中国特色的社会主义事业，中国特殊的国情，决定了必须走自己的道路。在借鉴西方发达国家和一切先进文明经验的同时，一定要立足这片热土，否则就容易犯南橘北枳的错误。无论是费孝通的《乡土中国》，还是熊培云的《重新发现社会》，无论是基辛格的《论中国》，还是傅高义的《邓小平时代》，都是从不同的角度认识中国，理解中国，发现中国，对我们的认知有启迪，让我们的工作接地气。

选择什么书来读，的确需要有睿智的眼光，需要我们结合各自的情况，在实践中慢慢磨炼。我们还可以利用一些相关的推荐书目，来指导自己的阅读。只要坚持下去，我们的精神必然通过持续不断的阅读变得丰富，我们的人生必然通过精心选择的阅读变得厚重，我们的世界必然会通过知行合一的阅读变得精彩，我们的生命，自然会因为阅读而读成一部厚重的传奇大书。

思想不应私享

——之四：领导干部应该如何读书

读什么和怎么读，是阅读之中的两个至关重要的问题。古人早有"学而不思则罔，思而不学则殆"的告诫。领导干部应该怎样读书呢？这些年来，我的读书实践有如下一些个人的心得体会。

第一，目标导向，制订系统读书计划。领导干部工作千头万绪，要静下心来读书，首先必须为自己制订一个系统的读书计划。可以审视一下自己已经读过的书籍，分析一下自己的阅读史，研究一下自己阅读的结构是否合理。参考相关的领导干部阅读书目，或者根据自己的知识结构，结合阅读中从兴趣激发、数量保障、品质提升的一般规律，制订一个阶梯式相对完整的个人阅读计划，用三到五年时间读一些基础的经典，补一些缺少的知识结构。这个计划可以具体到月或者周，定期检查计划执行的情况，每半年总结调整一次。

第二，针对问题，结合中心工作读书。领导干部的阅读虽然不可能"立竿见影"，但是适当的"急用先学"也是有必要的。有效阅读最关注的问题之一，就是结合自己的本职工作阅读。这样的阅读最容易读出知行合一的效果。我担任全国人大常委会委员期间，人大常委会一般每次都要审议通过一两个专门的法律，我不是法律专业出身，每次接到通知以后，我都要用比较多的时间阅读相应的专业文献，熟悉该项法律的背景与重点难点问题，力争能够言之有理，言之有物，切中要害。我发起的新教育实验，每年要围绕一个教育问题进行深入研究，所以每年围绕这个教育问题进行相关阅读，也是我的阅读必修课之一。

第三，学思结合，养成不动笔墨不读书的习惯。阅读是一种学习，是汲取；写作是一种思考，是表达。学习与思考结合，阅读才能够更有成效。阅读是站在前人的肩膀上前行，写作是站在自己的肩膀上攀升。真正的思考是从写作开始的，而写作对于巩固阅读的成果非常有益。古人强调不动笔墨不读书，就是认为阅读时进行认真的圈点、批注、记录，对于提高阅读效果具有特别的意义。所以，在读书的时候，应该尽可能采取知性阅读的方法，与书中的观点深度对话，把握其要义精髓。前不久我出版了一本130万字的著作《我在人大这五年：一位民主党派成员见证的中国民主政治进程》，这本书是我担任全国人大常委会委员期间的履职记录，其中有我参加每次人大常委会的发言100余篇，也可以说是我的阅读记录，因为每一篇发言后都是大量的相关主题阅读。

第四，有详有略，浏览与精读相结合。根据不同的内容，要采取浏览与精读的不同方法。否则，应该精读的只是浏览，就会囫囵吞枣，应该浏览的却在精读，就是瞎子点灯白费蜡，两种阅读结果都会收效甚微。对此，我在阅读订阅的十余种报纸时，一般采取先浏览标题、粗读主要内容的办法，遇到与自己工作关系紧密，与自己参政议政联系紧密，与自己研究的课题高度相关的文章，则剪下来慢慢细读，有些则长期保存备用。对于不同的书籍，甚至同一本书的不同章节，也采取不同的阅读方法：有的匆匆翻阅，花个把小时就可以读完，有些则花费好几天甚至更长时间才能够读完。对一些重要的著作，还要不断温故知新，常读常新。

第五，注重积累，争取成为一个领域的小专家。领导干部工作变动相对较多，工作分工也相对比较杂，因此阅读的范围与内容也相对比较广泛，难以形成相对固定的专业领域，变成所谓的"万金油"。但是，如果能够有意识地坚持关注一两个重点领域，在广博的基础上兼顾精专，长期对某一领域进行聚焦性阅读，就能够成为"小专家"。我原来的专业是中国心理学史研究，但是从担任苏州大学教务处处长开始，到后来担任苏州市副市长、中国民主促进会中央委员会副主席，工作范围和内容也有很大变化。我一方面抓紧把阅读与研究的方向与分管工作结合起来，另一方面则一直坚持阅读教育专业的书籍，思考教育领域的重要问题，渐渐在教育领域有了一定的影响力，从而也为自己的本职工作提供了有力的专业支撑。

第六，共同阅读，带动大家一起读书。生活在不同的语言里，就是生活在不同的世界上；共读一本书，就是创造并拥有共同的语言与密码。共读，就是和读同一本书的人真正生活在一起。共同阅读的过程，往往能够在潜移默化中有效形成共同的价值观和共同的文化，避免成为生活在同一个屋檐下的陌生人的尴尬。我们民进中央每年召开一次处长工作会议，严隽琪主席要求我们各位主席为机关干部推荐一本好书，我就推荐过《从优秀到卓越》《如何改变世界》等书籍。我认为，这两本书对于理解自己工作的意义，突破工作的瓶颈，形成积极进取的机关文化，具有重要的意义。其实对于所有的领导干部来说，共同阅读都是一个非常重要的课题，有着双管齐下的作用：一方面能够推动身边的人养成阅读的习惯，领导干部读什么书，推荐什么书，本身就是一种表率；一方面能够利用阅读，把阅读与机关建设、团队打造结合起来。

思想不应私享。领导干部养成自己读好书的习惯，养成与大家分享好书的习惯，无论是个人从书本中汲取营养，还是在共读中传播交流，都是一个分享思想、丰富思想、完善思想直至践行思想的过程。这个过程体现在领导干部的身上，会更快引发从个体到群体的进步，也会更快引发从书籍到生活、从精神到现实的改变。领导干部阅读的重要价值，正因如此才无可替代。阅读，应该从领导干部开始。

做一个种书的男人
——在 IBBY 爱阅人物奖颁奖典礼上的答谢词

非常荣幸获得 IBBY 颁发的首届爱阅人物奖。

在这样的时刻，我想起了许多往事，想起了许多人——把我引领到阅读之路的师长与亲人，因为阅读而改变的老师、父母与孩子。时间有限，只和大家分享一个孩子的故事。

2012 年，中国中央电视台评选"十大读书少年"。我被邀请参加颁奖典礼。走进休息室之后，主持人把一位 12 岁的选手带到了我面前。他是来自中国新疆维吾尔自治区奎屯市的少年，名叫塞甫丁。

主持人问塞甫丁："认识这位老师吗？"少年盯着我看了看，说："应该是朱永新老师吧？"

我非常惊讶。我从来没有见过这个孩子呀，他怎么会认识我呢？

主持人也非常惊讶，追问到底怎么回事。第一次来到北京的塞甫丁，在中国最大的电视台的摄像机面前，当着一群大人的面，没有一丝怯场。塞甫丁说："我们学校是新教育实验学校，校园里有朱老师关于阅读的很多话，还配有朱老师的照片。我的父母，都是目不识丁的文盲。我自己在小学时还不会说普通话。但是，我们学校建设书香校园，要求我们多读书，读好书。所以，我读了很多书，也因此记住了朱老师。没有阅读，我不可能来到北京，也不可能有今天的我。"

当着大家的面，塞甫丁对我说："朱老师，您说过，一个人的精神发育史就是他的阅读史。我要说，我的阅读史，将是改变我的家族和民族的历史。"

那一年，来自新疆的塞甫丁，最终荣获了中国十大读书少年的称号。此时此刻，塞甫丁正就读于中国天津财经大学，正在大学校园里继续阅读。

塞甫丁的故事，只是这20年来众多新教育实验学校无数故事中的一个。从2000年开始，我发起的新教育实验，用"营造书香校园"的行动，以推动阅读的方式，让许许多多师生、学校、地区，都发生了翻天覆地的巨大变化。

我为什么发起新教育实验，也因为我读过的一本书。

早在发起新教育实验之前，在1993年，我当时担任苏州大学教务处处长，就推出了苏州大学学生必读书计划；1995年，我组织专家学者开始研制中国第一个中小学生书目。

但是，直到1999年，我读到《管理大师德鲁克》这本书。书中讲到德鲁克父子去看望老师熊彼特，熊彼特对这父子俩说："我现在已经到了这样的年龄，知道仅仅凭自己的书和理论而流芳百世是不够的。除非能改变人们的生活，否则就没有任何重大的意义。"写下这本书的德鲁克，和阅读这本书的我，都被熊彼特的这句话深深震撼。于是，我发起了新教育实验，走进了教育一线，走进了基础教育领域，走进了更多孩子、父母、老师的生活之中。

我相信，这一类发生在中国大地上的故事，也发生在世界各地。肯定有许多人读过法国著名小说家让·焦诺的《种树的男人》。故事发生在普罗旺斯的一片荒漠中，有一个中年男人，每天选出一百颗树的种子精心种下去，一年种下了三万多颗，有十分之一成活……就这样，一种就是30多年，他从中年变成了老年，昔日的荒漠变成了绿洲，人们形容这位种树的男人做到了只有上帝才能够做到的事情。

阅读，不就像给自己的心灵种树吗？在我们心中种下一本本美好的书，才能滋养我们的心灵。哪怕生活中遇到痛苦的沙漠，也有力量将它重新变为绿洲。

阅读推广人，不就像为人们的心灵种树吗？在人们心中种下一本本美好的书，哪怕只有10%的成活率，也永不放弃，最终创造出精神的绿洲。

而且，在阅读推广的路上，没有人是孤独的。在全世界，在中国，在IBBY，都有无数阅读推广人在行动。就像种树的男人一样，不断播下一本本好书的种子，不断培育一粒粒读书的种子。我们播下的是种子，更是希望，是力量，是美好，是未来。我愿意和大家一起，种树，种书，全力以赴地耕耘。

从传记到传奇

最好的阅读，当然是活学活用。因此对于我来说，最好的书，就是那些曾经深刻影响到我的思想和行为的书。除了教育理论著作，还有文学名著、社科经典，而名人传记更是最直接地汲取精神力量的一种读物。从《林肯传》《拿破仑传》《罗斯福传》《居里夫人传》《马克思传》《海伦·凯勒传》到《曼德拉传》《邓小平传》等，记得在大学读书时，我读完了学校图书馆里所有诺贝尔奖获得者的传记。阅读传记，成为我为心灵充电的必修课。

给我影响特别大的一本人物传记是日本医学改革家德田虎雄的自传《产生奇迹的行动哲学》，这是上海人民出版社"青年译丛"的一本，讲的是德田虎雄怎样从一个日本农村的普通孩子成长为优秀的医学改革家的故事。这本书告诉同是农村普通孩子的我：追寻自己的梦想，任何人都能够创造辉煌；追寻伟大的灵魂，普通人也可以走得很远。

而引导我走上新教育之路的，也是一本名人传记《管理大师德鲁克》。这本书中记录了一段晚年的约瑟夫·熊彼特对探望自己的彼得·德鲁克父子说的话："我现在已经到了这样的年龄，知道仅仅凭借自己的书和理论而流芳百世是不够的。除非能改变人们的生活，否则就没有任何重大的意义。"这段话成为我下决心走出书斋、深入教育一线的精神源头，也是我15年中坚持新教育探索的重要动力。

就在践行新教育的过程中，我也亲眼见证了许多真实而感人的故事。这些传奇正在不断被记录、被书写，成为新的传记。尤其是"新教育文库"最近推出的几部著作。一是郭明晓老师的《我是大西洋来的飓风》，这本书记录了即将退休的她遭遇新教育实验，如何被重新点燃教育的激情，如何把一个班级带向卓越的故事。一是新教育第一所实验学校的吴樱花老师的《孩子，我看着你长大》，这本书记录了她如何用三年的观察日记，帮助一个困难学生成长为苏州市中考状元的故事。一是作家童喜喜的《这一群有种的教师》，这本书是多年担任新教育义工的童喜喜继报告文学集《那些新教育的花儿》之后，又一部记录新教育优秀教师成长故事的力作。这三本书，其实都是人物传记。

每个人在自己的成长过程中，总需要为自己寻找生命的原型和人生的榜样，从他们身上汲取前行的力量。知行合一的过程，就是从阅读他人传记到书写自身传奇的过程。

正因为阅读对于人的精神成长，对于民族的精神境界具有重要的作用，从1995年我就开始组织专家研制各类书目，近些年来更是组织了全国知名专家学者研制推出了中国幼儿、小学生、初中生、高中生等一系列书目，还有大学生、父母、教师、领导干部、企业家的阅读书目正在研制中。信息爆炸的时代里，这些书目就是茫茫书海里的一叶叶扁舟，为每个读者提供最简便的引导。当然，这些书里也有各种传记，让人们更多亲近那些值得追随的伟大灵魂。

如今，全民阅读也成为政府关注的民生之一。中国人的物质生活水平持续数十年的提升，已经书写了一段经济的传奇。推动全民阅读将会持续提升人们的精神生活水平，是一项精神民生工程。再好的酒，在最好的好书面前总会黯然失色。一旦社会弥漫着书香，精神就会充盈着芬芳，这样的世界自然就是更为美好的世界。而这样的一个过程，将创造新的历史，也就是中华民族伟大复兴的传奇。

我们都在期待着并为之努力着。

做一个幸福的阅读推广人

从 2003 年我在全国政协第一次提出建立国家阅读节的提案，迄今已是十年。

十年来，在全国两会上，我一直呼吁建立"国家阅读节"，把全民阅读作为国家战略，建立国家阅读基金，成立国家阅读推广委员会，加强社区图书馆建设，把农家书屋建在村小，给实体书店免税，国家领导人带头做阅读的模范……几十个关于阅读的提案建议，记录着我这些年为阅读的鼓与呼。

十年过去了，虽然国家阅读节的提案还没有成为现实，但时光从不辜负任何真诚的努力，梦想的种子在悄悄开花。我欣慰地看到，"开展全民阅读"被写入了十八大报告，"全民阅读条例"也即将出台。阅读的理念已经被更多的人接受，阅读率连续下降的趋势也得到遏制。据不完全统计，全国已有 400 多个城市和数万所学校设立了自己的阅读节。我当然不能贪天功为己有，但是我知道，在为阅读呐喊的众声之中，一直有我的声音。

梦想，不仅需要呐喊，更需要行动。十年来，我发起的新教育实验一直走在阅读推广的最前沿。

我担任名誉所长的新阅读研究所，为孩子、教师、公务员等各种群体寻找和推荐最好的图书，我主持研制的中国幼儿、小学等基础阅读书目，一经推出就备受社会各界认可；新教育研究中心以学校为基地，始终关注未成年人这个阅读需求最大的群体，全力深度探寻阅读在教育中的各种可能；新父母研究所则以新教育种子教师培训与萤火虫亲子共读公益项目为依托，在全国三十余个城市，全面开展丰富多彩的书香校园建设和亲子共读实践；新教育基金会更关注偏远地区，无论是多年一直践行的"新教育童书馆"，还是正在推动的"感恩乡师"图书馆计划，都始终高举着推动阅读的旗帜……

国家新闻出版总署聘请我担任了全民阅读形象代言人，《中国新闻出版报》评选我为 2012 年阅读推广年度人物。颁奖词这样写道："以一己之力推动新阅读的朱永新怀着激情、循着理想，行走在新教育实验和阅读推广的道路上。通过倡导'晨诵、午读、暮省'的阅读生活方式，他使中国教育充满活力。毋庸置疑的是，在过去的 10 年里，朱永新一直站立在中国阅读推广的精神之巅。"

其实，阅读永远是一条面向自我、提升自我的道路。道路与道路之间，可以有着互相交错的精彩，也会有着并行而广阔的可能，并不存在唯一的巅峰。而阅读推广的道路，也并不平坦。有人说，阅读是非常个人化的事情，没有必要小题大做。有人说，阅读需要"过节""立法"，朱永新完全是哗众取宠。而我，只能一笑了之，继续追梦。因为我深知，一个人的精神发育史就是他的阅读史，一个民族的精神境界取决于这个民族的阅读水平。每个人的阅读水平，构成了一个民族的阅读高度，决定着一个民族的精神高度。由此，全民阅读势在必行，阅读推广也不可或缺。

十年一梦，以梦为剑。对我来说，阅读梦，就是中国梦。阅读，让人们幸福，推广阅读，就是推广幸福。梦想，只是一个方向，实现梦想，需要从点滴做起的坚持行动。我愿意做一个幸福的阅读推广人，为了阅读梦、中国梦，永远和更多人一起实实在在地行动着。

书市的风景

所有喧嚣中，唯一能让我欣喜的是因书籍而产生的喧闹。图书是精神泉涌的水花，这喧闹就仿佛趵突泉，让人有着泉涌甘浆长自流的快慰。刚刚过去的夏末一天，参加了华东师范大学出版社大夏书系十年典藏版首发式活动，感受到上海书市的热烈，更是深受感动。

从关注阅读到关注图书，进而关注出版，近些年来，我也是几地书市的常客了。如果说北京的书市是出版界业内的节日的话，那么，上海书市则是百姓市民的盛典。相对而言，我更喜欢上海书市的平民气质。在这书的集市上，人们熙熙攘攘地排队买书，等待签名，聆听讲座，分享阅读的经验，这有关精神的购买和在超市里选购身体所需的日常用品并无二致，在平常中显出了亲近。

这一次，"大夏书系"为了庆祝该书系的十周岁，从已出版图书中选择 14 本作为十年经典套装，我的《过一种幸福完整的教育生活——朱永新教育讲演录》一书有幸位列其中。我为这套书的生日写下"大夏十年，凝四百图书润万千教师心田；神州一梦，聚千万先生育数亿孩童成才"的句子祝贺，也作为首发式活动嘉宾，参加了这次活动。

"大夏书系"十年磨一剑，至今已出版图书四百余种，销售千万册，在读者中是有相当口碑的教育图书品牌，首发式活动之前主办方告知我，那天上午我将在首发式上做一个关于阅读的演讲。

到了现场我发现，会场面积虽然不小，却是一片开放的公共空间，用简易护栏与周边隔离。前面是数排座椅，旁边就是楼梯，往来人群川流不息。阅读是静的劳作。关于阅读的演讲，也需要静心才能真正听清。看到会场的情况，我想，看来动静的确无法交融，类似演讲这种稍微深入一点的交流，哪怕在书市的活动中，也只会是个点缀罢了。

没想到，结果完全出乎我意料。

我的演讲围绕着"和孩子一起阅读"的主题，简单阐述了为什么要读书和为什么要和孩子一起读书两个问题。演讲开始，我就把"为什么要读书"的问题交给了现场的听众。一个小女孩立刻回答了我的问题。看上去最多不过读小学低年级的她大声回答我："读书能使人进步，获得知识。"听到小女孩奶声奶气又郑重其事的回答，我忍不住笑着追问了一句："那为什么要吃饭呢？"据说，智者往往是被最简单的问题难住的。所以这个简单的问题，也难住了小女孩。她害羞地笑着，一时间说不出答案。我笑了，所有听众也会心地笑了，偌大的会场似乎一下变小了，人们之间的距离似乎一下缩短了。

在这样愉悦温馨的氛围之中，我说出了自己的观点。

为什么要读书？读书对个人来说，是人的精神发育和成长的一个重要来源，所以我一直说：一个人的精神发育史就是他的阅读史；对民族和国家来说，一个国家的强大就靠国民的精神力量，而这精神力量多是来自阅读。因此"阅读是消灭无知、贫穷和绝望的终极武器"。

为什么要和孩子一起读书？童年是为一生奠基。在这孩子成长的关键时期，阅读最有助于培养孩子宁静的心灵和专注的品质，大量研究已经证实，孩子阅读兴趣和习惯的养成，和父母讲故事有着密切而直接的关系。父母选择优秀童书和孩子亲子共读，才能为品德的成长、人格的发展奠定最好的基础，是给孩子一生的最大财富。

这些都是我在《我的阅读观》《书香，也醉人》等书中反复倡导的观点，我也很快就结束了演讲，把更多时间留给与现场听众交流。

一位年过花甲的老太太带着孙女前来，拿起话筒就哽咽了。她说，她太激动了，虽然她文化程度不高，但是特别希望能得到一些指导，为她的孙女推荐一些书目。看着热泪盈眶的老人，我请华师大的老师帮老人写下几个推荐的书目名称，心里很是感慨。读什么书，是读书最重要的问题。以前讲开卷有益，现在这个信息爆炸的时代里，更应该讲择书有益。如何把相关信息更直接地告知需要的人们，是我们应该更努力做的事。

一位初二学生提问：功课繁忙，没有时间看原著，有人建议看同名电影或者简写本是否可以？我告诉她，经典的电影和简写本都可以看的，但永远不能够替代对于原著的阅读。功课忙可以选择少量代表性的经典原著。紧接着，她那站在一旁的母亲抢过话筒告诉我，她们对新教育关注很久，很熟悉新教育，这次她们几乎穿过了整个上海大老远地跑来，是专程赶来听讲座的。

一位读小学的小男孩想知道阅读重要还是写作重要。我请其他听众帮助回答，他身边的另一个小朋友就答：都重要。的确，写作是帮助人们思考的重要途径。甚至有学者说过，真正的思考是从写作开始。写作会让人的思考井然有序，更有成效，因此早有"学而不思则罔"之说。

一位喜欢看外国小说的初中生问，老师说大家没时间看小说原著，看看改编的电影来写读后感，是否可以？这一类问题其实暴露了一个状态：当下教师在指导阅读中普遍存在的功利心态。其实看电影和看书的审美过程是不一样的。最好当然是两个都看，如果先看书再看电影，就能以鉴赏、品评的方式把电影看得更细致，如果先看电影再看书，就可以更加理解人物的心路历程，关注人物的命运发展。无论如何，阅读是不可取代的……

首发式上，还遇见了张文质先生、上海虹口区教育局常生龙局长、四川阆中教育局汤勇局长、湖南浏阳陈文副局长等一批新老朋友。他们既是大夏书系的作者，也是阅读推广的践行者。以书会友，因文相识，见面都十分亲切。而远方朋友知道我参加了上海书市活动，发来短信说："大上海里大书市，老师凌云抒壮志。十年经典涤市井，胸生层云师育师！"我改了几个字，回答朋友："大上海里大书市，大夏十年师育师。熙攘人海书潮中，践行读写至乐事。"

我还记得，第一位拿过话筒的听众不是提问而是致谢。她一站起身，我就认出她是山东泰安的孙明霞老师，十年不见，孙老师如今已是一位沉稳干练的名师。孙老师说，在2000年左右读到我的《我的教育理想》受到启发，2003年专程赶到苏州听了我的报告，感谢我对她精神成长的帮助。

其实，精神成长的帮助也是相互的。就以这20分钟里七八位听众参与的互动交流来说，表面上看，是我回答了大家的疑问，从另一个层面来说，同样也是我在收获。正是在这样朴素简单又隆重热烈的阅读活动中，在这样心与心的直接碰撞中，我收获着人们对阅读的热望，对成长的渴望，对未来的期望，而这，也是我坚持阅读推广这一路最直接的动力。

我相信，当书市真正像超市一样平常而普遍，当每一个大人和孩子都热爱着阅读，当每一个家庭都洋溢着醉人书香之时，我们的生活会拥有更加深邃而持久的幸福。为了这样的明天，需要我们今天共同努力。

那么遥远，那么近

在中国，不是所有的人都会读到《人民日报》，但恐怕无人不知晓《人民日报》。作为中国政治生活的消息树，无论是党和国家的重大方针政策，还是震撼国人的先进典型与重大事件，总是在这里正式发布，率先推出。

高远，常常因高而远。因此，虽然我早在读大学期间，就会经常翻阅《人民日报》，但主要是看《大地》副刊上的一些文章。我敬仰的一些作家，经常有最新文章发表在副刊上。大家小文，最见功力。那些文章也常常成为我学习写作的范文。只是，那时的我，总觉得《人民日报》是党和国家的喉舌，应该由大人物、权威人士发出声音，在我眼里，《人民日报》距离我仍然是遥远的。

《人民日报》成为我每天必读的报纸，是从我1993年担任苏州大学教务处处长开始。负责一所大学的教学管理工作，必须了解国家的大政方针和教育政策，《人民日报》自然是一个不可或缺的重要窗口。从那个时候开始，我自己订阅《人民日报》。无论是后来到苏州市政府担任副市长，还是到北京担任中国民主促进会的副主席，《人民日报》一直陪伴着我。

与《人民日报》的近距离接触，应该是2003年除夕夜。那天晚上，《人民日报》记者温红彦给我打来电话，说想写一些普通人的除夕夜。因为前不久她和《中国青年报》的记者谢湘、《人民政协报》的贺春兰等到苏州采访，听到了一些新教育实验的故事，很是感动，她电话打过来的时候，我又恰好正在和教育在线网站的新教育老师们同吃"网上年夜饭"，于是，她写了一篇讲述我们网络年夜饭的消息，发表在新年第一天的《人民日报》上。

虽然那是一个综合消息，但是，从《人民日报》的读者，变成《人民日报》的采访对象，心理上的距离骤然亲近起来。不久，《人民日报》的记者又专程到苏州采访"新教育实验"，这场改变许多教师的行走方式和许多学校教育生态的教育行动研究，登上了《人民日报》，对我和新教育同人是很大的激励。

也是在这一年，我从《人民日报》的读者，变成了作者。我撰写了《把网吧建成学习化社区》和《高考制度需要深刻变革》两篇文章，记录了我对教育一线的反思与建议，先后在《人民日报》上发表。

读者会把自己喜爱的报刊，视为精神的窗口。作者会把自己喜爱的报刊，视为精神的家园。从纯粹是读者到身兼作者，《人民日报》对我而言是由远及近的过程，给我带来特别的亲近感与亲切感。此后，我每年都会在《人民日报》发表一些文章。它们就像一个个脚印，记录着思考的痕迹，也记录着行动的痕迹。

教育问题、阅读问题，是我长期关注的重点。尤其在2008年左右，吴焰同志到《人民日报》工作之后，约我为她的版面写稿，我围绕阅读问题写的一系列文章，如《有书香才有故乡》《书卷气也是领导力》《拧紧时间的水龙头》《把生命读成传奇大书》《思想不应私享》《让阅读成为国家的节日》《书香更醉人》《全民阅读 刻不容缓》《在阅读中拥有"心力量"》等，都产生了一定影响。

后来,在赵丽宏先生的引荐下,我先后认识了《人民日报》文艺部的李辉、董宏君、罗雪村等编辑朋友。他们说,你不能只为文化版、评论版写文章,也应该为副刊写点文字。所以我偶尔记录的生活随笔,也进入了《大地》副刊等栏目,《一个人与一个小镇》《缘自乡愁》《共同成长的幸福》等随笔先后发表。

每年两会,是我以委员代表身份集中进行鼓与呼的时节。特别是最近几年,我的一些文章也会在两会期间发表,如《你不称职,意味着67万人缺席》《经济新常态需要精神新状态》《人心就是力量》《政协就在你我身边》《向人民履约》《你会用多久讨论问题》《当好"扩音器",做好"共鸣箱"》《大国崛起从文明崛起》《赶赴一场"春天的约会"》等,许多文章都引起了强烈的反响。如《你不称职,意味着67万人缺席》发表后,各大媒体纷纷转载,评论多达1222万条。

我感到特别荣幸的是,关于阅读的一篇长文《改变,从阅读开始》,《人民日报》曾以整版的篇幅发表。编辑告诉我,除了重大报道、重要文件、领导人言论,《人民日报》一般很少发表个人作者的整版文章,甚至半版文章也很少发表。

在这篇近万字的文章中,我从一个人的精神发育史就是他的阅读史,一个民族的精神境界取决于这个民族的阅读水平,一个没有阅读的学校永远不可能有真正的教育,一个书香充盈的城市才能成为美丽的家园,共读共写共同生活才能拥有共同的语言、密码和价值等方面论述了阅读的意义。与其说这篇文章是我用手写出来的,不如说这篇文章是我和千千万万新教育同人用脚踩出来的。不知不觉中,《人民日报》也一路记录着我们行动的脚印。我和《人民日报》已经变得密不可分。

从读者到作者,从遥远到亲近,我想,这不仅是我和《人民日报》之间距离的转变过程,也是个体从文字落实到行动之中、从现实追逐着理想而去的征程。在《人民日报》的陪伴下,这些年来,我阅读美好的文章,以引领自身;写作美好的文章,以记录践行。如果每一个读者都以智慧的文字对照反思,如果每一个作者都以真诚的行动落实心声,世界将更精彩,未来会更美好。

国庆读书记

以往的国庆节，我一般都要回到苏州，用这长假的整段时间，静心读点书，写点文章，见些朋友。2019年是共和国成立70周年，今年的国庆当然是一个特别的国庆。我应邀参加国庆阅兵式和有关联欢活动，所以留在了北京。

国庆的序幕是从9月30日拉开的。这一天是烈士纪念日，上午10点，习近平等党和国家领导人与各界群众为人民英雄纪念碑献花篮。我也拿着鲜花走在队伍之中，缅怀为共和国牺牲的先烈们。晚上，又在人民大会堂参加了国庆招待会。

10月1日早晨四点半起床，写当天的"童书过眼录"，算是正式开始了国庆读书时间。

每天早晨，读一本童书，在微博上发一则感想，这是每天早上的必修课。这一天读的是"花婆婆"方素珍与江书婷合作的《闪电鱼尼克》。这是一本让孩子脑洞大开的图画书，也是方素珍老师首部亲笔手绘的原创图画书。故事讲的是在深深的海底，有一条与众不同的小鱼儿，它身上有一道闪电的图案，大家都叫它"闪电鱼尼克"。它不想当小鱼，想变成西瓜鱼、洋葱鱼、母鸡鱼……可是它的好朋友泡泡鱼都不喜欢。它实在想不出究竟还能够变出什么样子的鱼，于是决定去旅行，它看到了蓝天上的"白云鱼"，品尝了天上落下来的雪，在陆地上看到了许多奇怪的事情，到处都是它没有听说过的事物。经过一番探险和游历，尼克决定要变成一条很有学问的"读书鱼"。于是，它和朋友们成立了海底图书馆，每天开心地和朋友们一起听故事、看好书。这也成为海底最美丽的一道风景。

我很喜欢方素珍的这本书，巧妙地通过闪电鱼寻找自我的故事，讲述了阅读对于成长的意义。其实，阅读就是一个不断发现和寻找自我的过程，就是一个不断地和伟大对话相遇的过程，也是一个不断地成就自我的过程。

早晨五点半从家中出发去中央统战部。各民主党派的观礼嘉宾都统一在这里集合去天安门观礼台。

上午10时，庆祝中华人民共和国成立70周年大会隆重举行。习近平总书记发表重要讲话以后，是阅兵式和群众游行。各类兵种、各种武器装备接受检阅，尽显国威军威；各种主题、各个省市花车巡游长安街，共和国70年发展的历史浓缩其中。总书记在讲话中最让人难忘的句子是："没有任何力量能够撼动我们伟大祖国的地位，没有任何力量能够阻挡中国人民和中华民族的前进步伐。"阅兵式结束以后，我在接受中央电视台新闻联播的采访中说：总书记的讲话有豪气，有勇气，有底气，我们要花力气落实总书记的讲话精神，为国家的经济社会发展建言谋策，提建议出主意，贡献智慧和力量。

晚上参加国庆联欢晚会。张艺谋导演的参与式大型联欢会，加上绚烂的礼花焰火，把天安门装点得五彩缤纷，国庆夜晚的星空格外璀璨。

10月1日的国庆日，是特别、充实、忙碌、幸福、兴奋的一天。

10月2日开始，是我的"辛庄六日"，是我集中读书的六天。

2日早晨5点不到，我仍然像往常一样，早早起床开始晨读，写下了当天的"童书过眼录"。这一天读的仍然是方素珍前不久寄我的签名图画书《玩具诊所》。故事来源于台湾新北市新泰小学的一个玩具诊所，一群年过七旬的爷爷奶奶在学校里为孩子们开设了一个专为孩子修理坏掉的玩具的地方。方素珍老师说，她想通过这本书，跟孩子们分享爱物惜福的人生哲学，同时让孩子们体会到：只要善加利用，任何旧东西都能拥有新的生命。只要努力发光，每个人都有用武之地。

10月3日到7日阅读的分别是《红发球艾米丽》《气球人巴纳比》（"绝非普通人"系列，弗雷德里克·李维文图，胡小跃译）、《我有友情要出租》（绘本桌游，方素珍文，郝洛玟绘）、《好忙的蜘蛛》（艾瑞·卡尔文图，邓美玲译）、《奶奶逮到了一只小精怪》（"我是夏蛋蛋"系列，彭懿文，周尤绘）。读完之后，我都在当天的微博和头条上与网友分享。

发完当天的新浪微博和头条，完成当天的"晨课"，我就出发前往辛庄——位于北京顺义的辛庄师范，提前20分钟到达课堂，参加在这里举行的《黄帝内经》实修班。

早晨7点开始，练习站桩。每天的早课站桩一般是从静桩开始，接下来全天的功课就是诵读《黄帝内经》《心经》和《道德经》选段。然后是打坐、听行益老师讲解《黄帝内经》。中午稍事休息，下午两点半开始练习动桩，打坐，讲解《黄帝内经》，回答学员问题、学员分组讨论交流，一直到晚上七点半左右。实修班的学员大部分同时辟谷，课间可以喝水、吃一点大枣和苹果，但是不吃饭菜。每天晚上回到房间，静心再读两个小时的书休息。

6天时间，读书、运动、交流，就这样周而复始地循环。

每天读的书，首先是《黄帝内经》。采用的方法是行益老师传授的"满腹经纶读书法"。为我们讲解该书的行益老师，生长于陕西渭南乡下一个祖传中医世家，虽然只念完小学，但对中医的经典以及道家和佛家的著作非常熟悉。他认为，《黄帝内经》其实是关于人生的一部经典，所以学习内经首先不是学习医学，而是学习人生，是学会"认认真真做事，踏踏实实做人，简简单单生活"。他很自信地说，很多学者讲《黄帝内经》是玩思想，玩主义，但是他的课是"玩生命"，因为《黄帝内经》的最高境界是让人能够生活得更好。他认为，《黄帝内经》是方向，是方法，是中国古老的生命科学。在他看来，有形之病可通过无形气化进行逆反式的恢复，每个人都是自己最好的医生。"人最该修的课程是生命的课程。修身，自救救人；修心，自度度人。修行，就是用辛苦转化痛苦。"他强调人生就是舍得，舍什么得什么。人性和兽性，雅和俗，最大的区别是利他和利己。很多大智慧的警句，从他的嘴里经常不经意间说出。难怪台湾著名身心灵导师张德芬说他是"生长在厚实土壤里的瑰宝奇葩，貌不惊人的灵性医学传承者，大隐于世的民间高人"。

来辛庄时，除了每天阅读的童书和《杜威教育文集》，还带了一本余世存送我的《己亥》。这本书在10月1日带上了它，参加国庆观礼活动时，在几个小时的等待时光里，差不多读了一半，到辛庄后，用两个晚上读完了。

这是一本很特别的书。是余世存与龚自珍跨越时空的对话，是两位知识分子的心灵独白。180年前的农历己亥年，龚自珍辞官离京，南下回家，后又北上接家眷回乡，其间行走九千里路，写成了中国文学史上罕见的大型组诗《己亥杂诗》315首。180年后的农历己亥年，余世存在书中化身龚自珍，用现代白话文演绎这些诗歌，也努力还原龚自珍在己亥年间的心灵世界。

全书分《缘起泉涌》《辞官出京》《青春壮盛》《猖狂江淮》《浮生家

园》《东山苍生》《再度北上》《吟罢归乡》八章，按照龚自珍的生平叙事和《己亥杂诗》的逻辑结构依次展开。在书中，我们不仅看到了那个"我劝天公重抖擞，不拘一格降人才""九州生气恃风雷，万马齐喑究可哀"的壮怀激烈的龚自珍，也看到了那个"万人丛中一握手，使我衣袖三年香""可能十万珍珠字，买尽千秋儿女心"的柔软敏感的龚自珍。

余世存把龚自珍比喻为"中国的但丁"，认为《己亥杂诗》既是他的自传，也是他的《神曲》，是"传统中国的人格美学、生活美学的示范，全面反映了传统中国个体生命的大视野、大情怀"。他认为，龚自珍的意义远远没有被发现。如果说《红楼梦》是以小说的形式呈现传统文化的集大成之作，那么龚自珍则是以人格形式呈现传统文化的最后的里程碑。龚自珍完美阐释了一个知识分子知道、闻道、布道的使命，体现了他既能够锲而不舍地追求人生理想，又能够很妥帖地安顿自己的生命的人生境界。

对于今天的我们来说，龚自珍的确是一面镜子，他能够映照我们的灵魂，让我们学会回到自己的内心，自由地表达自己。

余世存在这本书的序言中说，他希望当代的读者能够注意到，"一个人，无论他是文明世界的国民还是古典世界的先知、圣贤、才子，其可能抵达的人生广度、密度、高度是什么样子；对比起来，我们的人生过于短浅，过于浪费"。读任何书，其实都是在读自己。我想，这也是读《己亥杂诗》的意义所在。

10月2日晚上的课程结束以后，与成都华德福学校总校长、中国第一位华德福主课老师李泽武先生见面，讨论学校课程建设等问题。泽武送我由他翻译的华德福创始人鲁道夫·施泰纳著作《人的研究》。

《人的研究》是施泰纳的讲课实录。100年前的1919年8月20日开始，施泰纳在斯图加特为第一批华德福教师举行了十四场讲座，这本书，就是当时的讲座整理稿。当天晚上回到房间，就开始翻阅这本书。100年前的文本，加上有许多施泰纳自己创造的词汇，读起来有些费劲。总的来说，讲述了作者构建的大小宇宙。大宇宙，是讲精神、物质与心的关系。小宇宙，是讲感受、意志、思考与新陈代谢系统、肢体系统和神经系统的关系。从身前死后的宇宙图景，到对于教师个体成长的建议，内容丰富，思想深邃，体现了一个教育变革者的宏图大略与务实精神。

施泰纳在教师集训前夜的公开讲座中说："为了让现代精神生活焕发新

的活力,华德福教育应当说是一场真正意义上的文化行动。"他指出,整个社会运动的终极基础是精神性的,而教育恰恰就是"激烈又重大的精神问题中的一个"。所以,教育的变革,其实本质上是一场文化行动。所以,对于教师来说,就不能只是做一个教育者,而应该成为"最高词义上的高层次的文化人"。

施泰纳对于理想学校的结构提出了设想。他主张华德福的学校不应该是官僚的,而是"集体参与管理式"的,是一个"真正的教师共和体"。所以,支撑学校运行的"不是安逸的靠垫和校长办公室发布的规章制度",而是工作的责任感和使命感,是工作给予"每个人的可能性和自己承担的完全的责任"。施泰纳对教师说:"我们每个人应当对自己完全负责!"

施泰纳对于教师的素养提出了四个方面的要求:对世界的兴趣、热情、精神的灵活性和奉献精神。他认为,一个好教师应该对当今世界发生的每一件事有"鲜活的兴趣",而不能够只对某些"特定的任务有热情"。而"通过对世界的兴趣,我们就一定对学校和我们自己的任务有热情"。施泰纳同时提出,精神的灵活性和对于职责的奉献是不可或缺的。"只有当我们把个人的兴趣投入当今时代伟大的需要和任务中时,我们才能取得属于今天的成功。"

给我留下最为深刻印象的,是全书结尾的一段文字。施泰纳充满激情地写道:

想象力的需求,对真理的意识,对责任的感受——这些是教育的神经的三股力量。那些想做教育的人,必须写下这段格言:
让想象的力量充满你,
拥有面对真理的勇气,
敏锐你对心灵的责任感。

10月6日中午动桩课程结束以后的课间休息时,与成都华德福学校的张莉老师交流未来学校以及新教育实验的课程体系与华德福的异同等问题。她转送了瑞士歌德馆人智医学部的前部长米凯拉博士送给我的一本英文新书《在数字媒体世界中健康成长》。晚上回到房间细读了这本书。它是由德国15家公益组织联合发起,并由德国一个医疗组织具体落实编写出版的儿童与青少年网络教育指南，米凯拉博士参与了这本书德语原版的资料收集、整理校对工作，并且翻译和推动了英文版的出版。这本书详细介绍了在不同的年龄阶段，如何正确地使用数字媒体，培养孩子的媒体素养能力。对于父母、老师和专家来说，这是一本很好的指导手册，可以按照书中的理论和案例，更好地帮助儿童和青少年有能力以适当和适龄来运用数字媒体，在需求和防护中取得平衡，促进儿童和青少年的身心健康。我们当即初步决定把这本书翻译成中文，由湖南教育出版社的"中国家庭教育文库"正式出版。

在辛庄师范学习期间，还参加了林明进夫妇与学生的互动交流活动。林明进先生被称为台湾最牛的语文老师，他19岁师从一代大儒爱新觉罗·毓鋆，成为追随先生数十年的入室弟子。他在台湾地区最牛的中学教语文，34年坚持每周都要让学生读一本书，他认为没有阅读就没有写作。认为教语文不仅仅是教语文，更重要的是教学生成为一个顶天立地的人。他介绍说，他教学生写作文，第一篇作文，只让学生写最熟悉的题材，写自己的心里话，只要写一句话就可以，但必须是自己的语言。

林明进先生提出了教作文的三个理论：橙子理论、酱油理论和驾校理论。橙子理论，就是说你让学生写一个橙子的话，这个橙子不是让他通过到超市购买而得来，而是要自己栽树看它结出果实。酱油理论，就是要把土法制作酱油的办法用在写作上：把黑豆放进坛子里，经过多半年的发酵，才能够制造出地道的美味。驾校理论，就是说写作要像学习开车那样，分项学习，不能说一开车就上路，一开始就让学生写作文。他认为培养写作能力和鉴别写作能力是两个问题，培养写作能力是慢功夫，他曾经教一篇作文，让学生写学校里的莲花池，写了一年连三个月。他认为，在平时对学生出一个题目就马上让他写，是不符合教育规律的。他对于新教育实验重视中国传统文化的教育非常欣赏，他认为目前华人社会都面临着最伟大的机会，同时也面临着最可怕的危机，如果我们没有文化自信，没有真正意义上的中华文化的重建，就没有真正的未来。与林老师交流时，我一直在想，中国应该有更多的像他这样的学者型的中小学老师。临别时，林明进老师送我一些他的著作，包括《学"生"》（九州出版社）、《培养自然而然的写作力》（基础篇、创意篇、技巧篇三册）、《笨作文（实战篇）》等。可惜还没有时间详细拜读。

辛庄6日，每天很充实。离开时，行囊中增加了一大包书，体重减轻了7斤。心灵与身体收获满满。心中想，这就是我想要的生活！

从书写作品到书写人生

在座的都是写作者，而且是优秀的写作者。大家过五关斩六将，才能来到这里。今天我想告诉大家的是，真正的写作者，不仅应该写出优秀的作品，更应该写出精彩的人生。

写作能力是可以迁移的。人在某一方面的能力，只要用心，可以迁移到其他方面。那么，我们如何把自己的写作能力迁移到我们人生的思考中去，迁移到我们人生的行动中去呢？我想与大家分享几个主要观点。

第一，写作者在为作品寻找原型的时候，应该为自己的人生去寻找原型。

写作者在创作的时候，心里面总会有一些原型。有你在生活中经历的，有你在阅读中体验的，各种各样的人会出现在你的作品里，组成新的组合。这些人物原型撑起了你的作品生动的画面。

我们的人生也是需要原型的。每个人的一生其实就是一个故事，你是你生命的主人公，也是你故事的作者。从呱呱坠地到离开人世，你用一生的时间在书写你自己这个作品。你这个作品是否精彩，取决于你身为作者是不是用心在书写。用心书写的一个重要标志，就是为自己的生命寻找原型。我们发现，那些伟大人物在他成长的历程中，总是有自己的生命原型，总是以某些人作为自己的榜样，作为自我的镜像。越是这样的人，他人生越有目标，他越是能够走得更远。

所以，爱好文学写作的你们，在绞尽脑汁寻找作品原型的时候，是不是也应该为我们自己的生命去寻找原型呢？你像谁那样活着？你像谁那样追求？你能不能把你自己的生命变成一个伟大的传奇？

总之，正如你认真用心书写自己的文字作品一样，我们应该努力书写自己的人生，而关键的前提，就取决于你能不能为自己寻找一个伟大的原型。

第二，写作者在为自己的作品谋篇布局的时候，也应该对自己的人生进行规划和行动。

人生就是一个大作品，也是需要谋划的。以阅读为例。我们这个世界是由精神和物质两个层面组成。我们看到的风景，其实也是有两种不同的风景：自然的风景和精神的风景。而我们每个人其实也要过两种生活：物质的生活和精神的生活。许多人，包括接受过高等教育的人，都生活在物质的世界之中，满足于怡情山水看自然的风景，却忘记了看精神的风景，过精神的生活。真正的精神风景、精神生活，有一个简单而重要的标志：阅读。

那么，我们有没有对自己的精神生活做过规划呢？有没有谋划过自己一生到底应该读哪些书呢？范曾先生讲得好：我们每个人都应该会背1000首诗，应该读100部名篇，等等。其实就像我们规划人生，要去看哪些好山好水一样，也应该规划我们应该读哪些书。这样，我们的人生就会更加主动从容，我们的精神生活也会更加丰富精彩。

再以时间管理为例。我们很多人总是每天忙忙碌碌、紧紧张张，总是担心时间不够用，总是为自己没有时间阅读、写作寻找各种各样的原因和借口。我一直认为，时间就像海绵里的水一样，总是能够挤出来的，重要的事情总是有时间的。这些年来，我出版了不少作品。其中仅仅是我参政议政方面的著作，就先后完成了《我在政协这五年》（2003—2008）、《我在人大这五年》（2008—2013）、《我在政协这一年》（2013—2017，五卷）、《教育改变中国》（政协委员文库）和《朱永新：政协委员履职风采》等近10部。许多人感觉很奇怪，开玩笑问我如何"变魔术"一样写出来的。其实，这是我每天坚持早上五点半左右起床阅读写作的成果。每天上班之前，我已经读书写作两三个小时了。

我早起的习惯固然是小时候父亲培养的，但是也与我自己刻意的人生规划有关。我知道，人与人的差异往往是业余时间造成的，我明白"早起的鸟儿有虫吃"。《我在人大这五年》这本书达130万字，我把自己参加人大每次的活动用手记的方式记录下来，把每次视察、调研都原生态地记录下来。这是全国人民代表大会制度60年以来的第一本全景式记录的书。如果自己没有这样一个谋划，就算每天起得早，也是很难做到的。

总之，有规划的人生正如有谋划的文章一样，目标清晰、路线明晰，才能少走弯路。这种规划越是主动、越是具体，你就越能够把握自己的人生，就像你写作时的谋篇布局一样。

第三，写作者为创作优秀的作品应该不断地追求和坚持，人生更需要坚持，才能拥有水滴石穿的力量。

有些写作者幻想一夜成名天下知，一蹴而就登巅峰。有些写作者总是企图寻找捷径少费力，轻轻松松等灵感。更有写作者浅尝辄止不努力，功亏一篑无所成。其实，写作是一项艰苦的事业，是一项需要长期坚持的事业。

2002年，在新教育实验开始不久，我在教育在线网站发过一个"朱永新成功保险公司"的帖子，要求新教育教师坚持写作，每天用心记录自己的生活，记录自己与学生的交流，记录自己的阅读与思考。坚持10年，每天1000字。赔率是1∶100。我知道，行百里者半九十，大部分人是很难有坚持精神的。结果，凡是来投保坚持写作的老师，根本不需要10年，一般3年左右就已经非常优秀了。许多人成为全国有影响力的名师。所以新教育人有一句话：行动就有收获，坚持才有奇迹。

大家今天在北大培文获奖，是一个大大的成绩，也是一个小小的开始。未来的路还很长。写作最主要的目标不是成为作家，因为你们今后不可能每个人都成为作家。写作，是与自己的心灵对话，是真正思考的过程，最需要坚持。

在学校期间，我们很多人都酷爱写作酷爱阅读，都做过作家梦。但是一旦离开学校以后，一旦走上工作岗位以后，许多人就不再写作不再阅读了，他的整个的写作和阅读历史就中断了。其实，写得精彩与活得精彩是相辅相成的。活得精彩才能写得精彩，写得精彩才能活得更精彩。所以，坚持的力量是非常重要的。人生和写作一样，都需要坚持。

所以，对于写作者来说，他写得最精彩的作品不是某一部用文字写出来的作品，而是他整个人，而是他自己。今天是一个写作的盛典，更应该是人生的一个新的启航。期待大家在写作的同时，能够用心成长为更好的自己，让我们每个人都成为一部最好的作品。

（本文为2017年8月在第四届"北大培文杯"全国青少年创意写作大赛颁奖典礼上的讲演）

第三辑
世界应是四月天

　　未来的世界，应该是怎样的呢？我愿那未来的一切，就像诗人林徽因在诗里以"四月天"所形容的那样："你是一树一树的花开，是燕/在梁间呢喃，——你是爱，是暖，/是希望，你是人间的四月天！"未来的世界，就应该这样充满了爱、暖、希望。如此四月天，将属于麦克法兰笔下这个叫四月的孩子，将属于全世界所有的年轻人，也将属于一切掌握"智慧解剖刀"，同时永远保持梦想、激情、好奇心的真正"知道"之人……因为无论技术如何变化，求"知"所需的梦想与努力不会变，无论世界怎样变化，根本之"道"不会变。美好的未来，美妙的四月天，只有人类不为国别、性别、年龄等一切外在所局限，只有共同创造，才可能实现与拥有。

孩童是巨人
——读冯骥才著《炼狱·天堂：韩美林口述史》

这是一本读了两年的书。2017年初，我去天津大学冯骥才文学艺术研究院拜访冯先生。他送了我这本书，回到北京不久就是春节。记得我是在除夕夜一口气读完的。合上书，灿烂的阳光已经透过窗户照在了我的床头。

这是一本作者和传主都分别送我的书。2017年10月18日，党的十九大在人民大会堂隆重召开。我们同时列席会议，见到了韩美林先生。他说：永新，给我一个地址，回去给你寄书。没几天，他这本书的签名本就寄到了。

这是一本在阅读时让我百感交集的书。为美林先生的非人遭遇和坎坷人生而伤悲，为他的艺术成就和创造才华而惊叹，为他和妻子周建萍的相遇相知和传奇故事而欣喜，为他与冯骥才先生之间的惺惺相惜和情同手足而感佩，为他那如孩童一般纯净的心灵和如巨人一样的情怀而景仰。

我和韩美林先生的所有交往，集中在两个场景。一个是在全国政协的各种活动中。每一次他的出现，都会成为众人瞩目的中心。绝大多数情况下，都是请他签名画画，好像他每一次都是乐呵呵地有求必应，让所有人满意而归。偶尔，我也会凑一个热闹讨一张生肖画等。

另外一个就是在冯骥才先生的活动上。第一次好像是2007年6月。那个时候，我还是苏州市的副市长，在苏州博物馆新馆参加"水墨诗文——冯骥才苏州公益画展"的活动。韩美林先生在开幕式上说，冯骥才所做的民间文化遗产抢救是对社会的一项贡献，作为冯骥才的"铁杆队员"，自己会倾力支持他。他说，只要冯先生召唤，他随时响应。他还当场决定拿出自己的一幅画支持大冯的民间文化遗产抢救与保护事业。我在当天的日记中写道："听到了冯先生和他的几个朋友的讲话，很有感触。他们的唱和，已经超越了文人之间的友谊，而是这个时代的知识分子文化自觉的声音。"最近的一场应该是 2017 年 9 月，在天津大学冯骥才文学艺术研究院参加"为未来记录历史——冯骥才文学与文化遗产保护"国际研讨会的时候。就这十年间，大概不下于七八次，在参加冯骥才先生的活动时见到韩美林先生。

在这本书中，我们也会注意到，韩美林先生的重要著作，从《韩美林画集》到《天书》《嚼山嚼水》，写序言的都是冯骥才先生。韩美林先生的所有活动，从被称为韩美林先生的三个"孩子"的北京、杭州、银川韩美林艺术馆的开张，到韩美林艺术大展，再到前不久在故宫文华殿举行的"韩美林生肖艺术大展"等，冯骥才先生也从未缺席。用先生自己的话来说，"每次韩美林办展览，我们都不是招之即来，而是闻风而动，奔走相告，不请自来"。甚至韩美林在万里之远的海外办展览，冯骥才也会专门飞过去喝彩。而且，每一次都会有一个情深意切的致辞。

冯骥才先生人称"大冯"，一米九二的身高，让人群里的他宛如巨人。虽然韩美林先生也不矮，但和"大冯"站在一起，就好像孩童。可是，冯骥才先生说，与韩美林站在一起的时候，他必须俯视，但在自己的内心却经常在仰望。

冯骥才先生在书中说，许多人都把美林当作孩子，当作一个大小孩，因为他在历尽了命运的很多曲折之后，仍然保持着孩子般的率性与任性，也保持着孩子般的真诚，对谁也不设防，整天脑子里全都是幻想。但他更是一个巨人般的艺术家，因为他拥有许多巨大的建筑，在不同的艺术馆里，装满了他万余件惊世骇俗的艺术作品；在天上飞来飞去的国航飞机的尾翼上，有他设计的朱红色的凤凰；他设计的生肖邮票、奥运会的福娃、城市雕塑，也是布满了神州内外大江南北。

在我看来，这两位先生都是孩童，也都是巨人。

说冯骥才和韩美林是孩童，是因为在孩童身上有着许多成人已经失去的最美好的东西。孩童真正的伟大，在于他们是用没有遭受污染的眼睛看世界，用没有任何功利的大脑思考世界，用没有任何条条框框的约束创造世界。在孩童的世界里，天空是湛蓝的，森林是茂密的，一切都是那么新鲜、那么神奇、那么值得深爱。正是在这个意义上，蒙台梭利说："儿童是成人之父。"冯骥才和韩美林都是在精神上回到童年的人，无论遭受怎样的磨难，无论身处怎样的"炼狱"，他们从来没有失去生活的信心，没有失去一颗赤子之心。这也是他们在生命的任何时候，都能够保持创造的激情与灵性的原因所在。

说冯骥才和韩美林是巨人，当然是因为他们在诸多领域上的卓越成就，让他们成了独特的大写的人。冯骥才先生在书中用"四兄弟"形容韩美林先生在绘画、天书、雕塑、设计方面的成就，其中任何一类成就放在一个人身上，都是出类拔萃的，能够集中这四方面的成就，可谓卓尔不群。非常巧合的是，冯骥才先生曾经也用"四驾马车"形容自己的事业追求。2012年9月，冯骥才在北京画院举办了一个名为"四驾马车"的专题展览，展示了他在绘画、文学、文化遗产保护、教育领域方面的工作。他在开幕式上说："我的四驾马车不是四匹马拉一辆车，我是用四匹马的劲儿拉着一辆车，这是因为我车上的东西太多。我可没说累，因为它们皆我之最爱。"我和韩美林先生一起参加了开幕式，见证了那个精彩的瞬间。

也许，冯骥才与韩美林这两个名字，是命中注定要联系在一起的。

因为，他们都是丹青高手，都是创造大师，都是文字的魔术师，都是中国民间优秀文化的传承人和守护者。

更因为，正如孟子所云："大人者，不失其赤子之心者也。"他们，都是孩童，因此都是巨人。

2019年1月31日晨，写于北京滴石斋

成长教科书
——读《温家宝地质笔记》有感

2015年年末，我收到了温总理寄来的《温家宝地质笔记》一书的清样。为了让这本书更严谨更适合年轻人阅读，总理谦逊地征求了部分专家的意见，我有幸先睹为快。没有想到，本来以为会是一本比较枯燥难读的地质笔记，竟然让我这个外行爱不释手，连夜细读。

这本书有着笔记所特有的现场感，翻开书，仿佛跟随着总理的脚步走进了祁连山，迈进了地矿部。但是，这本书不仅是一部地质笔记。在描写地质工作的字里行间，也记录着总理青年时代的生活点滴。品读着总理成长的经历与感悟，让人鲜明地感受到一个青年知识分子纯真的报国情怀，求实的科学精神，不畏困难的生活勇气；看到一位管理干部务实的工作作风、缜密的工作态度和严谨的工作方法。

我想，对于我这样非地质专业的普通读者而言，《温家宝地质笔记》更是一本教科书。它是年轻人成长的教科书，告诉人们，伟大始于平凡，理想创造辉煌。它也是知识分子成长的教科书，告诉我们，科学没有捷径，坚持才有奇迹。这本特别的"教科书"，每个人都可以从中获益良多。就我个人而言，最让我感动的是两组关键词：理想与行动、阅读与反思。

理想是对未来美好生活的向往和追求。理想是一个人前行的重要力量源泉。从生命叙事的角度来看，理想往往是人生命的自我镜像，是人对于目标的重要追寻。温总理就是一个充满理想主义情怀的人。我们从书中可以看到，早在北京地质学院读书期间，他就多次参加野外教学实习，与老乡们同吃同住，当时就立下了志向："一生将以高山为伴，不断探索和追求，努力攀登科学高峰，做个有益于人民的人。"1968 年初，他结束了 8 年大学生涯，来到了甘肃祁连山地区从事野外地质考察，在环境恶劣、条件艰苦的情况下，他从来没有放弃自己的理想追求。在 1970 年 5 月 18 日的日记中他写道："现在，同事们都在打扑克。我不愿在那上面多费时间。我想，只有把别人玩耍的时间，都用于工作和学习，才能弥补我资质的不足，才能不空耗生命，才能在有限的生命中为人民做更多有益的事情。"1979 年 3 月 21 日，他在日记里摘抄了爱因斯坦的一句格言："人只有献身社会，才能找出那实际上是短暂而有风险的生命意义。"

行动则是理想最好的伙伴。理想的实现需要不懈的行动，需要坚守的力量。温总理不是一个坐而论道的人，不是一个空头的理想主义者，而是一个行动着的理想主义者。他时刻用做一个"有益于人民的人"的理想来对照自己的言行。

在祁连山野外考察的那些日子里，总理经常要"顺着深沟爬至山脊，直到冰雪覆盖的地方。因为深沟切割，岩石露头、层理变化、岩浆侵入、构造形态十分清晰，宜于观察，沟两侧的地质状况也便于对比"。在野外观察时，他十分细心，一丝不苟。"为了定一个点，有时要跑一两个小时的山路，从不敢马虎。"当时，在行内有"遥测点"的说法，即根据远远看到的地质现象加以描述，并根据观察点附近的地貌特征在地形底图上定点了事。但是，总理从未定过一个遥测点。他说："我的良知不允许我那样去做。我决不能偷懒，否则我将痛苦不可释。哪怕多爬一两个小时的山，我也要到实地进行观测，认真地记下自己所看到的一切。"

1980年，已经担任处长的他没有陶醉在"少年得志"的"虚荣"之中，他在日记中说，如果只是过过小日子，参加参加会议，批阅批阅文件，工作和生活缺少目标，就会"空费精力，磨人生命"。正是清晰的人生理想，照耀着总理前行，让他的行动分外执着。一路走来，他不彷徨，不动摇，从祁连山走到兰州，一直走到共和国总理的舞台。难怪他在这本书的前言中说"这本书是我用双脚走出来的"。

如果说理想和行动是成长教科书的上篇的话，阅读与反思则是这本成长教科书的下篇。理想与行动是生命叙事的方向，而阅读与反思则是专业成长的基石。

对照温总理的阅读学习生活，我相信很多人都会感到汗颜。1968年他远赴甘肃工作时，随身携带的四件行李中，有两件是装满书籍的小木箱。在地质队的时候，他给自己制定了一个学习计划，每个冬季自学一门学科，包括物理、化学、历史、文学、外语等。他还从微薄的工资中省下钱来，买了许多书，其中有《中国通史》《史记》《汉书》《资治通鉴》《刘禹锡诗文选注》《王安石诗文选注》等。1974年的五一劳动节，他和往常一样，把别人玩耍的时间用于阅读，"手上的书不够，就反复读几遍"。一本鲁迅的《呐喊》，他读了三四遍，为了增进记忆，他甚至抄书。这一天，他读的是恩格斯的《家庭、私有制和国家的起源》。时隔两个多月的7月17日日记中显示，他一方面读专业的地球化学著作，"很想从地球化学方面总结一下铁矿赋存的规律"，一方面在读《费尔巴哈与德国古典哲学的终结》。1980年夏天，年近40岁的他还报名参加了职工业余英语学习班，每周三个晚上上课。

在这本书的第四部分，温总理专门收录了他的一部分学习笔记，如阅读《马克思传》《中国通史简编》《贞观政要》等书的文史学习笔记、阅读地质力学的学习笔记、阅读《板块构造述评》的学习笔记、沉积变质铁矿特征的学习笔记、海相火山岩及其铁矿床成因的学习笔记、阅读《变质作用研究的发展动向》的学习笔记，以及关于能源、矿产资源、水资源、地质工作体制改革等方面的大量学习笔记。总理告诉我，那些年的地质笔记大约有420万字，许多已经丢失了。看着书中影印的那些密密麻麻、一丝不苟的字迹，让人震撼与感动。

阅读是站在前人的肩膀上前行，写作与反思是站在自己的肩膀上攀升。总理是一个善于反思的人。从学生时代就开始写日记的他，一直坚持记录自己的生活与思考，不间断地与自己对话与反省。如1979年，37岁的他在7月24日的日记中写道："坐在家中，静静地回忆三十七年的道路，思考着未来，用得着一句话概括，还是那颗倔强的头颅，还是那颗赤诚的心。三十多年的历程可以说是一帆风顺，这并不好，容易满足，而且经不起波折。我准备后三十年不折不挠，逆水行舟。千里之行，始于足下。远大的目标，还得从点滴做起。对生活仍要严肃认真，一丝不苟，无论多大的压力，不要中断学习和工作。"

在工作日记中，温总理也有大量对于改进工作的研究与思考。如1982年11月15日到18日，他在陕西省地矿局召开座谈会时发现了中年技术骨干存在的问题，表示要"下决心为中年技术骨干办几桩好事"。他发现当时培训工作未得到应有的重视，"技术骨干应该培训的人员得不到培训，而培训的往往是不能工作的，培训出来也不继续从事所学工作的"，等等。这样的反思，对于提高工作效率，及时改进工作具有非常重要的作用。

1983年的元旦，温家宝没有回家，他在这一天的日记里写道："外面是进行着的元旦之夜，爆竹毕毕剥剥地响着，而部办公大楼是这样的静，静得只听到日光灯发出的响声。我默然坐在办公桌前，回想着过去走过的路程，思考着未来。"他记录了这个夜晚思考的结论："活着一天就要奋斗一天。"

因为一个人这样不懈的奋斗，才诞生了这样一本成长教科书。在这本书里，总理把四个章节的引言取了四个标题：

梦里常回祁连山
情系地矿思随行
踏遍群山觅真知
积累知识为人民

这首小诗，无疑也是总理的人生写照。这样的书，不是传记胜似传记，比一般的传记更有说服力，更能够撼动人心。钢铁就是这样炼成的，总理就是这样一路走来的。有了这样的成长教科书，有着类似更多的人生教科书，我相信，将会有更多年轻人、更多读书人，在同样的路上继续走下去。

明天的教育会好吗
——程介明教授《教育之变》序言

第一次见程介明先生，应该是 26 年前的 1994 年 11 月 1 日。

当时我在香港中文大学访学，应邀去香港大学教育学院做了一场"中国高等教育的转型"的学术讲演。在那里，见到了老朋友张民选兄，他正在香港大学跟随程介明先生攻读博士学位，由此结缘了程介明教授。那时我正在苏州大学担任教务处处长，程教授告诉我，他的母亲也是苏州人。我感到很亲切，于是开始叫他程老师。

名师出高徒。民选兄学成归来以后，先后担任上海市教育委员会副主任、教育部国际教育研究与咨询中心主任、上海师范大学校长、联合国教科文组织教师教育研究中心主任等重要职务，成为在国际教育舞台上非常活跃的一位教育家。

6 年前，我在发起"中国教育三十人论坛"的时候，首先想到的人选之一，就有程老师。在论坛的工作中，我们有了较多的交往、深度的交流和密切的合作。他担任主席的世界教育前沿峰会，每次都选择国际教育界关注的重大问题，邀请世界各国的名家讨论交流，每次都邀请我做主旨演讲，躬逢其盛，不仅让我能够学习国外教育家的成果，也领略了程老师在国际教育界的号召力、影响力和领导力。

程老师学问很大，为人低调谦和。他是我见到的很少的既熟悉世界教育动向又了解中国国情的教育家，他曾经应世界银行、联合国教科文组织、联合国儿童基金会、联合国开发计划署及亚洲开发银行等多个机构邀请，从事教育的专题研究或咨询，也深入过我国贵州等多个贫困地区做田野调查，还担任了国家基础教育课程与教材专家咨询委员会成员，他的许多教育观点既有前瞻性又很接地气。如在这本书中他对于高考制度的分析："高考，是一个选拔过程；它承担着社会功能。这个功能，不是我和你可以朝夕改变的，也不是通过教育可以解决的。但是这样的考试，却往往对于学生个人的学习与成长很不利。人生下来就是不一样的，偏偏要逼着他们按照统一的步伐、统一的内容、统一的要求，进行筛选，那其实是极为残忍的。"既指出了高考的弊端，又分析了高考改革的难度。

程老师不仅学问好，对国家前途命运也非常关注，有着传统知识分子的家国情怀和社会责任感。我曾经说过："中国教育有弊端，但怒目金刚式的斥责和鞭挞，虽痛快却无济于事。对于中国教育而言，最需要的是行动与建设，只有行动与建设，才是真正深刻而富有颠覆性的批判与重构。"看到这段文字，他第一时间反馈说："对极了，这才是正能量。怒目金刚，太普遍了，也太容易了。"可能也正因如此，他对我发起的新教育实验格外关注，给予诸多支持。

今年疫情期间，他也非常关注关心内地和香港的公共卫生政策。他一直和我讨论疫情下的教育对策，分享世界各地的网络教育情况。他对我说，我们自己也有一个对于这种疫症、对于疫情的严重性的逐步认识的过程。"我们不可能预见到疫症传播的速度与范围，也没有任何意图要让疫症散播。相反，我们以最快的速度，想尽办法，阻止、减慢疫情的传播。我们与其他国家一样，都是疫症的受害者。在这个时候，应该是共同应付疫情，而不是节外生枝，分散抗疫的注意力"。在他主持的以疫情下的教育为主题的世界教育前沿峰会上，专门邀请了包括新教育团队在内的各个国家和地区的专家与教师，讲述抗击疫情的经验和对策。

我还记得第一次听程老师在中国教育三十人论坛上讲演，非常震撼。那次演讲的主题，就是这本书中的一些主要观点：社会变了，教育也应该变化。学习是人类的天性，教育却不是。受了教育，也就是进了学校，并不一定就会有学习。

程老师的这本书是他近 20 年在香港《信报》发表的 50 余篇文章的合集，虽然体量不大，但是内容非常丰富，也自成体系。内地与香港的政情与文化不完全一样，香港作为国际大都市，对世界教育思潮有着"春江水暖鸭先知"的便利，又和内地有着共同的文化根源。书中讨论的问题，对于我们更好地认识当下和未来的教育，有着特别的意义。

1918年11月7日，即将过60岁生日的梁济问儿子梁漱溟："这个世界会好吗？"正在北京大学当哲学教师的儿子回答说："我相信世界是一天一天往好里去的。"明天的教育会好吗？程老师的这本书以"教育之变"为题，正是在探讨这一问题。我们的回答，应该与100年前梁漱溟先生的回答是一致的。

当然，明天的美好不会自然而来，教育的明天需要我们共同的努力。

2020年12月15日晨，写于福州悦华酒店

世界应是四月天
——麦克法兰《给四月的信：我们如何知道》序言

英国剑桥大学的艾伦·麦克法兰教授通过朋友将他的新著《给四月的信：我们如何知道》寄给我，希望我为其作序。不敢贸然为这样的国际知名学者写序，当时又的确事务缠身，就以时间紧张为由婉言谢绝了。

没想到麦克法兰教授竟然和出版社推迟出版日期，耐心等待我的序言。我惭愧之余只得从命，写下一点文字。

曾与麦克法兰教授有过一面之缘。那一次，他专程到民进中央访问，这位超过70岁的老人谈锋甚健，思维敏捷。我们谈哲学，谈人类，谈互联网，谈教育，谈阅读，越谈越深入越投机，像一对早已熟悉的忘年之交。

事后，他送我一本由商务印书馆出版的《给莉莉的信——关于世界之道》。这本书是他写给外孙女莉莉的三十封信，围绕关于人生、知识、信仰、权力、人际关系等方面的问题，给出了深入浅出的回答，智慧而温暖。后来，这本书入选中国中学生基础阅读书目，成为向高中生推荐的100本书之一。

现在的这本书，可以视为《给莉莉的信》的姐妹篇。如果说《给莉莉的信》更多涉及人生与世界的"道"，《给四月的信》则更多涉及认识人生

与世界的方法，即如何"知道"。

我们如何才能知道？我们如何认识世界？当然需要借助于工具。无论是着重于描摹世界的文字语言，还是致力于改变世界的技术革命，所有方法都是我们的"智慧解剖刀"，既可以用来解剖外在的物质世界，也可以用来解剖内在的心灵世界。借解剖而了解，从而帮助我们在此基础上继续建构新的世界。

人类发展到今天，不仅知识的积累突飞猛进，而且传播知识的方式也早已多次发生颠覆性的改变。按照本书介绍的学者莫纳科提出的观点，就能归纳出四种：依靠人与人之间直接传递的表演阶段，依靠语言文字间接传递的表述阶段，依靠声音图像记录的影像阶段，依靠人人平等互动的互联网阶段。

尤其是当下正处于的第四个阶段，和过去相比变化更为显著：不仅世界变成一个家园，知识的传递更快捷平等，而且导致传授方式、模式也发生着深刻变化。过去老师和学生之间是老师居高临下、我教你学，现在完全可以颠倒过来，师生共同面对问题，老师不一定比学生懂得多，学生在某一个领域可能超越老师；过去在学校上课学习，回家做作业，现在完全可以在家里学习，在教室里解疑释惑；甚至，今后知识的学习已不再是学校教育最重要的部分，学生在网络上、家里、其他社区中都可以获得知识，教师更重要的是"授人以渔"，是要教授如何学习知识的知识。

在这样纷繁复杂的当下，我们如何把握住"知道"的本质，如何从"知"的过程中拥有"道"？我想，智慧当然重要，"智慧解剖刀"需要磨砺，但比智慧更重要的，也许是人性根本处那些柔软的事物，比如人类的梦想、好奇心、爱、坚忍等，这些才是创造智慧的原动力。

中国改革开放以来几十年的巨变，可以说正是这种原动力的体现。近年来，麦克法兰10余次来中国考察，同时也通过文献研究对中国近代以来的历史做了深刻的分析。他认为，中国真正的变革是从改革开放的80年代初开始的。他由衷地敬佩中国人在"很短的时间内以一种有条不紊、举重若轻，以及很大程度上公平的方式取得了不起的成就"。中国虽然没有经过深刻的工业革命和科技革命的洗礼，但是中国人的"韧性、好奇心与智慧"给他留下了深刻的印象。其实，这就是工具、技术以外的力量，最为根本的力量。如何通过传授知识而把这种更本质的力量传递给年轻人，才是最为关键、最为重要的"知道"。这也是这本书想表达的。

在全书的最后，麦克法兰对四月写道："如果你怀有梦想并将梦想付诸实践，那么就能得偿所愿。如果你明白自己认为困难的事情，对别人来说也很困难，但是你可以通过持续努力的工作，采用乐天与平衡的方式克服这些困难，然后幸福地生活。"

这番话，与其说是麦克法兰写给四月和他的中国朋友，不如说是写给所有年轻人，更是他本人对人生、对世界、对未来的一种表白。

未来的世界，应该是怎样的呢？我愿那未来一切，就像诗人林徽因在诗里以"四月天"所形容的那样："你是一树一树的花开，是燕／在梁间呢喃，——你是爱，是暖，／是希望，你是人间的四月天！"未来的世界，就应该这样充满了爱、暖、希望。

如此四月天，将属于麦克法兰笔下这个叫四月的孩子，将属于全世界所有的年轻人，也将属于一切掌握"智慧解剖刀"，同时永远保持梦想、激情、好奇心的真正"知道"之人，如同本书作者麦克法兰一般。因为无论技术如何变化，求"知"所需的梦想与努力不会变，无论世界怎样变化，根本之"道"不会变。美好的未来，美妙的四月天，只有人类不为国别、性别、年龄等一切外在所局限，只有共同创造，才可能实现与拥有。

是为序。

2014 年 12 月 11 日于北京滴石斋

如果没有书店……
——读汤素兰《寻找林木森书店》

如果没有书店，我们的城市、社会、生活，会是怎样的景象？

《如果没有书店：中国书迷打卡计划》一书的作者绿茶说，书店是城市的审美底色。也就是说，如果没有书店，这个城市就失去了审美的底色。因此他在 10 多年前开启了"最美书店行"的计划，从北京的万圣书园、香港的序言书室、台北的旧香居到郑州的松社书店、苏州的慢书房、杭州的南山书屋，再到新加坡、大阪、阿姆斯特丹、法兰克福等地的书店，他一路行走，一路漫画，一路记录。23 个城市 +200 家书店 +708 幅彩图，他为许多消逝的书店留下了最后的记录，他为藏在深处的书店揭开了面纱，他为同样爱书的书友提供了一张有意思的书店地图，也把这本书寄赠给我。

我完全赞同绿茶的观点，同时我还认为，书店是城市的一道精神风景线，是读书人的精神驿站。一个城市如果没有了书店，就像一个人没有了灵魂，成为行尸走肉。

如果没有书店，这不是一个危言耸听的议论，而是一个摆在我们面前的严酷事实。书店消失的问题，已经是当下社会必须回应的迫在眉睫的现实问题。最近这些年，武汉百草园书店、北京盛世情书店、上海复旦旧书店等风向标书店都在 2021 年结束营业，《2020 书店日历》评选出的 366 家书店，三分之一都已经倒闭歇业。

汤素兰的这本童话小说《寻找林木森书店》，其实也是在回应这个严峻的问题。

小说讲述了一家百年书店失而复得的故事。有一天，文昌老街上的林木森书店突然不翼而飞，小男孩木里和朋友们在奇幻森林中找到了书店：曾经站在林木森书店门前的木雕兔子，已经变成了真正的兔博士，在森林里经营书店，同时教动物们读书识字。当他得知木里想把书店重新搬回文昌街的时候，提出了一个条件：找到十个能够说出自己跟书店故事的人，讲述书店曾经如何帮助过他的故事，并且大家共同许愿让书店回来。木里收集的十个精彩的读书故事，让兔博士深受感动，兑现了自己的诺言。书店创始人的孙子小伟也很受教育，在书店归来后，对着来往的行人激动地发誓："太好了！书店回来了！我再也不会让它消失了！再也不会，决不会……"

当下实体书店的倒闭，多与水涨船高的租金、客流量低、疫情肆虐、盗版横行、网店无底线折扣、资金链断裂等原因相关。书中林木森书店消失的原因虽然与此不同，但两者同样反映了困境的根本：人们对阅读、对书籍的认识发生了偏差。书中借兔博士之口讲述了书籍之美与阅读之美，同时给人类敲响了警钟。

在兔博士看来，孤独多么好啊，一百多年来，他都是孤独的，因为孤独，他拥有了许多读书思考的时间，他才了解了人类的历史，并且找到了自己的梦想。书多么好啊，有些书记录着人类宝贵的知识，有些书是人类艺术创造的结晶，有些人将自己一生的悲欢离合、成功失败写在书里，提醒阅读这本书的人少走弯路。兔博士实在弄不明白：这些原本比他聪明一万倍的人，为什么看不到孤独、学习和思考的价值呢？于是，他开始对人类失望了。他心想，当人类不再热爱读书，不再追求知识的时候，也许兔子们的时代真的要开始了。

书中讲述的阅读故事，唤起了人们对于书店的美好回忆，引发了人们对于书店在现代社会的价值的思考。如木里学校教阅读课程的张老师，曾经被胁迫当了小偷，在书店偷钱时被追打，摔得头破血流，却得到店主爷爷的救助，并要求他每周必须到书店去一趟，每周读完一本书。他爱上了阅读，考大学时选择了图书管理专业，现在才会在学校当图书馆管理员兼阅读课老师。

正如另一个爱看画册、临摹画册、终于成为画家的读者麦穗所说的那样，如果没有书店，他可能一事无成。"书店一直是我心中的灯塔。"

书会改变人，书也会改变兔子。书中兔博士原本是站在林木森书店门前台阶上的木雕兔子，因为坚持每天晚上到书店读书，也发生了改变。尽管他努力隐藏自己，白天依然是一只一动不动的木雕兔子，但是，"他的聪明、博学、智慧，已然从内心里透过木纹往外涌。人们只要看他一眼就会喜欢他。他博学的脑门闪烁着智慧的光，他的眼睛透着灵气，他的举止优雅，他真可以说得上是一只自带光芒的兔子，人们经过他的身边的时候，都不禁要停下脚步，细细看他一眼，和他打一声招呼。慢慢地，兔子有了新名字——兔博士"。

这是一个需要阅读的时代。这是一个呼唤阅读的童话故事。它提示着我们：能够为留住书店做点什么？能够为推广阅读做点什么？在忙忙碌碌的日子里，我们能不能找点时间去书店逛逛，感受一下阅读的氛围，濡染一点书籍的芬芳，给我们的灵魂洗个澡？我们能不能带几本书回家，经常看看精神的风景？我想，这不仅仅让我们感受到作为人的幸福和尊严，不仅仅是在用实际行动支持实体书店，也是在建设我们自己城市的精神景观。

因为，我们不能没有书店。

点燃孩子的好奇心

儿童，其实就是人类的童年。人类的童年，就开始对遥远的星际产生了浓厚的兴趣。

不久前，执行中国首次火星探测任务的"天问一号"探测器成功进入预定轨道，标志中国正式开始了火星探测之旅。

对于星际探测，"火星叔叔"郑永春曾经做过一个小范围的调查，结果表明90%的孩子都听说过天问一号，几乎所有的孩子都对火星感兴趣。

通常来说，孩子去接触科学，了解科学，往往是从阅读科普类书籍等非虚构作品开始的。

通过阅读非虚构类书籍，可以点燃孩子们的好奇心，激发他们探索这个世界，探索未知领域的欲望，甚至是找到属于他们自己的事业。

但是，相对而言，我们对于经典著作的阅读比较重视，对文学的阅读比较重视，虽然也重视科学和科幻作品的阅读，但是，总体而言，对非虚构文本的阅读不够重视。这与我们对于非虚构作品的研究的缺乏有关。非虚构作品的提法，也是一个"舶来品"，我们习惯于把科学、传记、报告文学、新闻等分别归为不同的阅读类型，没有从非虚构文本的角度进行分析。

正是因为这个原因，当我看到徐美玲老师的新著时，还是眼睛一亮，非常高兴，并且答应了为她写序的要求。

徐美玲老师是一位优秀的阅读推广人，2014年曾经在我们新阅读研究所工作过一段时间。早在10年前全家在瑞士生活期间，她就对瑞士小学多样化的非虚构阅读材料印象深刻，开始关注非虚构作品的阅读。经过深入的研究，写出了这本具有一定开创性的帮助儿童阅读非虚构作品的著作。

这本书从儿童认知科学、脑科学角度强调了非虚构阅读的重要性，论述了阅读非虚构作品对于满足儿童的好奇心和求知欲，对于发展儿童的逻辑推理能力，培养他们的创造性思维，对于激发儿童进行主题探索，助力学科学习，对于帮助儿童建立正确的世界观，对于点燃人生理想、发展职业兴趣等具有的重要意义。同时详细分析了非虚构作品的基本框架，介绍了不同年龄阶段如何阅读非虚构作品的策略与方法，为父母和老师提供了比较科学实用的阅读建议。

与阅读文学作品不同的是，中国的父母对于跟孩子一块读非虚构作品往往敬而远之。担心的无非有两点，第一是自己对某些领域不了解，无法起一个指导的作用，第二是每次到了读非虚构作品的时候，孩子总是问个不停，而有的问题自己根本就回答不上来，怎么办？

徐美玲老师的书中也给予了具体指导。一是建议不要去担心自己的知识有限，对于自己不了解的东西，父母能讲多少讲多少，讲书之前多查查相关资料，拓展自己的知识面。二是被孩子问住了也不要慌，父母和孩子面对同一个问题，正是最适合亲子共读的时机，完全可以陪着孩子一起去找答案，共同学习和成长。另外，博物馆、科技馆等都是激发孩子阅读科普书籍和非虚构图书的好场所。在那里看到的东西，往往成为孩子的问题的源头，可以按照这些问题的线索，带着孩子到书中寻找答案。

好奇心是打开世界之门、进入科学领域的钥匙，阅读非虚构作品对于培养学生的好奇心具有重要的作用。相信徐美玲老师的这本书，能够帮助大家更好地带着孩子读非虚构作品，把孩子带到一个更加辽阔的世界。

2020 年 9 月 17 日晨写于佳木斯

解读儿童世界的风景
——《蒙台梭利教育箴言》序言

蒙台梭利，是研究儿童和家庭教育绕不过去的一座山峰。

从 2012 年开始，我应新教育新父母研究所之邀约，担任"新父母晨诵"栏目主持人，由我选取不同教育家的家庭教育名言进行对话与解读，每天早晨在网络上与千千万万父母共同阅读和分享。在确定的第一批教育家名单里，理所当然地就有蒙台梭利。就这样开始了持续两年的蒙台梭利阅读之旅。

首选蒙台梭利，除了她对于儿童研究的贡献，还有一个重要原因——她是欧洲新教育运动的重要代表人物。在她的著作中，不断地出现"新教育"的概念，读来十分亲切。

1870年，蒙台梭利出生于意大利安科纳地区的一个军人家庭。作为独生女，她得到父母的深爱，接受到良好的家庭教育。26岁时，她获得了罗马大学的医学博士学位，成为意大利历史上第一位女博士。

毕业以后，作为精神病临床医生，她对身心缺陷儿童的研究产生了浓厚的兴趣。在1898年的一次会议上，她明确提出了"儿童心理缺陷和精神病患主要是教育问题，而不是医学问题，教育训练比医疗更为有效"的论断，从医学开始走进教育。

为了提升自己的教育与人文素养，31岁的她再次进入罗马大学，学习哲学、教育学、实验心理学和人类学，并在著名人类学家塞吉的指导下从事教育人类学研究。

1907年，蒙台梭利在罗马的一个贫民窟创办了第一所"儿童之家"。她每天与这些来自贫苦家庭的孩子们生活在一起，让他们学会了礼貌、独立、自理、自尊，并且在智力活动上取得了优异的成就，被称为"神奇的儿童"。

1909年，根据3年探索的实践，蒙台梭利写成的《运用于"儿童之家"的幼儿教育的科学教育方法》一书正式出版。这本具有划时代意义的著作，产生了广泛的国际影响，奠定了她在幼儿教育研究领域的地位。欧洲和世界许多国家纷纷以"儿童之家"为蓝本建立蒙台梭利学校。她一生写了许多著作，如《童年的秘密》《发现儿童》《家庭中的儿童》《有吸收力的心灵》《新世界的教育》《蒙台梭利手册》《教育中的自发活动》《开发人类的潜能》等。她本人于1949、1950和1951年连续三年获得诺贝尔和平奖的提名。

在教育史上，蒙台梭利是第一位真正走进儿童世界的教育家。此前，卢梭、裴斯泰洛奇、福禄培尔等开创了自然教育的传统，提出尊重儿童的个性。福禄培尔创立了世界上第一所幼儿园，并且提出了"让我们与儿童一起生活"的重要主张。但是，是蒙台梭利天才地发现了儿童具有完全不同于生理胚胎的"心理胚胎"和身心发展的"敏感期"，提出教育必须激发和促进儿童内在的生命力量，必须"让我们的儿童自己生活"。她发明的一系列训练儿童感觉系统的教具，至今仍然在许多幼儿园使用，她关于自由与纪律的理论，关于教师与父母角色的论述，也充满着睿智与机敏。

走进，才会理解。走进，才会尊敬。我在许多场合说过，童年的秘密远远没有发现。虽然蒙台梭利已经开始走进了儿童的世界，发现并解读了这个世界的部分瑰丽风景，但是，相对来说，这只是冰山一角。让我们沿着她的足迹，继续努力走进儿童的世界吧。

穿越时空的陶行知先生
——李镇西《重读陶行知》序言

镇西的《重读陶行知》就要正式出版了，嘱我写一序言。

我非常高兴地答应了。这不仅因为我是中国陶行知研究会的会长，要鼓励大家研究陶行知先生的教育思想；也不仅是因为镇西是我的学生，"高徒出名师"，镇西的成就让我与有荣焉。更重要的是，我一直认为，李镇西是陶行知的真正传人。

镇西与陶行知是跨越时空的同志，是心灵相通的知己。有一位一线老师曾经在文章中写道：读了陶行知你就会发现，李镇西与陶行知在思想上、理念上、方法上乃至文章风格上都惊人地相似。读懂了陶行知，你就可以理解李镇西；而读懂了李镇西，你就可以走进陶行知。此言确也。

我看过镇西的书房，书橱里陈列着各种版本的陶行知先生的著作。他告诉我，其中许多著作已经读过无数遍了。我想象着他在紧张的教学和管理工作之余，在灯下读陶行知先生著作的情景，感慨他真诚的追随。他曾告诉我，越读陶行知，就越觉得陶行知没有离去，就在今天的中国，就在我们身边。

我去过镇西的学校，校园里有两个重要的景观。一个取名为"苏园"，为了纪念苏霍姆林斯基先生；一个则是"陶园"，为了纪念陶行知先生。镇西告诉我，苏霍姆林斯基和陶行知是他的两位精神导师。当时镇西对我说："我并没有自己原创的教育思想，我的教育信念和教育理论都来自包括陶行知和苏霍姆林斯基在内的中外教育家。我的全部努力，都是为了让苏霍姆林斯基思想中国化，让陶行知思想当代化。也许我一生都不能实现这个理想，但我愿意点点滴滴地去尝试和探索。"

镇西追随陶行知，践行平民教育。陶行知先生是伟大的人民教育家、著名的平民教育家、社会活动家，其教育思想对中国教育史有着深远影响。他最大的心愿是希望全中国人民都有受教育的机会。他扎根在中国的田野上，亲自办学校，用脍炙人口的理念、诗化的语言，击中人心。他所创办的乡村教育，为乡村振兴铺路，成为改造民心的途径。

而镇西当时任校长的学校成都市武侯实验中学，是一所以当地失地农民和进城务工人子弟为主要生源的学校。所以，镇西在办学的过程之中，以陶行知的理论引领学校的发展，践行着平民教育的思想，把自己的学校定位为为最普通的老百姓办好家门口的学校。他和老师们的努力是有价值的，而且取得了一定的成绩。不但学校得到了良好的社会口碑，而且得到了时任总理温家宝的批示和高度肯定："他（李镇西）走的乡村平民教育之路是正确的，他和同事们通过'提升教师、关爱孩子和影响家长'三件事，让孩子们享受优质教育，富有创意，符合实际，抓住了素质教育的关键问题。他们所从事的事业是高尚的，我向他们表示敬意。"

镇西追随陶行知，践行生活教育。陶行知先生曾提出"六大解放"思想，即解放儿童的头脑、双手、眼睛、嘴、时间、空间，要培养"真善美的活人"，这与当下"双减"政策不谋而合。我们应该让孩子从单纯的课本中解放出来，将孩子推入大自然、大社会，变成立体、开放且生动的"活人"。

镇西对此也深得陶行知先生的精髓，从他任教之初的"未来班"开始，他就引导学生关注窗外的世界，懂得社会的生活，让学生拥有一颗自由的心灵。他提出"教育生活化，生活教育化"，把语文课搬到了菜市场、岷江边、油菜花地里，还带着学生走向社会，在街头找错别字，进行各种社会调查……须知这是在20世纪80年代，可以说，镇西至少提前了十年实施素质教育，这不是他有什么"先见之明"，而是因为他心中有陶行知。

陶行知先生反对培养只会考试答题的"书呆子"，主张以培养学生素养和能力为中心，而不单单是以知识和考试为中心。陶行知先生的教学逻辑先是"做什么""教什么"，最后才是"学什么"。在教育实践中，陶行知先生尤其注重培养学生的创造力，鼓励学生主动探索，扬长避短。在"修钟表"的故事中，他高度评价孩子的好奇心；在拒绝为儿子开假学历证明的故事中，他强调要老老实实做人，实事求是处理问题；在"四块糖"的故事中，他从错误行为中看到良好的动机，推崇从正面教育孩子，而非一味批评指责，体现出他与众不同的教育智慧与教育艺术。

镇西也旗帜鲜明地反对应试教育，他认为好教师最根本的是要有社会改造家的精神，要能够看到超出"分数"本身的东西，才能获得好分数。他继承陶行知"教人求真，学做真人"的精神，在自己的班级和课堂，把做人第一放在首位，同时注重鼓励学生的创新能力和质疑精神，培养学生的批判性思维，为未来中国培养社会主义公民。

作为新教育研究院院长，镇西一直倡导"过一种幸福完整的教育生活"，认为最好的教育是帮助孩子成为更好的自己，是把每个孩子的天性、潜能和特长发挥出来，而不是一味地"补短"，同时，也要允许孩子犯错误，在这个过程中成长，可以允许孩子"野"一点、"猛"一点，去做想做的事情，激发孩子的创造力。这些与陶行知先生的教育理念也都是一脉相承的。

在我看来，这本《重读陶行知》不仅仅是镇西的读书笔记，更是他多年来学"陶"、思"陶"、践"陶"的理论研究与实践探索。通过镇西的这本书作为桥梁，我们可以进入陶行知先生的思想宝库。镇西几十年的读陶经历，就是一个年轻老师从追随杰出教育家到走向教育专家的成长史。

只要心怀初心，追随大师，每一个老师都可以成为陶行知式的教育者。

2022 年 1 月 17 日晨，写于北京滴石斋

以创新为天命
——读《其命维新：刘道玉口述史》

终于读到了这本期待很久的书——《其命维新：刘道玉口述史》。

我曾经有幸拜读过这本书的初稿。那是 2020 年 7 月 1 日，刘道玉先生在这个特别的日子给我写了一封信，寄来了这本书最初的手稿。先生告诉我，他在疫情中完成的这本《其命维新》，是他的第二本自传，重点是写他

在担任武汉大学校长期间近 8 年的教育改革，主旨是创新。我一口气读完，心潮澎湃。

刘道玉先生是我最尊敬的中国当代教育家之一。先生 1977 年起担任教育部党组成员兼高教司司长，对高等教育的拨乱反正和恢复统一高考起到了很大的作用。

1981 年到 1988 年，先生担任武汉大学校长，成为中国最年轻的教育部重点大学的校长。在主政武汉大学的 8 年中，他亲自推动了学分制、主辅修制、插班生制、导师制、贷学金制、学术假期制等一系列改革，领风气之先，拉开了中国高校改革的序幕，成为中国教育改革的一道亮丽风景。

与此同时，先生先后出版了《刘道玉讲演录》《一个大学校长的自白》《拓荒与呐喊：一个大学校长的教改历程》《教育问题探津》《高等教育改革的理论与实践》《珞珈野火集》《论爱的教育》等一批教育著作。

无论躬身力行，还是道德文章，先生堪称是一位知行合一、理论和实践都非常卓越的教育家。

虽然对先生的道德文章仰慕已久，但一直缘悭一面。2012 年 4 月 22 日，由刘道玉教育基金会举办的"《理想大学》专题研讨会"在北京饭店举行，我有幸被邀请参会，终于见到了心仪已久的刘道玉先生。当时年近八旬的他在会场认认真真地端坐了一天，右耳失聪的他紧锁着眉头，神情专注地注视和聆听着每个人的发言。我在发言中说：一个年近 80 岁的老人，依然能像年轻人一样，充满着追寻梦想的激情，充满着锐意改革的冲动，充满着壮志未已的情怀，使我想起了精卫填海的故事。

在会议上，我送给先生一些新教育的资料和书籍，请他指教。会后不久，我收到了刘道玉教育基金会聘请我担任学术委员的邀请。此后，我们就一直保持着较为密切的来往。

2017 年初，傅东缨先生在人民文学出版社出版了长篇报告文学《极目新教育》一书，先生亲自撰写了长篇序文。其中指出："新教育实验尚在如火如荼地进行中，其前景尚无法完全估量，但是其缨所向，已经形成破旧立新的改革新风，对我国沉闷的教育改革也一定会带来促进作用。"他评价说："新教育实验，是目前中国规模最大、参与人数最多、效果最为显著的一次民间教育科研实验。"年底，我的《朱永新教育演讲录——创新教育才能创造未来》由人民教育出版社正式出版，他又为我撰写了热情洋溢的推荐序言，他对年轻人的提携、帮助一直让我铭感在心。

记得先生在《教育问题探津》一书中曾经说过："大学需要颠覆性的改革，而颠覆性的改革需要教育家们的智慧，以创造出比传统大学更为开明和更为高效的智知教育与学术研究的机构。我深信这一天终会到来。这些颠覆性的大学，虽然不是唯一的，但它们确实是最独特的，将肩负着追求永恒真理的伟大使命。"其实，先生近40年前在武汉大学的办学实践，本身就是当年的一场"颠覆性改革"。他为这场改革投入了巨大的热情和智慧，成为中国改革开放的真正的弄潮儿。

这本《其命维新》的口述历史，是一部难得的教育纪实文献。在这本书中，先生详细记录了改革的酝酿与启动，记录了他如何坚决不当市长当校长，如何在"开明书记"的支持下举行"破冰会议"，如何制定"自律十条"，进行"约法三章"，如何"誓不做官"，"延揽精英"，如何重视交叉科学、加强应用学科，如何独辟蹊径地推出学分制、主辅修制，如何培养"学者化的大作家"，如何解放思想创办中法数学实验班、开展智力超常的实验，如何实行社团登记制，如何"爱生如子"，保护学生的自由恋爱，如何帮助旁听生成才，如何宽容偷书的学生，探视服刑的学生，向学生认错道歉等许多生动的案例。虽然其中的部分感人故事流传很广，此前已经成为教育传奇，但这本书披露的一些鲜为人知的资料，仍然让人荡气回肠，感慨良多。

在改革高歌猛进、成果斐然的时刻，先生怀揣着进一步改革的计划书被免职。这本书的第九章《创新不止》第一次完整披露了他当年的改革方案以及他退休之后对我国教育改革的思考与建言，如取消文理分科招生，取消传统课堂教学、实行"SSR模式"（自学、讨论、研究模式），实行弹性学制等。细读以后，我们会难以想象：如果再给先生一个八年，哪怕再给一个五年任期，他能给我们一个什么样的武汉大学？中国高等教育将会留下怎样一个改革的样板？

虽然历史无法假设，但是，从过去的经验教训之中汲取养分，我们的教育才能更好地走向未来。刘道玉先生的这本著作，是周洪宇教授主编的"当代中国高等教育改革口述史丛书（第一辑）"中的一种，同时推出的还有华中科技大学前校长朱九思、杨叔子，华中师范大学前校长章开沅，厦门大学前校长潘懋元，湖南师范大学前校长张楚廷等一批老一辈教育家的回忆录，他们都是改革开放初期中国高等教育的开路先锋，是中国高等教育改革的参与者和见证人，对于今天的高等教育而言，他们的经验是弥足珍贵的。

《其命维新：刘道玉口述史》一书与其他口述史一样，不仅是我们研究刘道玉先生和各位校长教育思想与实践的重要文献，也是一本可以为中国改革开放40年留下珍贵资料的口述历史，更是一本激励教育工作者锐意改革创新、实现中国梦的行动指南。周虽旧邦，其命维新。刘道玉先生就是一位以教育创新为天命的教育家。他曾经说过："没有爱就没有教育，没有自由就没有创造，没有创造就没有未来。"他把自己的回忆录主旨定位为创新，就是期待中国教育能够不断创新，不断前行。在刘道玉先生的引领激励下，在这条探索创新之路上，一定会有更多怀揣梦想的行动者。

种子与小鸟
——读金波的儿童诗

"不学诗，无以言。"孔子的这句话，将诗歌的重要性说到了极致。

古往今来，中国就是诗歌的国度。诗歌，是最能体现中国人精神世界的一种表达方式。诗歌在中国，已经超出了简单的文学体裁，不仅与书法、绘画、戏剧等中国文化有着天然的联系，彼此互相促进滋养着，而且对中国人的生活方式、生活态度产生了密切的影响。虽然我们不能说学会了诗歌就掌握了中国文化，但诗歌中承载的文化含量之重是毋庸置疑的。我们完全可以说，一部诗歌史，也是一部丰富凝练的中国文化史、中华文明史。正如林语堂认为的那样，诗歌在中国很大程度上已经代替了宗教的作用，成为人们生活中的"一种灵感，一种活跃着的情绪"。我想，这也是近年来央视《经典咏流传》等节目广受欢迎的原因之一。

诗歌的熏陶与学习，应该从儿童开始。因为，诗歌的语言精练、含蓄，富有韵律感、想象力和感染力，好记好学，便于吟诵传唱，是积累词汇、淬炼语言最重要最有效的方式。因为儿童语言发展的难度，远远低于发展音乐、绘画等其他技能的难度，儿童从诗歌诵读中所获得的滋养，从语言发展中所获得的提升，是全面又持久的。正因为如此，中国古代的经典蒙学教材，几乎全部都是富有韵律感的诗歌体语言。正如金波老师所说："欣赏语言、创造语言最好的方式就是读诗、写诗。"

同时，儿童的语言，也是最接近诗的语言。记得有一次与金波老师讨论诗歌，他说："儿童是天生的诗人。"儿童的"诗性"是生命灵性的一种展现。儿童几乎不需要太多的学习，就能够说出富有韵律、充满想象力的句子，草木飞禽，云雾雨雪，世间万物，在儿童的眼里都是诗意盎然的。儿童在感悟中所朦胧思考到的哲理，将在漫长的岁月中逐渐清晰，将在行动中悄悄发挥作用。

所以，让儿童在人生起步的时光里，与美好的诗歌以正确的方式相遇，会在儿童心中播下幸福诗意的种子，会在潜移默化中鼓舞儿童创造诗意栖居的人生。这也是我们新教育实验一直倡导"晨诵、午读、暮省"的儿童生活方式，编写出版《新教育晨诵》的原因所在。

在我们的晨诵教材中，金波老师的诗歌自然是不可或缺的。据统计，《新教育晨诵》中选入了16首金波老师的诗歌。在我们选诗的过程中，是有意控制同一位诗人的入选诗歌数量的。金波老师能入选这么多诗歌，可见他的童诗之精美和丰富。

因为，他的诗歌是离孩子们很近很近的。记得在北京北海幼儿园举行的一场以"让最美的幼儿文学走进孩子的心灵"为主题的诗歌散文朗诵会上，有个孩子问："金波爷爷，您为什么会给我们写诗？"金波老师的回答是："为儿童工作的人，心中有两个孩子。一个是眼前的孩子，一个是童年时候的他自己。"

在金波老师的儿童诗中，很多故事是他童年发生过的，但是他同时又很清楚自己的使命：他的诗是写给眼前的孩子的。金波老师说："不管是哪类创作，生活永远是灵感的源泉。关在屋子里'憋'出来的作品，和在生活中通过观察、感悟、提炼出来的作品，是完全不一样的。"所以，他的许多童诗很有现场感，小读者仿佛亲临其境。如《在果园里》，我们听到了小时候偷摘苹果的金波与老爷爷的对话；在《嫩绿的豆荚》，我们看到了他和邻居小丫的吵架；《在校外，我遇见了老师》，把一个小男孩在学校之外见到了一个与平常完全不同的形象的老师，从开始的忐忑不安到后来的亲切温暖的心理表现得淋漓尽致。

金波的儿童诗既富有浓郁的生活气息，又充满了儿童情趣，充满着想象力。曾经有媒体问他，创作灵感究竟是来自他的想象力，还是来自现实中的儿童生活？他的回答是二者都有，儿童生活激发了他写作的热情，而想象则让他思绪飞翔。在他的诗里，所有的动物、植物都是有生命的，都是可以和他交流对话的。在他的诗里，太阳是可以有翅膀飞翔的，可以是绿颜色的，天上的星星是可以与地上的花儿互相转换变化的。如那首《星星和花》："我最喜欢夏天／满地的鲜花／这里一朵／那里一朵／真比天上的星星还多／到了夜晚／花儿睡了／我数着满天的星星／这里一颗／那里一颗／又比地上的花儿还多。"

金波老师的儿童诗韵律感、节奏感特别强，这也是他刻意为之的境界。这也与他主动汲取中国民间童谣的滋养有很大的关系。他曾经介绍说："几十年来，唱诵童谣的声音一直在我耳边回荡，成为我童年重要的记忆，一直影响着我的创作。还有民间童谣，让我较早感受到了母语的音乐性。"金波老师曾经编选过一套十卷本的"中国传统童谣书系"，我记得封面上写的一句话是"流淌在血液中的祖先的声音，蕴涵在基因中的民族的记忆"。

正是在这样的勤奋耕耘中，金波老师迎来了创作的丰收。金波老师说过："有童心的生命没有老朽，有诗意的人生没有冬天。"这正是他自己的人生写照和真实体会。这些年来，每年都要有几次见到金波老师，每次都会听到他激情而睿智的声音，感受到他温暖而慈爱的内心，虽然岁月流逝，但他童心依旧。虽然已经年逾八旬，但他依然不断挑战自我，不断创新创造。

金波老师的童诗形式很丰富，有抒情诗、叙事诗、童话诗、寓言诗、幽默诗、哲理诗，也有金波独创的为孩子们写的十四行诗。《我们去看海——金波儿童十四行诗》中的"花环"系列，特别是《献给母亲的花环》，不仅孩子们喜欢，也会让我们成年人读后潸然泪下。

种子和小鸟，是金波儿童诗中经常出现的形象。从《春的消息》到《小树谣曲》，从《红蜻蜓》到《黑蝴蝶》，从《记忆》到《小草》，从《泥土的馈赠》到《走进樟树林》，从《叶笛》到《送你一束蒲公英》，每一首诗中我们都可以听到鸟儿的歌唱或者看到种子的成长。在刚刚出版的"金波60年儿童诗选"的序言中，金波也写了这样一段文字："六十年，这是我诗歌创作的春天。我进入了一个诗的童话王国，我写下的诗行，愿每一个字，都是种子，都是小鸟，愿它们出土成苗，入云展翅。"

是的，金波是一只不知疲倦的小鸟，60多年来从来没有停止过歌唱。在《白天鹅之歌》《红蜻蜓之歌》和《萤火虫之歌》这三本诗集中，我们可以读到他从20世纪60年代到2013年期间创作的部分儿童诗，我想，这也是他为孩子们歌唱的乐谱。在这三本书中，金波老师还亲自为孩子们朗诵了自己的诗歌，他的声音也被原生态地记录在书中，这样，他的小鸟般的诗歌的声音也将永远留在孩子们的心中，回荡在蓝色的天空。金波说，那是与鸟啼和鸣，与花香相融的声音。

是的，金波自己就是一粒美丽的种子，一粒诗歌的种子。他把心声播撒在孩子们的心灵，这些播撒的种子，许多已经开花结果。很多当年的读者，受他的影响成为诗歌的爱好者和创作者，更多的人因为他的诗歌成为一个富有诗意的人。相信，未来还会有更多的孩子因为他的诗歌而热爱生活，放飞梦想。

我们正生活在一个特别需要诗歌的时代。在物质的丰富之后，只有精神的丰盈，才能实现真正的诗意栖居。

所以，我们在《新教育晨诵》中，也对诵读工作进行了新的探索，通过"思与行"的提问环节，打通诗歌与读者的心灵通道，让读者通过对问题的思考，使每一个读者都在阅读的同时，创造出自己独一无二的诗意思考。

就像金波老师的那首《倒下的树》："纵然倒下来／还要活着／为听鸟儿唱歌／长出无数耳朵／／树和鸟／毕竟在一起厮守过／树曾经站立着／等待鸟儿／飞起／飞落。"在"思与行"环节，我们问道："一棵树倒下了，可它还要努力活着，为什么？除了诗中写的原因，你还能为这棵树找到更多活下去的理由吗？请你想一想：谁会为你活着感到更加幸福快乐呢？你又应该做些什么，让自己活得更精彩呢？"

当《新教育晨诵》围绕一首诗提出这一类的问题，有多少读者就有多少不同的答案，就有多少种子开始萌芽，就有多少小鸟开始飞翔。生活在当下，用诗歌的力量，让孩子们真正过一种幸福完整的教育生活，能够在现实的土壤上，找到一种诗意栖居的生活方式，从而创造幸福完整的人生，我们正在和金波老师一起前行，相信会有越来越多的人和金波老师共同前行。

永葆童心，便是哲人
——读周国平先生《女儿四岁了，我们开始聊哲学》

日前，在新教育研究院与山西教育出版社主办的《新生命教育》新书发布会上，周国平先生送我一套四卷本的新著《女儿四岁了，我们开始聊哲学》。

最近几年，与国平兄的联系比较多，他每有新书，我经常是先睹为快。这一次也不例外，回到家，就迫不及待地读了起来。文字不多，但配有大量精致的插图，需要仔细体悟，所以用了两个晚上读完。

这是一套不太好定位的书。说它是儿童读物，其中许多内容是写给父母的；说它是成人读物，记录的又大部分都是小孩子的童言童事，而且几乎每一页都有精美绝伦、富有童趣的插图，几乎可以说是一本图画书。所以，我姑且把它定位为一本亲子共读的图书。爸爸妈妈与孩子一起捧读这本书，一定能够找到共同的乐趣，回忆自己与对方在一起时的所言所行，在会心处相视而笑。

四本书，四个不同的主题。第一本是关于爱的主题，副标题是"你为什么爱爸爸妈妈"。作为父母，孩子害怕什么你知道吗？你会和孩子聊天吗？你会故意说错话给孩子思考和反驳吗？你会记录孩子的言语与行为吗？你会抽出自己的时间用来陪伴孩子吗？孩子有了心事愿意和你说吗？

周国平先生告诉人们，爱不是空洞的，抽象的，喊在嘴上的，更不是肉麻的，而是实实在在的，具备"精神性品格"的心与心的交流。他认为，父母能够做孩子的朋友，孩子也肯把父母当作朋友，乃是做父母的最高境界。而朋友式的关系，具有两个重要特征，一是独立，二是平等。在许多家庭，孩子有了心事，首先要瞒的人是父母；有了知心话，最不想告诉的人也是父母。这无疑远远没有达到"朋友"的境界。所以，周国平说："要想做不后悔的父母，你们可以对任何人吝惜自己的时间，唯独对孩子不要吝惜。"他建议父母要尽可能多地与孩子在一起，因为父母与孩子在一起的时光，就是给孩子"人生打底色"的过程。只有家庭中充满欢乐和爱，亲子间充满对话和游戏，孩子的人生底色才会温暖而灿烂。

也正是基于这样的认识，周国平在繁忙的研究与写作之余，总是拿出大把的时间陪伴女儿，我们看到他和女儿下棋、聊天、郊游、出行，从女儿出生开始，就用心地记录她成长过程中的种种可爱表现。他说："做女儿的秘书是爸爸的第一职责。"女儿也因为他的"秘书"角色而"当仁不让"，甚至严肃地对爸爸说，以后出书时，"封面上不能写'周国平著'，只能写'周国平记述'，因为书中的话是我说的"。读到这段文字，我不禁拍案叫绝——这套书如果这样署名也很有意思的呢。

第二本是关于认识的主题，副标题是"世界的一辈子有多长"。儿童究竟是如何认识这个世界的呢？在儿童的眼里，万物都是伙伴，所有的东西都是有生命的。所以，脚被蚊子叮了，女儿会把脚搂在怀里说："臭脚丫不哭了，噢，睡觉觉吧。"看见圆圆的月亮，女儿会说："月亮把太阳吃进肚子里了。"看到天上下雪，女儿会说："天在做手工，纸屑撒下来。"

儿童经常提些让父母无法回答的问题。如周国平的女儿会问他：究竟是火厉害还是水厉害？在动物园，女儿看到了猴子、长颈鹿、老虎，可就是没有看到"动物"。女儿问："动物在哪里呢？"更有意思的是女儿"考"爸爸妈妈：火厉害还是水厉害？爸爸说：火能够把水烧干，当然是火厉害。妈妈假装反驳：水能够把火扑灭，应该是水厉害。爸爸接着分析："一根火柴能把一锅水烧干吗？不能。一滴水能把大火扑灭吗？不能。所以，就看谁多了。"没有想到女儿会反问："那如果火和水一样多呢？"爸爸妈妈无言。女儿看到爸爸有一根眉毛特别长，建议爸爸拔掉。妈妈说这是长寿眉，不能拔。女儿问：女的为什么都没有长寿眉呢？怎么看女的是不是长寿呢？爸爸妈妈仍然无言。但女儿却找到了办法——看看长寿的奶奶有什么特征吧！国平惊喜地发现：女儿找到了从个别上升到一般的认识论方法。

其实，儿童认识世界靠的就是这种好奇心与思考力。周国平在书中提出，随着儿童理性能力的觉醒，他们对周围世界会表现出越来越强烈的好奇心和追根究底的欲望。作为父母，最重要的就是重视和鼓励孩子的发问与思考，与孩子进行平等的讨论与交流，而不能嘲笑孩子的问题，批评孩子的思考。

第三本是关于审美的主题，副标题是"真有圣诞老人吗"。你能够想到，

"口腔是牙的房顶""路灯没有睡，路灯要到天亮才睡""北京生病了，到处都挖。它疼，都流眼泪了""风把我们当高尔夫球了""我们的心就是相机""任何一个小男孩的玩具都是悲惨的"……这些话都出自一个四岁的孩子吗？正如周国平在这本书中所说，孩子是天生的诗人。作为诗人的儿童，应该生活在诗歌、童话、故事中，才能拥有幸福的童年。周国平特别强调故事在儿童心智成长中的作用。他认为，听故事和讲故事是培养孩子好奇心、想象力和语言能力的重要途径。作为父母，特别要学会倾听，鼓励孩子自己编故事、讲故事。

这本书还特别关注了孩子的梦的问题。周国平认为，梦是充满想象力的一个奇特的世界。每个人在做梦的时候就是一个天才的艺术家，而艺术家其实就是善于做白日梦的人。梦中的景象之奇特，梦中的情节之怪异，是任何天才的想象都难以抵达的境界。在梦的世界里，无奇不有，无所不能。在梦中，经常有独立的、超越肉身的另外一个我。按照周国平的说法，这个更高的"我"的出现，对于儿童有着特殊的意义。这个"我"来自何处？又去向何方？一旦开始追究这个问题，就进入了哲学与宗教的领域。

这本书专门有一节讨论"圣诞老人的秘密"。虽然所有的孩子迟早都会知道圣诞老人只是一个美丽的童话，但是，从第一棵圣诞树进入家庭，第一个圣诞礼物放到树下开始，儿童就渐渐懂得了爱、善良与感恩，懂得了人性的美好。尽管后来知道了圣诞老人的真相，但是，这些美好的种子早已经在心中扎根。正如周国平所说："一个相信童话的孩子，即使到了不再相信童话的年龄，仍是更容易相信善良和拒绝冷酷的。"

第四本是关于生命的主题，副标题是"长大是怎么回事"。其实，儿童也会对生命有许多思考，他们会问：爸爸的爸爸是谁？我为什么要长大？为什么时间会过去？拉钩管用吗？我能不能做天上的彩虹？儿童会自觉不自觉地关注到生与死，今世与来世等问题。儿童的这些问题，经常就是哲学家的问题。我们不妨看看女儿与妈妈的一段有趣而深刻的对话。

啾啾：下一世我会不会变成一个外国人？
妈妈：有可能。
啾啾：我不想做外国人。

妈妈：你可以选择做中国人。

啾啾：我还会不会做你的女儿？

妈妈：你可以选择我做你的妈妈呀。

啾啾：时间太长了，我怕到时候会忘记。

啾啾：妈妈，我爱你多长时间才够？

妈妈：一万年。

啾啾：那个时候我们都已经死了，没法爱了。

妈妈：到了天上还可以爱。

啾啾：到了天上，我们都不是原来的样子了，认不出来了。

妈妈：那就先做好记号吧。

啾啾：没有用，记号也会丢的。

这样的对话，在书中随处可见。有时候充满欢喜，有时候带有淡淡的忧伤。看似幼稚，其实很有哲学味道。生命是否有轮回呢？人的自我是否有连续性呢？周国平说，问这些问题，其实正是对当下的关注，因为"升天也罢，轮回也罢，真正要紧的是我们在现世所珍惜的价值能否因此保持住"。

在《新生命教育》的新书发布会上，国平正好也谈到了他对于生命的理解。他说："热爱生命是幸福之本，同情生命是道德之本，敬畏生命是信仰之本。"这三句话正好对应着新教育提出的自然生命、社会生命和精神生命的三个维度，也透露出他对于儿童生命教育问题的重视。

在送我的这套书的扉页上，国平为我写了这样一句话："永葆童心，便是哲人。"是的，对于生命而言，保持童心，本来就是生命的最高境界。因为儿童的天性是至纯至清的，是明亮美好的。作为成人，应该谦逊地向儿童学习，在陪伴儿童成长的过程中不断丰富自己，提升自己。这八个字，也正是对这套书的精确概括：从儿童的心中折射出哲学的世界。正如女儿认为这套书应该署名为"周国平记述"那样，这四本书其实是父女二人共同完成的一部返璞归真的作品，是生活之树的果实，应该由父母与孩子共同品尝。

所有生灵都有着平等的生命
——读赵丽宏新著《树孩》

日前，收到赵丽宏先生寄来的签名本新著《树孩》，一口气读完，很喜欢。这是一部关于自然、生命、童真、人情的小说，也是一个关于黄杨木雕——树孩的冒险之旅的童话故事。

作为丽宏多年的好友，我一直鼓动他创作儿童文学作品，他驾驭语言的能力和讲故事的能力，他童心未泯的个性和强烈的求知欲望，是儿童文学作家最需要的素养。非常荣幸，我也成为最早见证他走上创作儿童文学之路的朋友之一。

2013年出版的《童年河》，是丽宏的首部童年成长小说。他把多年在诗歌和散文创作上的经验，运用在自己的儿童文学处女作上，用诗一样的优美语言和散文一样的温和节奏，讲述了一个普通男孩从农村到城市后的成长历程。

接着，他的第二部儿童小说《渔童》，则以一个十二岁男孩的视角讲述了"文革"前夕和"文革"中发生的故事。第三部儿童小说《黑木头》，以小狗黑木头悲惨曲折的生命历程为主线，讲述了人与人和人与动物之间的复杂关系。去年，赵丽宏回到了他更为擅长的诗歌领域，为孩子们带来了美妙的儿童诗集《天空》。

能够看得出来，丽宏在自觉地探索儿童文学写作的主题与样态，不断挑战自己。这本《树孩》更是一次大胆的尝试。

此前，赵丽宏的儿童文学具有很强的写实性，有些作品还有着许多他自己童年生活的影子。但是，《树孩》却是一个真正的幻想童话故事，它以诗意的语言、纯真美好的形象，呈现万物有灵的生命景象，表达了作者对大自然和生命的挚爱。

故事的开头，从民间的黄杨木雕大师和孩子上山去选料，遭遇了一场猛烈的山火，拉开了序幕。被烧毁的森林里，仅仅留下了一个尚有一息生命的黄杨树根。病入膏肓的雕刻家化腐朽为神奇，把这个树根雕成一个鲜活的木雕艺术品——树孩。这是雕刻家和他的孩子最喜爱的作品，被置于他的床头。为了给雕刻家治病，家人被迫卖掉了他最心爱的作品。从此，树孩开启了在人世间的冒险：被商人放置在商店最醒目的地方陈列，被富豪高价租借讨母亲的欢心，因为母亲刚刚失去了心爱的孙子，而孙子居然与树孩长得很相似，最后一场洪水卷走了树孩，树孩重新回归大自然……

在书中，树孩是有思想、有情感、能够开口说话的，他与雕刻家的儿子对话，与工艺店里的老鼠谈心，讲述他自己的遭遇与憧憬。丽宏通过这样一个想象奇特的幻想故事，讲述了人与自然相互依存以及保护生态环境的意义，讲述了民间艺术家的创作态度与对作品的感情，讲述了孩童世界的天真无邪。

在儿童的眼里，所有的东西都是有生命的，所有的生灵都是平等的。"树孩"的形象，生动诠释了这一点。童心最美，童心最纯，童心最真，《树孩》展现儿童的真善美，看得出作家既是对儿童的期待，也是对童年的致敬。作为读者的我们，则期待《树孩》这样的作品更多一些，像丽宏这样的作家更多一些，能够为儿童创造更多美好的世界。

瑰丽明天，恢宏世界
——《赵丽宏致少年书》序言

丽宏兄是我的老朋友了。

前不久，丽宏告诉我，他的一套散文集要出版，是专门为中小学生选编的一套《赵丽宏致少年书》，希望我写一个序言。

说句实话，这些年来，序言写了不少，但大都是为教育界的同人而写。为丽宏这样的大作家写序，心里难免忐忑不安，于是，婉言谢绝了他的好意。

但丽宏不依不饶，坚持让我写。他说，为我们二十多年的友谊留一份珍贵的纪念吧！

我只能从命。

丽宏是一个重情重义的人。认识他，还是我在苏州工作的时候。他偶尔到苏州参加一些笔会、讲演等活动，我当时担任分管文化教育的副市长，有机会结识这位心仪已久的作家。他的儒雅、谦逊给我留下了深刻印象。

记得有一次，我拿儿子朱墨的文章请他指教，他不仅认真阅读，而且亲自为朱墨的小书写了序言。朱墨的另外一本小书《背起行囊走天下》出版时，他还请他的好朋友梁晓声撰写了序言。朱墨在复旦大学读书期间，他主编的《上海文学》杂志，先后发表过朱墨的一些文学作品和文学评论。他对我说，朱墨的文笔和文学感觉很好，应该坚持写作。

丽宏和我都是中国民主促进会的会员。2007年底，我到民进中央担任专职副主席，我们之间的联系就更多了。每年年底或者两会期间，他到北京，都要自掏腰包请一些老作家聚会，我也有幸经常被邀请参加。这些年，我见到的作家如袁鹰、陈丹晨、从维熙、鲁光、刘心武、张抗抗、梁晓声、肖复兴、李辉等，都是通过丽宏介绍的。丽宏对我说，对有恩于己的前辈，对患难之交的朋友，永远不能忘记。

丽宏也是一位有文化情怀的政协委员。在政协会议上，常能听到他真挚的建言。早在1988年，他就在全国政协建议将"清明节"和"中秋节"定为法定节假日。从2003年开始他又连续四次在全国政协大会期间提交提案，呼吁重视中华民族传统节日。2007年12月，国务院终于颁布法令，决定将清明节、端午节和中秋节列为法定节假日。此外，他关于中国书法申遗、关于保护文人故居（如重建梁启超故居、建立巴金故居和柯灵故居）的提案，也都得到了很好的落实。

每年民进全会和全国两会，我们都在一起开会。我们经常在一起交流政协的提案与建议，交流对于一些社会问题的见解与看法。记得有一年政协会议上，我的一个关于建立国家阅读节、推进全民阅读的提案，得到丽宏的高度赞赏和鼎力支持，他还帮助我找了王安忆、张抗抗、梁晓声等一批著名作家签名附议。

2017年两会期间，习近平总书记参加民进与农工党、九三学社的联组讨论，赵丽宏做了一个"坚定文化自信，提升中华文化的国际影响力"的发言，当面向总书记提出了两条重要建议：一是不要在内地再建第二个迪士尼乐园，而应该花力气建一个以中国文化为背景、展示中国文化魅力，同时具有世界水平的主题乐园，让中国的孩子在他们的童年记忆中，留下和中国历史文化有关的美好而深刻的回忆。二是设立一个中国的世界文学奖。他指出，中国文学完全可以凭自己独特的魅力，雄踞世界文学之林。中国应该对世界文学表达我们的看法，不能一切都是外国人说了算。中国设立一个世界文学奖，用以鼓励和褒奖世界范围内最杰出的作家，让世界有效地感知当代中国的文化魅力，感受中国人宽广的文化胸怀，让更多热爱中国的外国朋友自愿做中国文化的传播者。这两条建议都反映了丽宏的文化自信与文化自觉。

文学，只是我少年时期有过的一个梦想。走进教育之后，我对于文学作品，只是一个欣赏者，不是一个专业的深入研究者，自然也不敢妄议。不过，人们常说，功夫在诗外。了解一个写作之外的丽宏，或许，才能更深切地了解身为作家的丽宏，尤其是身为散文家丽宏的精彩。

丽宏是一位诗人。早在20世纪80年代初，他的诗歌作品《友谊》《火光》《憧憬》《江芦的咏叹》等就被广为传诵，1982年，他的第一本书也是诗集《珊瑚》。作为诗人，他不断有新作问世，并广受瞩目。2013年，他获得了塞尔维亚斯梅代雷沃诗歌节颁发的国际诗歌"金钥匙奖"。

丽宏还是一位儿童文学作家。2013年，他创作出版的《童年河》是他的第一部儿童小说，讲述20世纪五六十年代的一个小男孩"雪弟"从乡下到上海的生活。2015年，他出版了另外一部儿童小说《渔童》，讲述的是"文革"期间小学生童大路保护一尊明代德化瓷雕渔童文物的故事。虽然两部儿童文学作品的体裁是小说，但是叙事风格和语言特点，却别具诗情画意，耐人寻味。

丽宏最引人注目的文学成就，是他的散文。

散文因其真挚灵动、短小精悍、直抒胸臆，是一种倍受读者欢迎的文体。散文看似入门容易，抵达高雅境界却格外艰难。散文讲究形散而神不散。散文所凝之神，与其说来自笔头的磨炼，不如说取决于心灵的修炼。

丽宏的修炼，从他的散文中不易看出，从他的人生状态中倒能寻找到诸多蛛丝马迹。正因为他的知识分子的身份，政协委员的担当，那一颗为国为民之心，始终在火热地跳动，那渴望瑰丽明天的热情，始终在蓬勃地燃烧，才有了他诸多文字如岩浆喷薄，既有生命的温度，也有巨石的力量，还有气度的恢宏，才成就了作家赵丽宏，尤其是成就了散文家赵丽宏，因为，散文能最真实地展示写作者的灵魂。

丽宏的散文《雨中》《望月》《学步》《山雨》《与象共舞》《顶碗少年》《囚蚁》等，被选入人教版、苏教版、鲁教版、北师大版、鄂教版、香港版等小学教材，《为你打开一扇门》《假如你想做一株腊梅》《炊烟》《致大雁》《蝈蝈》《周庄水韵》《晨昏诺日朗》《在急流中》《青鸟》《鸟谜》等篇什，被收入人教版、苏教版、浙教版、沪教版、香港版、新加坡版等数十种中学教材，另有收入各类大学教材的散文若干……在中国现当代作家中，除了鲁迅，丽宏也许是作品被收入教材最多的作家。

任何时代，教材都是对文化的选编与传承。丽宏的作品受到如此器重，实至名归，也可喜可贺。这些被选入教材的文章，只是丽宏散文世界的冰山一角。在他以勤奋的才华构筑的恢宏散文世界之中，还有诸多篇章，毫不逊色于已被选入教材的这些文本，它们犹如颗颗珍珠，散落在文学的海洋之中。

电子工业出版社的编辑们编选的这套《赵丽宏致少年书》，正是以青少年的心灵需求为线索，将这些珍珠中的一部分连缀为一串串珍宝，让真善美辉映，让诗与史融合，最终催生思与行的并进。

对于孩子来说，最初也许是通过图画书、通过故事走进文学世界。但在成长的过程中，需要更多的文学样式的陪伴和滋润。散文无疑也是其中非常重要的一种。费尔巴哈说过，人是他自己食物的产物。同样，读什么，我们就会成为什么。阅读的高度直接奠定精神的高度。对于刚刚接触阅读的青少年而言，阅读什么样的文学，也就能塑造什么样的灵魂与格调。我想，对于青少年而言，通过丽宏这五卷精选的散文，一定能够从中汲取珍贵的情感、智慧和力量，引发丰富的思考；对于丽宏而言，这五卷散文精选集，也许只是一次对精神行囊的盘点。生命的意义在于创造，相信丽宏还会为读者奉献出更好的作品。

冰心先生曾经送给丽宏一句话："说真话就是好文章。"的确如此。当然，说出再真的话，写出再好的文章，也不是为了说说写写，而是为了让我们的生活更加美好，让我们的明天更加美丽。为了行动上建设更加美丽的明天，需要思想上构筑一个恢宏世界。谨以为序，并与丽宏兄共勉。

不平凡的平均分

——读康辉《平均分》

日前，央视《新闻联播》主播康辉送我一本他的签名本新书《平均分》，并且为我题签了新教育的宗旨"过一种幸福完整的教育生活"。今天在去西安的飞机上，一口气读完了这本书。

走进一个人，最便捷快速的办法之一就是读他的书。一个在中国曝光率最高的央视《新闻联播》主持人，他的日常生活与情感世界是怎样的呢？他是如何从一个普通家庭的普通孩子成长为今天的康辉的呢？

正如他的名字一样，康辉是一个自带光芒的人。他的书用《平均分》作为书名，是告诉人们，每个人都是一个平凡的人，要把平凡的人生演绎成不平凡的传奇，就要不断努力，就要取法乎上，这样才能有一个不断提升的平均分。正如他在书中所说的那样："在人生的赛场上、职业的赛场上，想不甘人后，也只有努力地去试每一个选项，在每一个选项上都能及格，在及格之上再努力，也许就能再站上一级台阶，一项一项，才能给自己拿到一个高一点的平均分。"

我特别感动书中的两个细节。一个是航天系统的工作人员在参观《新闻联播》的播出线以后对他说的：我们的火箭是一个月发射一次，而你们《新闻联播》每天都在"发射"。《新闻联播》的播出，也是要保证"发射"精确无误。另一个是央视领导说的，有人认为《新闻联播》只是念稿子，任何人找一篇文章，从头到尾地念一下试试看？能不能做到一字不错，且声情并茂？

康辉是一个重情重义的人。书中讲述了他与父亲、母亲、姐姐、妻子和猫孩子的故事，讲述了他和罗京等同事的故事，每一个故事都让人刻骨铭心，潸然泪下。记得有一次康辉谈到自己母亲去世，他对姐姐说"从此，我们都是孤儿了"。我对康辉说，对一个男人来说，有两次成长的重要时刻：成为父亲和失去父亲。可是康辉对我说，对他来说只有一次。当时我没有理解他的话,读了他的书才知道,他是丁克家庭。他和夫人结婚时就相约不要孩子。所以,他们把猫作为自己的孩子。书中他们夜半寻猫、为猫治疗,以及失猫之痛,都让人感受到这个坚强男人背后的柔软之心。

康辉是我们这个时代的见证者。从大地震到大阅兵,从奥运会到世博会,从香港回归到航天发射,许多惊心动魄的时刻,许多创造历史的时刻,他用自己的声音记录下来,传播开来,铸成永恒。

康辉是一个酷爱学习的人。虽然在学校里他谈不上是"学霸",但他一直是优等生。他知道一个普通的人如何才能不沉沦,不滑坡,保持稳稳的平均分。他把职场当成学校,从来没有丢掉学生的本色,从来没有失却学习的兴趣。书中讲述他如何品《红楼梦》,如何读金庸,如何研《小王子》,如何读汪曾祺、梁实秋,如何看《我爱我家》,如何把看电影当作做学问。

作为央视的名牌主播,出版社早就约康辉撰写一本"名人书"。但是他一直没有答应,因为他不想用自己的光环来掏年轻人的口袋。康辉说,他决定写这本书,是因为一个朋友的鼓励。这个朋友对他说,有时候一句话、一件事就可能影响一个人,甚至改变一个人,特别是年轻人,你珍惜的那些美好的东西,为什么不可以用这种方式和更多的人分享呢?只要你的文字是真诚的,就一定有意义和价值。

我想,初步了解这本书内容的所有朋友,都可以理解康辉为什么写作出版了这样一本书,为什么把"平均分"作为这本书的书名——读康辉的书,显然不是满足我们窥探明星隐私的需要,而是能够真正从他的成长历程中汲取力量。

奔跑的黄蓓佳
——读《奔跑的岱二牛》

黄蓓佳是大家非常熟悉的儿童文学作家。

当然,她不仅仅是儿童文学作家,她的许多成人文学作品也非常优秀。她的长篇小说《夜夜狂欢》《新乱世佳人》《婚姻流程》《目光一样透明》《派克式左轮》，中短篇作品集《在水边》《这一瞬间如此辉煌》《藤之舞》《玫瑰房间》《危险游戏》《忧伤的五月》《爱某个人就让他自由》以及散文随笔集《窗口风景》《生命激荡的印痕》《玻璃后面的花朵》等都展示了她在成人文学方面的成就。

但是，作为一位教育工作者，我更加关注的是她的儿童文学。对于中国的中小学生来说，他们更熟悉的也是《我要做好孩子》《今天我是升旗手》《我飞了》《漂来的狗儿》《亲亲我的妈妈》《遥远的风铃》《童眸》《野蜂飞舞》以及《小船，小船》《遥远的地方有一片海》《芦花飘飞的时候》等。我曾经为她编写的《中国童话》写过序言，感动于她对文化的那份深情，对孩子的那份懂得。

不久前，收到了她的新书《奔跑的岱二牛》的清样。在出差的途中一口气读完。对于黄蓓佳来说，这本小说是一个崭新的现代题材，讲述的是在社会转型和新农村建设过程中农村孩子的生活。今天的农村，不再是过去愚昧落后、传统封建的农村。今天的农村孩子，也不再是过去只知道长大了娶媳妇生娃的农村孩子。亲近自然，扎根大地，让他们保留着农村孩子的质朴与善良，但是在信息化的浪潮之下，他们同时也有着与城市孩子一样的视野与灵活。

黄蓓佳清晰地瞄准了一系列关键问题，那就是：在新农村飞速建设起来的过程中，人的灵魂是否能够跟得上物质发展的步伐？村民的生活富裕了，乡村文明、乡村精神、乡村秩序如何重新构建？城乡文化如何碰撞、冲突又如何交流、交融？

岱二牛就是在这样的时代背景下出场的。书中的红草坝与许多在开放浪潮下的乡村旅游点一样，岱二牛的爸爸妈妈也一心想通过乡村旅游发家致富。岱二牛在旅游点偶然捡到一部昂贵的新款苹果手机，他一直想寻找手机的主人，从现场的苦苦等待，到请老师帮助网上发帖，从请村警务室发布告示，再到进城通过修理店寻找，在最后毫无希望的情况下，也不愿意让哥哥拿走……寻找手机主人的过程中，岱二牛身上的朴实、诚恳、善良、厚道、友爱、隐忍、纠结，逐一呈现，一个新型乡村少年活生生地站立在我们面前。一直到全书的最后，作者才说出了岱二牛的心声，也是一个重要的人生哲理："不需要选择的时刻，真是好轻松啊！"

这本书写的是岱二牛的奔跑，岱二牛在成长之路上的奔跑。其实，这也是黄蓓佳的奔跑，是她在创作之路上的奔跑。她想不断地超越自己，在风格上，她努力追求极致的简单；在情节上，她努力追求连贯的明快；在语言上，她努力追求诙谐的幽默。这本小说不仅是题材上的突破，也是她在创作风格上的自我突破。

奔跑意味着超越。人生最积极的姿态，就是奔跑的样子。在《奔跑的岱二牛》中，我们看到了黄蓓佳奔跑的英姿，这是一个创作者最美的姿态。

让成长多一分诗意
——读殷健灵《致成长中的你——十五封青春书简》

与殷健灵还是有点缘分的。

认识健灵是本世纪初，当时她在新民晚报做记者，而我们新教育实验刚刚开始，我在全国发起民间的教育改革，即新教育实验，才刚刚开始不久，健灵作为记者，就非常敏锐地发现新教育的美好。她过来采访我，还问我一个问题："新教育能够走多远？"今天我能回答她："还活着，而且会越来越好。"当然，那时，我就惊讶她作为一个记者也作为一个作家的敏锐，捕捉新事物的敏锐。

后来，我们共同的朋友赵丽宏非常隆重地向我推荐了殷健灵，言辞中掩不住的是他对于健灵的激赏与偏爱。

再后来，又一个我们共同的朋友、出版家颜小鹂给我寄来一堆殷健灵的书，告诉我健灵的书很有温度，值得推荐给孩子们读。

于是，我开始陆陆续续读到健灵的书，从《橘子鱼》《蜻蜓，蜻蜓》《风中之樱》到"甜心小米"系列、《爱——外婆和我》《致未来的你——给女孩的十五封信》和《野芒坡》等。

健灵是我见到的最勤奋的儿童文学作家之一。如果看看她的作品年表，我们会发现，这几年是她的爆发期。而这两年出版的《爱——外婆和我》与《野芒坡》也是我最喜欢的两部作品。

我看到很多作家，代表作出来后，就没能再写出超越自己代表作的作品。殷健灵则不断地超越自己，这是非常了不起的。

所有的伟大作品，总是关注心灵的，也只有如此，才能真正产生震撼心灵的力量。我知道，殷健灵和另一位著名作家毕淑敏一样，都有心理咨询师证书。所以，能够看得出她们的作品对心灵特别关照。不过，毕淑敏更多地关注成年人的心灵世界，而殷健灵则更多地关注少年儿童的心灵世界，以至于殷健灵被许多媒体称为少年儿童和父母的"心灵知己"与"成长摆渡人"。

其实，我自己曾经也是一位心理咨询师。我是中国大陆第一本《咨询心理学》的主要作者，也是最早在城市和大学建立心理咨询中心的心理学家之一。我的第一本个人专著，就是《学校心理咨询》。我们都有心理学的背景，这也算是一个缘分。

与健灵还有一个值得一提的缘分。2015年，我们同时在长江文艺出版社出版了一本书信体的散文集。她的书是写给孩子们的，书名叫"致成长中的你——十五封青春书简"。我的书是写给老师们的，书名叫"致教师"。两本书都很受欢迎。《致教师》一年时间销售超过20万册，刚刚出版了精装纪念版，下个月，也要在北京举行一个小型出版座谈会。

《致成长中的你——十五封青春书简》出版后，健灵第一时间寄给我，我就在我的微博里写了推荐，将它推荐给关注我的朋友和家长、学生："这是写给青春期男孩女孩的一本心灵成长书，作者殷健灵以写信的方式与青少年亲切交流，平等对话。从'为什么上学'到如何成为受人欢迎的人，从'沟通的力量'到如何对待身体里的'小兽'，娓娓道来，写得用心、细腻、真实、亲切、受用。"我很喜欢健灵的这本书。不仅因为与健灵的这么多缘分，不仅因为健灵是我的朋友而爱屋及乌，更因为这本书本身的魅力。

顾名思义，这本书是由十五封书信组成的。每封信围绕一个青少年成长中的关键问题展开。如第一封信"请从镜子里面对自己"，说的是青少年的自我悦纳。健灵告诉他们，一个人接纳自己，是从接纳自己的身体外形和面部特征开始的。"与其去追寻不断变化的美的标准，不如守定自己的一颗心——一颗完全能悦纳自己的心灵。"第二封信"你拥有许多爱，为什么仍然孤独"，说的是青少年常常出现的孤独感。健灵从一封初三学生如泣如诉的来信说起，讲述了自己与父亲之间、老师之间的故事，告诉人们：孤独其实也是一种高贵的体验，要学会与孤独和解，用欣赏的心情去享受孤独。再如第四封信"受欢迎的人"，说的是青少年的友情与陪伴。健灵告诉大家，不受欢迎的人有两种主要特点：一是浑身带刺，总是将人扎到；二是自我封闭，对周围的世界锁闭心门。所以，要学会敞开心扉，学会温暖他人。在第九封信"'喜欢'与'爱情'"中，健灵则详细地为处于青春期的少男少女分析了爱情与喜欢的联系与区别，她告诉大家，人生第一次的"爱情"会带来许多美妙与欢欣，但也会带来许多不安、迷茫、不确定和痛苦，所以这种伴随着生命的潮汐一起来临的"爱情"，往往比较青涩、单纯、脆弱和懵懂。"真正的好的爱情，需要以生命与时间去等待与培育。"其他各篇，诸如"生命旅途，每个阶段都有意义""面对不可理喻的世界""沟通的力量""不断敞开的未来：没有绝望""有一种爱与生俱来""从文学中寻找答案""发现诗意之美""身体里那只蛰伏的小兽""恻隐之心和虔敬之心""太阳在选择中上升"等，则分别讨论了青少年经常面对的阅读、交往、沟通、修养、抉择等重要问题。

殷健灵善于讲故事，她的小说写得很好，而在这本《致成长中的你——十五封青春书简》中，她把自己在采访中遇到的一些现实的故事都很好地化用在了书中，她在信中写了自身的故事，这些故事真实、亲切。殷健灵记者以及作家的双重身份，使她善于驾驭多种文体，作为记者她曾经写过很多感人肺腑的故事，作为作家她写了大量的小说、散文，而且她的第一本书是诗集，《致成长中的你——十五封青春书简》每一封信前面用一首诗来导入，这是创新，也是全书的点睛之笔。

不论是新闻稿还是小说、诗歌，殷健灵始终都在传递美好。《致成长中的你——十五封青春书简》中，殷健灵用诗意的心情与文字来向小读者们传达对青春的认知，只求能够慰藉少年成长中的心灵，占用少年成长的某一短暂时光，陪伴他们的成长岁月。这真正是如春风化雨般用心良苦。

衷心祝愿这本书能够让成长多一分诗意，让更多青少年享受诗意的成长。

荆歌为儿童文学而歌
——读《诗巷不忧伤》

五月份的时候,突然收到老朋友荆歌的来信。他告诉我,现在主攻儿童文学,已经在江苏少儿出版社出版和即将出版四部作品,还有七部即将在中国少儿出版社出版。

我好惊讶。荆歌是我非常喜欢的60后作家。我在苏州担任分管文化教育的副市长时,与苏州的文化人交往甚多,他们也视我为同道中人。到北京工作以后,我和他们的联系虽然少了,但是一直想念着他们,也关注着他们的新作品。

这些年,荆歌的作品少了一些。大家告诉我,荆歌玩书画去了。我一开始还感到可惜,但是没有想到,人家还真的玩出了名堂,把书法写得有模有样。在杭州、苏州、宁波、成都等地举办了个人书画展,还出版了《荆歌写字》,甚至被认为是当代江南才子型文人书画的代表人物。

再后来,苏州的朋友告诉我,荆歌玩收藏去了。没有想到,人家玩收藏又玩得溜溜转,在业界也声名鹊起,俨然成为专家级的藏家,而且一口气出版了三本关于收藏文化的随笔。

这一次,荆歌又开始玩儿童文学了。而且,不是小打小闹地玩,而是"专攻"式地玩。

很快,我就读到了他的《诗巷不忧伤》。这是他的第一本儿童文学作品。

这个第一本,一下子就"击中"了我。我感到,荆歌这一次不是为了赶时髦而来。他不像当下有一些作家转攻儿童文学,只是写两本练练笔,试试市场而已,而是真正地有备而来。他所有的玩,文学、书画、收藏,似乎都是为了儿童文学而来。

从这本《诗巷不忧伤》中,我们就可以看出这样的端倪。

这是一本关于书法的儿童文学作品。全书的故事就是从书法开始的。在江南小镇的一条细细窄窄的诗巷里,三个小学生跟着邻居书法家陶老师学写字。陶老师教书法，从选字帖开始，强调的就是喜欢，让孩子从自己喜欢的字帖开始写起。他告诉孩子，学习书法，不是为了当书法家，不是为了考级，而是为了接近书法的美，享受书法的美，享受写字的乐趣，丰富自己的心灵。他告诉孩子，书法要写得自由，写得天真烂漫，不是要写得和字帖一模一样，而是要写出字的精神，写出自己的个性。在陶老师的精心指导下，易凡和小蝌蚪的书法进步很快，自然是深得书法的精髓。荆歌多年修炼书法的心得，巧妙地藏在了这本书里。

这也是一本关于核雕的儿童文学。三个学书法的小朋友中，有一个叫范静静的女孩子，她的爸爸和爷爷都是祖传的核雕大师，能够在小小的橄榄核上，把人物雕得栩栩如生，无论是十八罗汉还是核舟，其精致程度都让人非常惊讶，一个双层的核舟上面竟然可以雕38个人，核舟上的每一扇窗户竟然都可以打开，里面也是不同造型的人物。书中围绕着范静静学书法与画画准备继承手艺，因为不喜欢写字让易凡代笔，易凡因为喜欢核雕而买橄榄、吃橄榄、种橄榄树，弥勒佛核雕作为友谊的礼物而几次转手等细节，讲述了有关核雕的制作工艺与保护技术等。相信，荆歌的收藏之中，一定少不了核雕。

我是在北京到广州的飞机上一口气读完这本小说的。作为在苏州生活了30年的人，我自然不仅仅把它当作儿童文学来看。我觉得，这还是一本关于苏州、关于江南文化的书。除了书法、核雕，这本书中还有苏州园林，还有苏州美食（朱鸿兴面、生煎包等）、苏州的民居、苏州的小巷等。甚至，在读这本书的时候，我脑海中浮现出许多苏州的人、事、景。

读陶老师，我眼前出现的是苏州杂志社的陶文瑜主编。他也是一位书法造诣很深的作家，尤其是他的小字小画，极具品位。读书法家协会华主席，苏州以前真的有一位主席叫华人德，这位北京大学图书馆专业出身的书法家，字里透出的文人气味很重。苏州的那条诗巷与园林，与叶圣陶先生故居的园子，也是好生相像。而我苏州住所的附近，还真的也有一条名叫诗巷的巷子。

这是一部讲述一群在江南优秀传统文化浸润中成长的孩子的书。这些孩子虽然家庭背景不同，父母职业不同，但是都很善良天真，有着纯洁美好的友谊，无论是范静静偷偷把家中的核雕送给易凡，还是颜文军为了给易凡拿食物而被汽车撞伤，或者是范静静送小猫给曾经被老鼠咬过耳朵的小蝌蚪，孩子们身上体现了人性的美好和童心的美丽。

居住在诗巷的孩子们，是没有忧伤的。保护孩子的童年，守护孩子的童心，这是儿童文学的使命与责任。荆歌一定也是这样想的，所以他用这些故事歌唱童年，歌颂童心。

写完这些文字的时候，又收到荆歌兄的来信。他在信中骄傲地告诉我，他的另外一本《小米兰》也刚刚出版，正在寄给我的途中。接下来，应该是他的"江南三部曲"的最后一部了。我们都期待着。

初心缘自乡愁
——读何江《走出自己的天空》

2016年4月，我应邀去哈佛大学和麻省理工学院讲演，介绍中国的新教育实验和我对于未来学校的思考。

毕业自哈佛大学的何江全程陪同，甚至我在哈佛大学的书店看书买书的几个小时期间，他都一直在我身边，帮我选书找书。

就在书店里，何江告诉我，他正在写一本英文著作，讲述自己的童年，自己的家乡，自己对农村的关切。我压根也没有想到，这个憨厚老实的年轻理工科小伙子，竟然会选择这样的主题写作。为什么？在我的追问下，他告诉我写作的缘由，那是一个有意思的故事。

在哈佛读书期间，何江有一次去聆听世界著名经济史学家尼尔·弗格森关于"经济全球化"的演讲。结束后，他找到尼尔·弗格森，谈了自己对于全球化及中国农村发展的看法。他的观点引起了尼尔·弗格森的极大兴趣，专门邀约他与一批名教授喝咖啡，畅聊了整整半天，最后建议他把自己的故事写下来。

在我从哈佛回国后不久，哈佛大学的毕业典礼上，这位寡言少语、憨厚腼腆的何江，竟然一鸣惊人，成为有史以来第一位在哈佛大学毕业典礼上演讲的中国人。

我这才知道，原来在波士顿陪同我们的那段时间，正是何江紧张地准备讲演、接受面试的关键时刻。我又是吃惊，又是高兴，又是感动，也真的非常后悔。这么重要的事情，他不仅没有告诉我们，而且无怨无悔地把大把的时间花在陪同我们身上。我深深感佩他的大事临头仍从容的心态。他却说，我要向你们学习啊。

低调、朴素、诚恳、谦逊，这就是何江给我留下的第一印象。

半年后的9月28日，新教育研究院新阅读研究所在国家图书馆举行首届领读者大会。作为一位读书改变命运的典型，组委会邀请何江作为嘉宾参加大会，讲述他的读书故事。虽然因为时间安排冲突无法到会，他还是专门为大会发来了一个非常精彩的视频讲演。

在视频中，何江说，是阅读，是教育，把他从一个世界带入了另一个世界，如果没有阅读，他不可能发现另外的世界，不可能有如此丰富的精神生活。他也介绍了自己正在阅读的书籍，并且希望所有的寒门学子都能够养成阅读的习惯，拓宽自己的视野和见识。

爱读书、善思考、有情怀、有追求，何江又给我留下了新的形象。

一个多月后，我的邮箱里收到了何江撰写的这本反映中国乡村生活，思考中国乡村未来的著作。为了方便我阅读，他委托自己的中学同学黎明先生专门送来了这本书稿的打印稿。黎明告诉我，何江希望我为该书作序。

作为第一读者，我利用元旦的假日，一口气读完了何江的这本书稿，感慨万千。这是一本非常特别的著作，不仅文采飞扬，扣人心弦，而且内容丰富，催人奋进。它是一个人的成长史，也是一个家族的成长史、一个乡村的变迁史。

说它是一个人的成长史，是因为这本书详细地讲述了何江如何从一个湖南的乡村娃，成长为哈佛学子的历程。一直到上大学才第一次进城，父母都是普普通通的农民，上大学前连电脑键盘都没有看过摸过的农村孩子，为什么能够一步一步走到今天？一个个看似偶然的细节，悄悄通往何江的心灵世界。

说它是一个家族的成长史，是因为这本书也详细地记录了何江的父亲、母亲、爷爷、舅舅、弟弟等家族人物的故事，以及他们对于何江的影响。尤其是何江笔下的父母，母亲如何星夜编织渔网补贴家用，父亲如何外出打工捕鱼维持家庭开销，爷爷如何为建房子与父亲较劲，何江身上的勤勉、坚忍，无疑受到父母等家庭成员的深刻影响。

说它是一个乡村的变迁史，是因为这本书同时记录了中国改革开放 30 多年来，农村生活的天翻地覆的变化。传统的瓦解，代际的冲突，现代技术对田园生活的冲击，如同一幅画卷，在何江笔下展开。随着中国现代化，传统的乡居生活在逐渐消失，都市人对乡村有着好奇感和疏离感，同时又有着一层不可磨灭的乡愁。何江告诉我，自己一直很喜欢《江城》这本书，但这本书是从一个外国人的角度写中国普通人的生活；他希望自己的书能够从一个中国人的角度写一个关于自己父老乡亲的故事，告诉全世界一个真实的中国乡村、真实的中国人的生活。他说，这本书其实想回答的是一个简单的问题：乡下人是怎样过日子的，乡居生活究竟是怎样的。

读这本书的过程，其实也是走进中国 80 后、90 后年轻人的内心世界的过程。何江的与众不同，体现在中学和大学学习期间，他就大量地阅读人文社会科学著作，读小说，读诗词，知识面非常宽。他没有像许多理工男一样，两耳不闻窗外事，而是在扎扎实实研究专业的同时，深切地关注农村，关注社会，关注中国的未来。

何江不仅是一个有故事的人，也是一个会讲故事的人。何江在哈佛大学的演讲中的故事，由于时间的限制无法展开，但在这本书中，讲述得更为详尽，更为生动，更为精彩。

我想，哈佛大学选择何江作为毕业典礼的演讲者，不仅因为他的故事精彩、学业优秀，更因为他的情怀契合哈佛大学的精神。那个小时候被毒蜘蛛咬了一口的孩子，那个被母亲用传统的火疗医治的孩子，发誓用他的知识、智慧和坚忍，帮助更多的乡村的孩子，帮助更多需要帮助的人。正如他说的那样："我经历过巨大的城乡差距，也见到了知识和技术如此分配不均。其实，我们可以很容易地帮助那些落后地区的人们，只要把现代社会里的知识分享传递给他们。"因为如此深刻的乡愁，怀着如此质朴的初心，写出这本书，他不仅实现了自己对尼尔·弗格森教授的承诺，也初步实现了对故国家园的承诺。

非常巧合的是，今天早晨，正当我在电脑前敲击这篇小序的最后一段文字的时候，何江的同窗给我发来短信，何江又有大新闻——刚刚被评为《福布斯》杂志全球范围内医疗健康领域 30 位 30 岁以下领军人物。

我想起书中的一个细节：一位算命先生曾经预言，何家要出大人物。成绩的取得，究竟是算命先生的预言灵验，还是这样的预言本身就是激发潜力的灵丹，或是懂事的农村孩子顽强挑战命运的努力，抑或是家庭、学校、社会、时代的合力？

这些就留待读者自己去解读吧。相信怀着乡愁、不忘初心的何江，能够从故土中汲取更多力量，能够在异乡中汇聚更多力量，浩浩荡荡，勇往直前。

2017 年 1 月 4 日晨写于北京滴石斋

中学生应该读什么样的书
——读章敬平《欧阳修传：世俗的圣贤》

最近，我的好朋友章敬平出版了新书《欧阳修传：世俗的圣贤》。这是一本适合中学生阅读的人文书。通读本书的过程中，我发现，适合中学生阅读的人文书籍，往往具有五个共同特征。

一、适合中学生阅读的书，是雅俗共赏的书

敬平的《欧阳修传：世俗的圣贤》，阳春白雪可以读，下里巴人也可以读，学者教授可以读，中学生也可以读。

这样的书，就是雅俗共赏的书。

雅俗共赏的落脚点在于"俗"，难点也在于"俗"。

这个"俗"，是通俗的俗，而非庸俗的俗。

今天，市面上有不少通俗的书，通俗是没有问题的，卖得也很好。但是，卖点多，诚实的态度少，专业品质少，这样的通俗，不是雅俗共赏，而是实实在在的庸俗。

敬平的欧阳修传，让欧阳修起死回生，不再是《醉翁亭记》中的那个先生之风山高水长的醉老头，而是一个鲜活的人，亲切的人，一个有爱有恨有理想有私心的人，有圣贤的一面，也有世俗的一面。

我觉得这样的书，才是通俗的书，雅俗共赏的书。

二、适合中学生阅读的书，是有用的书

什么叫有用呢？

有用，当然不是为了考试，为了分数等一时之用。在我看来，就是能够打开中学生视野，帮助青少年阶段的孩子，推开一扇新窗户看到一片新风景，是有助于中学生人生观建设的书。

看历史，我们经常说"文人士大夫"，那么，什么样的人，才是历史中的文人士大夫？

议论古人，我们喜欢说某某某很有"士大夫精神"，那么，一个人拥有什么样的精神面貌，才能称得上"士大夫精神"？

生活中，我们中国式的人与人相处，非常迷恋"君子之交"，那么，什么样的朋友交往，配得上这四个字？

敬平的《欧阳修传：世俗的圣贤》，通过欧阳修日常生活中的点点滴滴，一个又一个小故事，解答了这些小问题。对中学生来说，这些形象的故事，远比抽象的概述生动有趣，在他们的心灵深处，为成年之后的精神生活人际交往，推开一扇又一扇的窗户。

这样的书，对人生观、价值观、世界观正在形成的中学生，一定是有用的。因为，这样的书，能够帮助中学生发现人生建设的价值观与方法论。

这是一本传记，不是一本成功学著作。

敬平说，他在写欧阳修传的时候，心里总是想着年轻的读者看到这本书，能不能够发现人生建设的价值观方法论。

我问他为什么有这样的想法，他说欧阳修的故事，是一个草根逆袭的励志故事，千年一遇的传奇故事，这个最初又穷又丑又落魄的青年通往圣贤之路的所作所为，非常值得年轻的读者反复揣摩。

书中，这些有益于中学生人生建设的价值观与方法论，不是作者大段大段的个人论述，而是读者翻阅这些故事的时候，自然而然的感悟，无人棒喝的会心一笑。

比如说，跟哪些人交朋友。敬平说，一个有志青年应该注意，年轻的时候，你交什么样的朋友，怎样向年长的朋友汲取智慧，会影响你一生的

成就。为了说明这一点，敬平在书中，讲到欧阳修与范仲淹的圣贤之交，还讲到欧阳修与北宋第一诗人梅尧臣的君子之交。

讲这些故事的时候，他不像市面上那些书，教你如何俘获人心，挤入圈子，而是告诉你，交朋友重要的是学识、视野的启发，而不是小恩小惠的交换，更不是一起作恶。

三、适合中学生阅读的书，应该是正派的书

一本正派的书，字里行间，都能看到"诚实"在跳动。

正派诚实的书，才是适合中学生阅读的书。

敬平在《欧阳修传：世俗的圣贤》中，非常诚恳地申明，这不是一本严肃的学术传记，这是一本通俗的作品。

以我的学识和视野，我相信作者在欧阳修研究上，下了足够多的功夫。但是，他没有吹嘘自己所下的功夫，更没有夸耀自己的"研究成果"，把自己包装成一个术业有专攻的学者。这一点，是当下学术界难能可贵的。相比之下，那些打着"专著"旗号，举着"严肃"幌子的传记，则显得既不专业，也不正派。

这本传记，历经几年而成。敬平说，写作的时候，有时候亢奋，有时候落寞，有时候轻快，有时候沉重，落笔时的心境和心情完全不一样。作为作者，他很担心轻快亢奋的时候，文笔轻佻，给读者留下吹牛、哗众取宠的印象。这是他在这本书出版之前忐忑不安的地方。

他说，水平可以不高，态度不可以不端正。他很担心，他本来想写的是一个通俗读物，结果一不小心变成一本庸俗读物。轻佻和庸俗是他万万不能接受的。

我觉得，这样的写作态度，对中学生读者来说，是一个好榜样。做人要正派，写书当然也要正派。

为欧阳修这样的古人作传，需要的素材，一定非常广博。敬平在这本书的后记中跟我们这些读者说，他没有按照学术规范，一一注明素材来源，也没有在参考文献中装模作样地列出一大堆他没有认真读完的古籍的书名。

我自己是一介书生，作为教授中的一员，我知道说出这样的话需要多大的勇气。平心而论，我们多少学者，出版研究专著的时候，真的完整地

读完了相关史籍、专著、论文呢？

一个作者能够以自己的名义开诚布公地说明这一点，就足以证明这是一本正派的书。对于中学生，这样正派、诚实的示范，对于他们的未来，意义深远。

四、适合中学生阅读的书，应该是成一家之言的书

我觉得这本欧阳修传与其他的欧阳修传记相比，称得上"成一家之言"。

从书的名字，我们就能够看出，作者将欧阳修的一生，概括为"世俗的圣贤"，就是作者的一家之言。

在第一卷的结尾，敬平说，这本书所说的欧阳修的故事，不仅仅是文人墨客的八卦。他请我们在阅读本书的时候，不要沉迷于欧阳修的爱恨情仇，而要关注这个从小失去了父亲的孩子，从草根到圣贤的历史逻辑。

敬平觉得，这个历史逻辑就是欧阳修毕生宣传的正统理论、忠君思想、名节观念。

这一点，罗振宇在《罗辑思维》中为欧阳修传做的那期节目"一个俗人，怎么成了圣贤"里，已经做了详细的解释，我在这里就不再展开了。

我本人不是宋史研究专家，对于敬平的一家之言，究竟是好是坏，缺乏足够的专业评价能力。但我相信每一种假说的提出，在思想的自由市场上，都能够帮助我们一步步地接近真理，本身就有不可低估的价值。

五、适合中学生阅读的书，应该是常读常新的书

一本真正的适合中学生阅读的书，应该是久读不厌的，是能够跟着他们一起成长的书。

在初中的时候，翻开《欧阳修传：世俗的圣贤》，初中生能理解的，可能只是《醉翁亭记》的写作过程。

到高中的时候，再看《欧阳修传：世俗的圣贤》，高中生感兴趣的，可能是欧阳修如何主持科举考试，录取苏东坡兄弟。

等上了大学，成了大学生再看《欧阳修传：世俗的圣贤》，打动你心的，可能是欧阳修的诗酒人生，是他如何"人正，词不正"。

走上社会之后，当上公务员或者从事其他职业，再看作者在欧阳修传中所说的一个公务员的奋斗史，你可能会有求学时代完全不同的感触。

我相信，随着中学生人生阅历的增进，随着他们知识背景的拓展，会在这本书当中看到不同阶段的自己，不同的欧阳修。这样的书，就是常读常新的书，久读不厌的书，就是能够陪伴着他们去成长的书。

比如说，到了我这个年龄，我就能够理解：作者为什么说成功成才是一个滴水穿石的过程，成长是一辈子的事，急也没有用。就能够理解，他为什么说，成熟是一个镜花水月的理想，应该追求，但是不应该执着，你要接受自己的不成熟，哪怕你真的成了欧阳修这样的圣贤，到老了，你还会干傻事，会出丑，死后仍然被人笑话这个笑话那个。

像敬平这样的论述，今天的中学生，是没有办法去体会去理解的。但是，到了我这样的年龄，可能就不是问题了。这就是我说的常读常新的好书，随着年龄和阅历的增加，你越能感受到它的魅力。

总的来说，一本适合中学生阅读的课外书，应该是一本雅俗共赏，有用，正派，成一家之言，常读常新的书。我以为《欧阳修传：世俗的圣贤》就是这样一本书，我向中学生读者和他们的老师、父母、朋友们，郑重地推荐这本书。

我还希望，大家看完这篇文章之后，记住的，不仅仅是我对这本传记本身的评价，还有我对中学生应该读什么书的解读。

生命的传奇

——读童喜喜《新教育的一年级》

文如其人。从某种意义讲，每一部作品都是作者的心灵自传。《新教育的一年级》这套书，更是作者童喜喜本人的生命传奇。

身为儿童文学作家，年轻的童喜喜是让人羡慕的。2003 年，她用 6 天创作出自己的第一本童书《嘭嘭嘭》，获得近 10 个国家级奖，12 年畅销数十万册。2009 年，她潜心 5 年、修订 20 余稿创作的《影之翼》，是迄今中国唯一一部以儿童视角反思南京大屠杀的童书，以其深刻的历史感、哲学性和优美幽默的文字广受好评，成为国家新闻出版总署向全国青少年推荐的百种优秀图书之一，并成为当年唯一入围"《当代》长篇小说年度奖"的童书。

作为一位资深公益人，年轻的童喜喜是让人尊敬的。从1999年用稿费捐助第一位失学女童开始，她前后捐助了35名失学儿童，为数千名山区孩子赠送各类课外书，赴山区支教成为当地十余年唯一的女老师……直到2009年7月，她偶然参加了新教育海门年会，被这样一群民间教育人的理想情怀、专业精神深深打动。她从此投身新教育实验中，不仅一直捐赠稿费资助一线老师，而且身体力行担任公益项目负责人。从2011年开始，她又成为新教育专职义工，捐赠稿费聘任专职人员，成立了新教育新父母研究所，组建起萤火虫义工团队，致力于教育公益研究与推广。几年中，他们在全国各地开展了各类公益培训2000多场，惠及数万父母、教师、孩子。

我是在新教育中结识童喜喜的。和很多人一样，我也一再惊讶于这样一个瘦弱的女子，竟然在那么多的公益活动中爆发出那么大的能量。但是，最让我惊讶的，还是这套《新教育的一年级》。

所有文学体裁中，童书可能是与教育最为紧密相关的一种。近几年来，我几乎每天都要浏览一本童书，并在微博上向千万受众分享这个故事，也因此速读了千余本童书。能够看出，从教育的角度切入，是不少童书努力的方向。但教育上的思想性与文学上的可读性并存，的确是对作者的巨大挑战。它不仅要求作者对教育有深刻的理解，还要求化为深入浅出的功夫。只有这样，才能砸开教育的核桃壳，让孩子津津有味地吃到核桃，不知不觉汲取营养。

《新教育的一年级》主动挑战这个童书高地，首创出"童书即课程"的写法。

故事不等于课程。童书是讲述故事的，课程则是教育的依托。一个故事和一个课程的关系，就像一粒珍珠和一串珍珠项链，课程是故事的集中与升华。对孩子来说，再好的故事如果没有和他自身发生共鸣，就可能被迅速淡忘，但一个好的课程所形成的冲击却是心灵的烙印，将会影响一生。

《新教育的一年级》一个月一本，以时间为序，依托于新教育丰富独特的课程体系，依靠童喜喜对这些课程的谙熟于心，再进行生动风趣的文学解读，用几个故事组合成为一个个课程。在这些课程中，童喜喜又以"故事套故事"的形式，精选了新教育老师在教学中使用过的经典图画书，把它们巧妙融入书中的生活里，书中有书，让经典文本更鲜活，让现实生活更深刻，并且针对孩子、父母、教师最感兴趣或最为困扰的问题，进行准确有效的解答。寓教于乐，长幼皆宜。

还需要特别强调的是：《新教育的一年级》中所讲的144个美好故事，都是在中国大地上、在新教育实验中真实发生过的教育案例。这本书，不仅是传奇作者童喜喜所写的小说，更是一群新教育行动者用生命书写的传奇！书里的孩子、父母、老师、学校，不像"窗边的小豆豆"那样远在异邦，也不像"哈利·波特"那样远在幻想里，而是一种温暖而美好的现实，是我们可以按图索骥的教育蓝图。

因此，《新教育的一年级》不仅是一个传奇作者写的童书，更是一群新教育人用行动书写的生命传奇。毫不夸张地说，这套新教育的真实故事书，是一年级新学生的入学必读书，一年级新父母的亲子家教书，一年级新教师的课程指导书。

能够创作出这样的作品，跟童喜喜独特的生命体验密不可分。新教育人都说，童喜喜投身新教育的5年，是一直奔跑的5年。她去过200多所新教育实验学校，在其中两所学校驻扎了近一年。她在50多个城市进行了300多场演讲，与成百上千名一线教师建立了深厚的友谊。这样倾情投入的过程，让她收集到的不是冷冰冰的真实教育案例，而是一颗颗炽热跳动的心。

问世仅仅半年，这套有温度的《新教育的一年级》一再加印，已经拥有了近30万读者，又被《中国教育报》评选为"2014年度教师喜爱的100本书"。这已经证明了童喜喜不仅同时赢得大小读者的喜爱，而且还同时赢得了孩子、父母、教师三方的认可。值得一提的是，童喜喜所著的第一部教育作品、阅读指导手册《喜阅读出好孩子——中国孩子的阅读问题》也同时入选这100部推荐的优秀作品，这种"跨界写作"并不多见，所获得的肯定在她的同龄人中更是绝无仅有的。

童喜喜曾经说，她完成《新教育的一年级》系列童书的写作，"最大动力就是为了赚到更多稿费，多聘请人、多资助活动，把推动阅读这件事做得更好"。这套书的出版，又催生出许多感人的行动：出版社把50%利润、作者童喜喜把50%稿费捐赠给新教育基金会，并共同开展"新孩子乡村阅读公益行"活动，出版社资助童喜喜走进100所乡村小学开展免费阅读讲座,推动乡村阅读,并为每所乡村小学捐赠10万元童书……

我相信,《新教育的一年级》的出版,只是一个传奇的开端。我深信,在这样的书写、阅读和行动中,中华优秀传统文化才能得到传承与发扬,作者和读者、大人和孩子,都能创造出新的生命传奇。我深信,并深深期待着!

经典的创造性转化与创新性发展
——萧袤《童话山海经》序言

萧袤老师是我非常尊敬的儿童文学作家。

我在新浪微博专栏《童书过眼录》中曾经推荐过他的一些作品,如《小时候的相册》《白天是什么样子》《宠物字专卖店》《吹牛大王和七个小书虫》《神奇的造字工厂》《驿马》《书虫最爱的一本书》等。这些书大都是萧袤送我的,而且每一本都有一个特别的题签,如其中就有"儿童阅读是一切阅读的基础""人人都是驿马,追寻爱与梦想""读有趣的书,做好玩的人",等等。

前不久,明天出版社的编辑告诉我,萧袤老师又有新书要出版了,他希望我能够写点推荐的文字。

这是一本特别的书——《童话山海经》。

《山海经》是一本中国先秦古籍,也是一部奇书。它记述了古代的神话、地理、历史、物产、巫术、宗教、医药、民俗、民族等方面的内容。《山海经》中既有"精卫填海""夸父追日"等我们耳熟能详的神话故事,也有我们不太知道的壮美山川与神奇生物。

《山海经》是一个富矿。不仅为研究古代历史、地理、物产提供了大量素材,也为文学创作提供了宝贵元素。特别是书中那自由奔放的想象力和瑰丽奇特的神话传说,更是为儿童文学创作提供了广阔的空间。我曾经读过的昆明作家余雷的系列儿童小说《笨精灵的奇幻之旅》,就是以《山海经》中的地名、植物、怪兽等有代表性的元素为背景,讲述的惊心动魄的故事。

前不久,两部火爆的国产动画片《大圣归来》和《捉妖记》也都是不约而同地从《山海经》中获取的灵感。

与前面提到的小说、电影不同，萧袤的《童话山海经》有着他自己特别的味道。

萧袤是一个《山海经》迷。他收集了各种版本的《山海经》，家中的《山海经》已经被他翻阅得卷了角。《古本山海经图说》中的插图，给他很大的启发：那些奇奇怪怪的生物多好玩啊，简直像童话一样！他因此萌生想法，为什么不用童话为孩子们讲述《山海经》的故事呢？

无疑，连成年人阅读也很费劲的《山海经》，儿童是看不懂的。就算翻译了，里面的神话也是驳杂的，零碎的，无厘头的，缺少一个完整的故事来吸引儿童阅读。所以，萧袤把自己定位为一个辛苦开矿的人，不仅要发掘《山海经》中适合儿童的"矿石"，还要把这些矿石炼成金银铜铁锡，或玉，或玛瑙，或南红，或蓝宝石，闪闪发光。他也把自己定位为一个用心"发粑"的人，把当代儿童生活的"面粉""水""糖""盐"与《山海经》这团传统文化的酵母，反复搓揉，让它发酵，成长，壮大，做成发面馒头、小笼包子或者葱香花卷。所以，我们欣慰地看到，《童话山海经》中的童话故事经由作者的讲述，把当代中国儿童的现实生活，巧妙地融入《山海经》的幻想之中，把现实与虚构、当下与传统、古典与现代融为一体，水乳交融，写出一个个新故事。如根据《山海经》中"巴蛇食象，三岁而出其骨"这10个字，萧袤就写出了一个三条巴蛇的故事。小巴蛇透透与迤迤结婚后，一起照顾不吃不喝几乎不能动弹的老巴蛇。老巴蛇去世前千叮咛万嘱咐，叫它们千万不要吃大象。结果，不听劝告的小巴蛇还是吞食了大象。

值得一提的是，《童话山海经》不仅为孩子讲述故事，同时注重通过故事给孩子传递社会主义核心价值观，把真善美的理念融在感人的童话故事之中。例如"吐火者"每隔一段时间就要回归自然——"你不能穿衣服，也不能穿袜子、鞋子，必须赤身裸体，没有任何工具，不带任何干粮，与草木为友，与野兽为伍（如果有野兽的话）。"萧袤所期待的就是孩子要学会拥抱大自然，不能患上"自然缺失症"。再如在《互人》中，萧袤借用奶奶的口说，"幻想、善良、正义、创造、时间……还有就是，晨曦初显时的露水，午夜时分的梦境，墙角落里的花香，没受污染的色彩"，都已经成为人间不受重视的东西。这不禁让人扼腕叹息，值得警醒深思！

如何激发儿童对中国传统文化的兴趣？如何对中国古代经典进行创造

性的转换和创新性的发展？萧袤做了有益的尝试。《童话山海经》中的童话是有源头活水的创造，也是在继承古代中国人瑰丽想象基础上的再创造，是作者对中国传统文化的致敬之作，也是对中国传统文化的创造性转化和创新性发展。这些从中华民族渊源的根部得来的联想和想象，是我们当今的中国特别需要的，起码，这样从中华本土开辟题材的路子，是当下儿童文学创作所需要的。

让榜样照亮孩子们前行的路
——读"中华先锋人物故事汇"系列丛书

非常高兴，应邀参加党建读物出版社和接力出版社联合举办的"学习先锋人物，树立人生榜样——'中华先锋人物故事汇'系列丛书新书首发会"。

在中央宣传部、中央组织部高度关心和支持下，"中华先锋人物故事汇"系列丛书已出版 60 种，累计发货量 966 万册，受到了全国小读者的喜爱。其中《中国航天员：太空追梦人》《中国女排：永不言弃的王者之师》等 23 种作品输出到韩国、土耳其、泰国、尼泊尔、巴基斯坦等国以及中国香港、中国澳门和中国台湾地区，通过各国各地的主流渠道发行，也受到了当地小读者的喜爱。

我读过前面几辑的部分书稿，很受感动。与以往认为传记大部分是去世的人物不同，这套书聚焦新中国成立以来的先锋人物，其中许多是仍然健在的先进人物，如《樊锦诗》《黄旭华》《张富清》《李延年》《申纪兰》《方永刚》《许海峰》《邰丽华》《姚明》等，可以说，他们是孩子身边的人物，与孩子们的距离更近了。

我们知道，传记对人的影响是巨大的。奥地利传记作家斯蒂芬·茨威格在评罗曼·罗兰的《名人传》时曾这样说："罗曼·罗兰树起的丰碑却挺过了枪林弹雨，穿过了唇枪舌剑，傲然屹立。它是人们强大的精神支柱。在这个骚动的世界上，一切具有自由灵魂的人们，都集中到这儿寻求安慰。"

人是需要英雄，需要榜样的。阅读人物传记在很大程度上是为自己寻找一个生命的原型、自我的镜像。每个人都在书写自己的生命故事，能否把自己的故事写成一本传奇，取决于我们以谁为榜样，与谁同行。当我们研究世界上伟大的人物时，就可以发现，他们的成功轨迹中都有形无形地刻印着英雄、榜样的影响痕迹。正因为如此，我们才有必要呼唤英雄，呼唤榜样，并尽量让我们的孩子走近英雄、走近榜样。

如果仅就人的生物性而言，人是很容易懈怠，很容易满足，很容易停滞的。但是当一个人在心目中树立了崇拜的英雄和榜样形象，他就可以找到自己与他们的差距，通过英雄、榜样给自己前进的力量，给自己克服困难的勇气，增添热情、激情和活力。如果我们的父母和教师能够有意识地引导学生树立起心目中的英雄、人生的榜样，那么，这样的德育效果要比在家庭里和课堂上口干舌燥地讲解好得多。

榜样对我们的最大价值在于活学活用。人们会追随榜样去改变自己的行为，进而改变自己的命运。在我人生的关键阶段，在新教育发展的重要时刻，人物传记都给予我非常重要的影响。记得在大学读书时，我几乎读完了学校图书馆里所有的人物传记，从《林肯传》《拿破仑传》《罗斯福传》《居里夫人传》《马克思传》《海伦·凯勒传》到《曼德拉传》《邓小平传》和各种诺贝尔奖获得者传。阅读传记，成为我为心灵充电的必修课。其中日本医学改革家德田虎雄、美国的管理学家德鲁克等人的故事，更是对我产生了关键的影响。

美国著名的教育家和哲学家杜威特别支持老师们去研究名人传记，因为许多伟人和科学家，比如科学巨匠达尔文，他从小对虫、蛇、水蛙有兴趣，对传统的学习却兴趣不大。这种表现在学校里往往被认为是"差生"，但是达尔文最终却成了进化论的奠基人。所以，一方面，这些名人传记帮助老师们更好地理解孩子，另一方面，老师也可以用这些传记资源去教育影响学生。

不管是作为父母还是老师，我们要明白的是真正的科学巨匠、艺术大师，真正能在各个领域发光发热的人，往往是那些为自己的理想和兴趣不顾一切全身心投入的人，他们很多在童年时期只专注于自己感兴趣的领域，对某些事物表现出普通人没有的浓厚兴趣，但是在一些传统的学习上却表现平平，甚至会被打上差生的印记。所以大人们要对孩子有足够的耐心和宽容，鼓励他们去研究自己感兴趣的问题，探索未知的世界。

我还非常高兴地获悉，"学先锋 树榜样——广西青少年爱党教育阅读活动"自 2022 年 3 月启动以来，全区各地通过融媒体等创新载体，线上线下持续深入开展。全区近 500 万中小学生参加了活动，其中贺州、贵港、玉林三个地市覆盖率高达 100%，单场线上直播活动观看数突破 4 万人次，宣传报道观看数累计突破 1000 万人次，取得良好成效。

可见，这套书的出版正当其时，很有价值，希望各地能够借鉴广西"学先锋 树榜样"活动的经验，组织青少年学好用好这套书，帮助他们寻找生命的原型，让榜样成为真正的光源，照亮生命前行的路程。

因平凡而伟大
—— 读《英雄欧保尔的故事》

读到欧保尔的故事时，想到了一部电影和一部小说。

小学时，曾经看过一部电影《烈火中永生》。这部电影改编自小说《红岩》，讲述的是大家耳熟能详的江姐的故事。在重庆解放前夕，江姐在丈夫被敌人杀害后，去华蓥山区参加农村武装斗争，由于叛徒甫志高的出卖，她和许云峰被敌人抓捕。在狱中，他们为了保守党组织的秘密，同敌人展开了智慧的周旋与顽强的斗争，最后英勇牺牲。

中学时，曾经读过一部小说《钢铁是怎样炼成的》。在这部小说里，作者奥斯特洛夫斯基塑造了一位年轻的布尔什维克保尔·柯察金的形象，并且通过他的成长道路告诉人们，一个人只有在艰难困苦的环境下战胜敌人并战胜自己，只有在把自己的追求和祖国、人民的利益联系在一起的时候，才会创造出奇迹。保尔·柯察金有一句曾经感动过包括我在内无数年轻人的名言："人最宝贵的东西是生命，生命属于人只有一次，人的一生应当这样度过：当他回首往事的时候，他不因虚度年华而悔恨，也不应碌碌无为而羞愧。在他临死的时候，他能够这样说：我的整个生命和全部精力，都献给了世界上最壮丽的事业——为人类的解放而斗争。"

我想，这部电影和小说，也一定感动过欧保尔。他把自己的名字改为欧保尔，就是明证。

与江姐和保尔不同，欧保尔出生在和平年代里。生长在和平年代的青少年，在看这些电影和小说的时候，经常有"生不逢时"的感觉，总认为自己没有赶上战争时代，没有那样的抛头颅洒热血慷慨赴义的机会。其实，他们往往忘记了一个道理：伟大出于平凡。

欧保尔的故事恰恰让我们懂得了这一点。

欧保尔出生在广西一个普通的农民家庭，和许许多多的农村孩子一样，上的是普普通通的小学和中学。但是，他从小热爱劳动、尊敬师长、崇拜英雄、敬仰烈士，中学毕业后选择了参军入伍，在部队的大熔炉里成长。军校毕业后回到广西成为一名普普通通的消防队员。他已经买好了结婚的婚车，和恋爱7年的女友商定在春节期间步入婚姻的殿堂。如果没有2022年1月31日晚的那场大火，他现在一定拥有了一个温馨的家庭、可爱的小宝宝，享受着幸福的人间烟火。但是，就在那个晚上，为了抢救被困火海的老人和孩子，欧保尔和战友在搜救中献出了年轻的生命。

《英雄欧保尔的故事》如实记录了欧保尔从出生到牺牲的27年人生历程，讲述了他生命中许多普通而感人的故事。如他如何尊敬老师，摸鱼慰问辛劳的班主任老师；如何热爱劳动，帮助家里养蚕做家务；如何崇拜英雄，学习家乡的将军更名励志，把自己的名字从宝尔改为保尔；如何刻苦学习，拼搏三年考上军校；如何舍身救人，多次在危急关头抢救落水儿童；等等。

欧保尔的故事告诉我们，在任何时代，只要有梦想，有追求，不断向上向善，每个人都可以在普普通通的岗位上发光发热，从平凡走向伟大，从优秀走向卓越。

关于故事的事
——读《小巫教你编故事》

爱因斯坦说过一句话，把故事对于儿童的意义说到了极致。他说的是："要想让孩子变得聪明，就给他讲童话故事。要想让孩子更聪明，就给他讲更多的童话故事。"

是的，童书里的故事，把孩子带到了一个另外的星空，一个无边无际的世界，一个美丽的王国。那些真善美的种子，也悄悄地播在了孩子心中。

如今有很多书教我们孩子读什么故事、怎么读故事，但教人们如何编故事的书，大部分都是写作教材，教父母给孩子编故事的读物，还不太多见。这本《小巫教你编故事》恰恰就别具匠心地从这个特殊的角度，为大人提供了一种特殊的讲故事的手法，也为大人提供了一种特殊的教育的办法。

不同的故事，不同的读法，会产生不同的效果。从教育的角度而言，新教育实验在十几年的阅读研究和实践中早已充分证明：和一个孩子此时此刻的生命状态联系最为紧密的故事，会对这个孩子产生最佳的教育效果。所以，新教育特别强调为孩子选择最吻合当下精神需求的书籍进行共读。我认为，《小巫教你编故事》的最大意义，也在于此。父母为孩子编出的故事，必然是最吻合孩子当下需求的，而父母为孩子讲述编出的故事，自然就是共读的过程。

《小巫教你编故事》一书里不仅记录了睡前故事、自然故事、失败故事、治愈系故事等诸多主题的故事，作者小巫还记录下这些故事编讲的创作过程，并进行精要的评述，小巫就像一个小小巫师一样，力图通过这些故事的诞生去催生出更多故事。最让我感动的是小巫撰写这一切背后的良苦用心，她写道："我们现在的绘本，大多数都是其他国家人的创作，很少中国本土的东西。所以我就想，我们自己的妈妈何不创作一些呢？……每个人的经历都是不一样的，你的经历是一个宝藏，这个宝藏可以通过故事（而不是说教）带给你的孩子。"是的，中华文化不是一句空话，而是由一群又一群人的生命去书写，由一代又一代人以故事为载体而流传。

当然，尽管父母编故事具有极高的价值和意义，也并非因此否定优秀儿童读物的价值和意义。比如专家研究发现，儿童接触到的词汇量是否丰富，对儿童的学习能力有着关键影响，而图书中的生僻词汇比口语中多得多。而且，故事和故事还不相同。已出版的故事，毕竟经过一层层选拔与编辑，整体来说品质比一般的口头故事高得多。一个精彩的故事，是一个立体的文学世界，它为孩子提供多种角度全面看待世界的可能，一个平庸的故事，哪怕出自良好的教育目的，也往往容易成为非黑即白的道德说教。

所以，父母编故事和父母讲述经典童书，不是互相取代，而是互相补充。当一个故事通过父母充满情感的声音到达孩子的耳边，孩子将会准确收到这份礼物。这份蕴藏着哲理的父爱母爱，就会潜入孩子的心灵。这将是孩子一生之中最大的财富，也是父母施与的一种美妙的爱的巫术。

是为序。

2015 年 3 月 25 日写于北京滴石斋

我们，也可以改变世界
——读《如何改变世界》

一

最近写了一组感动了我与许多新教育人的人物，如义工营伟华、上海王先生、嘉兴钱老师、聊城朱春华等。

当我用不同的词汇形容他们的时候，我一直没有办法用更简单的语言概括。恰巧在这个时候，我读到了《如何改变世界》这本书，它的副标题是"社会企业家与新思想的威力"。我终于找到了"社会企业家"这个概念，我发现，我描写的这些人物，甚至包括我们自己，我们新教育人，都是可以归到这个概念下的。

什么是社会企业家（social entrepreneurs）？该书作者戴维·伯恩斯坦认为，他们就是那些为理想驱动、有创造力的个体，他们质疑现状、开拓新机遇、拒绝放弃，最后要重建一个更好的世界。"社会企业家"首先一定是务实的人。其次，他们不投机，不放弃，他们的目标是解决社会上存在的各种问题……这些人受到"社会良心"（social conscientiousness）的驱使，就像商人受到利润驱使一样。该书的译者吴士宏也写道，社会企业家以改善社会造福人类为自己的事业，执着地经营所认定的"社会企业"。

其实，这些社会企业家并不是我们想象中的那些伟大的高不可攀的人物，相反，他们更多的是非常普通的人。在这本书中出现的人物，大多数是平凡得不能再平凡的人，他们是普通的教师，是普通的医生，是普通的律师，是普通的记者，有些甚至是普通的母亲。在美国，一个叫J.B.施莱姆的男人帮助了数以千计的来自低收入家庭的中学生进入大学；在南非，一个叫维洛尼卡·霍萨的女人发展出一种以家庭为基础的艾滋病病人护理模式，改变了政府的卫生医疗政策；在巴西，因为法维奥·罗萨的努力，数以十万计的边远农村居民用上了电，并使巴西无树大草原的环境得到保护；在印度，杰鲁·比利莫利亚创建了儿童热线，为千万流浪儿童提供24小时救援；还有，美国人詹姆斯·格兰特领导和"行销"了一场全球儿童免疫运动，挽救了2500万个生命。更有美国人彼尔·德雷顿，创建了一个志愿者基地"阿育王"——资助和支持了这些社会企业家，以及千余个像他们那样的人，将他们的思想威力撒播到了世界各地。这些社会企业家做的往往是政府和企业相对忽视或者相对失败的领域，他们往往没有权力，没有金钱，但是他们靠自己的理想、热情和坚忍，凭着他们的决心和创造精神，最后往往会感动那些拥有权力和金钱的人，从而创造出非凡的成就。正如爱迪生所说："如果所有人都能真正做到其能力所及的事情，结果会使我们自己震惊。"

在过去的几年，我们新教育人提出了"改变教师的行走方式，改变学生的生存状态，改变学校的发展模式，改变教育科研的范式"的目标，我们努力地去做，结果，我们的确改变了许多教师、学生、学校，也改变了传统的科研方式。尽管这是一个漫长的历程，但是新教育人没有放弃。我相信，只要我们坚持下去，我们还会继续改变。

二

在读这本书的时候，我经常有找到"同志"的感觉。

在字里行间，我看到社会企业家最显著的品质——理想主义！在该书的开头，戴维·伯恩斯坦形容这些人的时候说："他们拥有改善人民生活的强大理想，并致力于在许多城市、国家乃至在全世界的范围内，实施他们的理想。"

在第八章讲述社会企业家的角色时，作者引用了著名作家雨果的一段话："世上有一种东西比所有的军队都更强大，那就是，恰逢其时的一种理想。"在分析社会变革的动力时，作者对"理想占据了中心，而人始终是观众"的理论不完全同意，但是他对理想还是充满了敬意。他说，最成功的社会企业家，"是那些矢志不渝地要实现一种对于他们来说意义重大的目标的人们"。尤其是作为社会企业家的核心团队，理想就显得更加重要。

戴维·伯恩斯坦写道：如果理想要扎根并且蔓延的话，就需要有领袖。他告诉我们，他曾经追寻许多变革的源头，结果经常会发现一个在幕后工作的执着的人——"一个有远见、有动力、有完整的目标、有强大的说服力，并有不同寻常的韧性的人。""他们是一心追求理想的人，拥有技能、动机、精力和坚韧不拔的精神，他们愿为实现理想做一切事情：说服、激励、诱导、劝导、启发、感化、消除恐惧、转变看法、说明意义，并巧妙地把握操纵，使其理想得以在体制中通行。"

当然，这些理想主义的人们，同时是行动着的人们，是坚持着的人们。戴维·伯恩斯坦说，一个理想就像一出戏剧，即使是一个杰作，它也需要一个好的制片人和一个好的推广人。否则就要么无法开演，要么开演以后没有观众。因此，"一种理想，不会仅仅因为它是好的，就会从边缘变为主流"，同样需要进行巧妙的市场推广，才有可能真正改变人们的看法与行为。

其实，与理想相伴随的应该是行动，是智慧的行动，是坚韧的行动。所以，新教育人在提出了"追寻教育理想，享受教育幸福"的目标时，同时强调"只要行动，就有收获；只有坚持，才有奇迹"。在过去的几年中，我们之所以能够"改变"，能够前行，与我们的行动精神是分不开的。

三

该书第十六章是《革新型组织的四种实践》。内容不多，但是对于我们新教育人，尤其对于我们核心团队的建设，非常有借鉴的意义。

"制度化倾听"，是作者提出的革新型组织的最重要品质之一。戴维·伯恩斯坦说，对于倾听应该有"强烈的自觉"。"一旦你开始倾听人们的话，机会就是无限的。"真正的智慧在民间，在周围的人们，"每一个电话都是重要的"。说得多好啊！我们认真对待了每一个实验学校的电话了吗？我们认真倾听了每一个实验老师的意见了吗？我们可以有一万条理由解释没有这样做的原因，但是我们没有一条理由可以不这样去做。

"关注例外"，是作者提出的革新型组织的最重要品质之二。戴维·伯恩斯坦说，从革新的立场来看，许多成功的案例，许多洞悉精髓的观点，"看起来都是来自例外的或意想不到的信息，特别是一些意外的成功"。其实，另外的东西，往往是人们熟视无睹的东西，是许多人不去想、不敢做的东西。新教育实验不也是如此吗？在书香离我们远去的时候，我们提出"营造书香校园"，让读书成为教师与学生最日常的生活方式。这些看似"例外"的东西，恰恰是教育的最根本的东西。因此，我们受到了最热烈的欢迎，取得了初步的成效。所以，不要轻易否定任何意见，永远尊重和关注例外，应该成为新教育人的共识，应该成为我们的团队的文化。

"为实实在在的人设计实在的解决方法"，是作者提出的革新型组织的最重要品质之三。戴维·伯恩斯坦说，社会企业家的特点之一，就是对于人类行为持非常"现实的态度"，他们花费许多时间去思考，如何让别人真正接受他们的意见，"如何能使客户真正去使用他们的产品"。其实，这又是对新教育人非常有启迪的意见。新教育的六大行动，从理念上讲应该是没有问题的，因为它是几千年最伟大的教育智慧的结晶和成功教育实践的总结。但是，仅仅有这些是不够的，我们应该为实验学校"设计实在的解决方法"，如皮鼓、干干团队的"毛虫与蝴蝶"项目一样，实实在在。新教育深入的程度会影响我们推进的速度和品质。

"专注于人类的品质"是作者提出的革新型组织的最重要品质之四。戴维·伯恩斯坦说，那些依赖于高质量的人际互动而取得成功的组织，在招聘、雇用和管理工作人员的时候，通常密切关注一些"软性品质"。也就是说，他们关心的不是文凭、技术，而是诸如同情、灵活的思想方法和"强大的内核"（道德品质）。他举了发生在巴西的一个真实的故事：在一所专门招收低收入家庭孩子的芭蕾学校，许多教师都辞职了。创办人多拉·安德雷德说："我们需要那些真心相信变化是完全可能的人。那些留下来的人，之所以留下来，是因为那是他们天性中本来就有的东西。"是的，新教育主张让师生与人类的崇高精神对话，如果没有对于教育的崇高目标的理解，没有这样的信仰与执着，也是很难真正实现我们的梦想的。

四

该书的第十八章是讲"成功的社会企业家的六种品质"。我把它看成是我们新教育人的行动指南。

一是"乐于自我纠正"。乐于和善于自我纠正错误，是成功社会企业家的重要品质。戴维·伯恩斯坦指出，这一点看上去可能很简单，但是怎么强调都不过分。因为自我纠正需要有"冷静的头脑，又需要谦卑，还要有勇气"。他认为，自我纠正的倾向，"是出于其对一个目标而非对某个方法或项目的眷恋"。

其实，任何组织和个人都不可能不犯错误，不可能不经历许多反复，"否则，一个组织不太可能达到具有重大影响力的地步"。因此，这就需要我们有自我纠正的能力与机制。新教育实验也是如此。在坚持我们的追求的同时，应该善于纠正自己的各种可能的错误。

二是"乐于分享荣誉"。戴维·伯恩斯坦指出，如果我们不在乎荣誉归于谁的话，我们所获得的成就是没有限度的。对于社会企业家来说，乐于分享荣誉是通向胜利的"关键路径"。其实，这个道理非常简单，与他们分享荣誉的人越多。就会有更多的人愿意帮助他们。

我参加过许多次新教育实验的"毛虫与蝴蝶"项目组的讨论，他们的争论经常是无比激烈的，但是他们之间的友谊却非常浓烈。他们总是把荣誉与团队的其他人一起分享。许多新教育实验的学校也是如此。

三是"乐于突破自我"。戴维·伯恩斯坦指出，社会企业家可以通过改变现存组织的方向来造成变革。但是，他们往往是在民营的部门发现最大的自由，去试验并且推广新的想法的。他认为，变革、创新、发展，都需要一种"能与过去分离的能力"。

其实，这对于新教育实验尤其重要。从1999年到2006年，我们虽然很艰难，但是我们还是收获了很多很多。这非常容易让我们自我陶醉，让我们自以为是，让我们舍不得"与过去分离"。因此，不断地自我突破与自我超越，应该成为新教育人的自觉意识。

四是"乐于超越边界"。戴维·伯恩斯坦指出："从既定的结构中独立出来，不仅有助于社会企业家们摆脱那些主导概念的控制，而且给了他们以新的方式组合资源的自由。其实，社会企业家们的主要作用之一就是作为社会的炼丹术士：以一些社会不会自然地形成的配置方法，将人们的想法、经验、技能和资源组合在一起，去创造新的社会合成物。"他告诉我们，社会企业家面对许多复杂性的问题，需要整体性的思维。他们会超越组织、学科、纪律的边界，把不同的人集合起来创造不同的全新的方法。"社会企业家们因为需要整个世界都参与进来，就要重新安排这种次序。"

在新教育实验中，这种超越边界的方式也非常重要。我们六大行动有不同的项目组织，但是许多问题只有在超越边界的时候才能取得最佳的效果。由于分工的局限，导致工作效率的低下，是我们应该警惕的。

五是"乐于默默无闻地工作"。戴维·伯恩斯坦指出，许多社会企业家花费几十年的时间，坚持不懈地去实践他们的理想，他们以小组或者一对一的方式去影响他人。要理解和衡量他们的影响力，通常是非常困难的。"他们得到承认时，往往都是在他们默默无闻地工作了多年之后。"他举了创立"阿育王"组织的德雷顿的故事，我们很难相信，他会在30多年的时间内连续进行了10万次访问和谈话，在静悄悄地、不变地、不懈地坚持着。而正是这种坚持和默默无闻，"是这个世界上的变革的一个重要的动力"。

其实，默默无闻地工作，也是我要对新教育人说的。新教育实验一直是在媒体的关注与呵护下成长的。我们许多人可能习惯了轰轰烈烈，不习惯默默无闻；习惯了在别人的注意下工作，而不习惯独立地耕耘。默默无闻是一种心态，更是一种坚忍。我也真诚地希望，对于新教育人来说，有一天，"任何想找到他们的人，都不得不抛弃聚光灯下的显赫"。

六是"强大的道德推动力"。戴维·伯恩斯坦指出，道德准则是社会企业家的"基岩"，道德境界是他们的根源。他说，企业家和社会企业家其实是非常相似的动物，他们以同样的方式思考问题，他们问一些类似的问题。"区别之处不在于性格或能力，而在于他们的远见的本质。问题是：这个人是梦想建立世界上最大的跑鞋公司，还是给世界上所有的孩子接种牛痘疫苗？"

我经常对我的朋友说，不要问新教育人的动机，只要他去做，就足够了。现在看来，过去的想法不完全对。其实，"强大的道德推动力"同样应该是属于新教育实验的，只有这个力量才是永恒的力量。法维奥·罗萨说得好："我是我的梦想、思想与理想的奴隶。"

五

不能不说起这本书的译者——吴士宏。

是那个曾经担任 IBM、微软、TCL 集团高层管理职务，入选美国《财富》杂志"全球五十位最具影响力职业女性"的吴士宏吗？

是那个 1957 年生于北京，初中毕业（后取得成人高考英语大专文凭），曾做过护士的吴士宏吗？

是那个写过自传《逆风飞飏》，翻译过尤努斯的自传《穷人的银行家》的"打工皇后"吴士宏吗？

是那个已经在公众面前消失三年多的吴士宏吗？

正是她。一个总能够找到自己方向的女人。2003 年退出商界以后，她就在给自己寻找归宿。现在我们惊喜地发现，她已经成功地实现了从"商业企业家"到"社会企业家"的转变。她翻译这本书，是为了弘扬社会企业家的精神。在她的译序中，她虔诚地写道："奉献、爱心，是人类公认的美德，也是人类之所以为人类的根基所在。一个人做点好事并不难，难的是一辈子做好事；更难的是，将好事做成可以使人类持续受益的事业，从而使世界因此变得更好。"

是的，我们太缺少吴士宏了，我们太需要更多的"商业企业家"同时是"社会企业家"了！

吴士宏的转型并不是孤立的现象。在一定意义上讲，它预示着中国民间力量在社会变革中的地位悄悄地成长，意味着服务、奉献、爱心、责任这样一些观念开始走进我们的生活。

吴士宏是一种象征。新教育人也是一种象征。

在我写这篇读书笔记的时候，新教育人中的一个团队正在贵州的农村。他们没有吴士宏那样出名，但是他们有着同样的激情与梦想，同样的爱心与责任，他们也在做着可以称之为"社会企业家"的工作。

在教育在线的网站上，我看到有许多怀疑的声音，更有许多期待的眼睛。他们为什么要去做？为什么是他们在做？他们在做什么？当我看到他们不断地引用《阁楼上的光》中的那则《总得有人去擦亮星星》时，似乎明白了。我也愿意把它再抄录一下：

总得有人去擦亮星星，
它们看起来灰蒙蒙。
总得有人去擦亮星星，
因为那些八哥、海鸥和老鹰
都抱怨星星又旧又生锈，
想要个新的我们没有。
所以还是带上水桶和抹布，
总得有人去擦亮星星。

是的，"总得有人去擦亮星星"。吴士宏来了，灵山来了，营总来了，王先生来了，新教育人来了，还有更多的人正在和将要来。

星星会亮起来的，我相信。

我们也可以改变世界，我相信。

2006年9月2日下午

方言是文化的活化石
——《大丰本场话集萃》前言

"少小离家老大回，乡音无改鬓毛衰。"长期在外地，虽然不再用家乡的方言交流，但是听到乡音，总会感觉特别亲切。

两年前，曾经在网络上看到，据说江苏最难懂的十大方言中，大丰话名列第八。不信的话，可以听听：大丰话里有一种交通工具叫架踏差（指自行车），有一种扯淡叫嚼糟宝（指瞎说八道），有一种蔬菜叫番瓜（指南瓜），有一种感叹叫没得命（不是真的出人命），有一种鞋叫搭帅子（指拖鞋）……

这些外人很难听懂的话，在让故乡人会心一笑的同时，对故乡的思念也会油然而生。所以，当大丰政协的朋友寄来这本《大丰本场话集萃》，希望我写点文字的时候，我又情不自禁地破了自己的规矩——不为非本专业的书写序。

大丰话的土名叫"本场话"。为什么叫本场话呢？这与大丰曾经是盐场有关。据考证，大丰古代以烧盐为业，是两淮盐场的一部分。所谓两淮盐场，是指江苏沿海从海门县的吕四场到赣榆县的典庄团场，从事煮海为盐的淮南淮北两大盐场，又分作上场、中场、下场各十场共三十场的地区，是我国盐业的重要产地。其盐业发展起源于春秋，持续于隋唐，振兴于宋元，鼎盛于明清。由于海水东迁，从秦汉以后历经千年，诞生于黄海母腹中的中华大陆架的新生儿——大丰，加入了两淮盐场的行列。在地理位置上，处于中心地位。"大丰信史即事实起点是宋初《太平寰宇记》所载的丁溪场和伍佑场，而大丰盐业历史的逻辑起点应追溯到唐代宗宝应元年（762）刘晏措置四场十监时。"（《大丰盐政志·跋》），到1956年全境兴垦废灶，达千年之久。其所产之盐，论其质量，"品天下之盐，以淮南之熬于盘者为上"，大丰各场所产之盐正是盘熬之盐。论其产量，历元、明、清三代，大丰境内的丁溪、小海、草堰、白驹、刘庄五场之总产为两淮盐场的四分之一至三分之一，可见昔日大丰盐业的辉煌。

这块广袤的滩涂上，起初是周围来自泰州、高邮、兴化、江都、盐城等地的贫民、渔民煮海为盐。由于盐是人类生活不可或缺的物质，盐赋又是封建王朝收入的重要来源，有利于国计民生，因而历朝历代为了促使盐业持续而盛大发展，在劳动力不足的情况下，采取了移民政策。比如"洪武赶散"，朱元璋迁徙苏州、嘉兴等地的无业游民到两淮从事煎盐劳役达10万之众。他的继任者又规定：将福建广西的罪犯及通、泰、淮三司的充军人员为盐丁。至清代，人数不断增加。而这些"划入盐籍的人户，则永世为业，代代相传，不得转籍"（《大丰盐政志》348页）。这批湿地的开拓者说的话是江淮口音。居住在大丰各场的移民的口音，在漫长的时光中渐渐融化于江淮口音里。问他们是哪里人，自称是本场人，讲的话是本场话。

方言是文化的活化石。从文化的角度来看，大丰本场话有两个基本特点。

一是广博性。世世代代来自各地的众多盐官盐商，以及被充军发配的文武官吏、儒家士子，带来了中华的各种文化。宋代先贤范仲淹主持复修了捍海堰工程（后称"范公堤"，即今之204国道一段），他的"先天下之忧而忧，后天下之乐而乐"的论述，成为盐民的一种精神支柱。到明代，逐步开设了不少"社学"，即书院，弘扬了儒家文化。而历代都有一些著名文化人，如著《水浒传》的施耐庵、著《镜花缘》的李汝珍、著《桃花扇》的孔尚任逗留居住于此，使中华民族大文化中的官方文化、市井文化、民间文化大量地注入生活在这片地区的盐民心里和日常用语中。这从古代经典、史书、诗词、戏曲、小说及各种书籍中得到印证，可见有着深厚的文化底蕴。

二是自创性。"一方水土养一方人。"作为麋鹿故乡、多彩湿地、海洋风光、欲待开发的大丰，作为来此从事盐业生产的先行者，衣食住行各方面条件简陋，劳动繁重。"白头灶户低草房，六月煎盐烈火旁。走出门前炎日里，偷闲一刻是乘凉。"就是当时盐民贫困生活的写照。他们近取诸身，远取诸物，也产生了传统性的特殊用语。有对困苦生活的不满，有对美好生活的憧憬，有对贱民地位的怨恨，更有对坚忍精神的歌颂，产生的这些语言，具有一定的自然性、直率性、娱乐性和幽默感。同时，在原本江淮口音中，也融入了外来口音，出现了许多"跑音"现象。又由于盐民在当时被视为卑贱之人，在交谈中自觉地位低下，往往语调低沉，出现了许多入声和轻声。

十八大以来，习近平总书记多次强调传统文化的重要性。"对绵延5000多年的中华文明，我们应该多一份尊重，多一份思考。"属于江淮语系的大丰本场话，是中华民族语言的一个分支，从一个侧面揭示了中华文脉的传承、发展、变化的轨迹规律。它是盐文化的一个重要组成部分。盐，只要是水或各种液体都能溶于其中。本场话容纳了种种语言，包括一些外国语，可称官俚并蓄、庄谐兼有，显示了大气、包容、求实、创新的特色。

《大丰本场话集萃》分五个部分：词汇释义、古词今用、土话杂谈、俚俗泛录、读音对照。由四位退休老同志编纂而成。他们或接近古稀，或由古稀而至耄耋，怀着一片贡献余热之心，鼓足精力，不辞辛劳，广泛收集，周密考证，反复推敲，审慎落笔，对沉睡着的本场话资源努力加以挖掘，其用心就是为后代子孙留存一点文化遗产，为大丰增添旅游资源，为中华文化添彩，为圆中国梦助力。

时光如同河流，如同那条大丰主干河的卯酉河，朝朝暮暮只顾向前流去。可是，乡情也是川流不息的卯酉河水，乡音更是波浪涌动的黄海涛声。

作为大丰的游子，每每在央视听到那句"大丰好玩呢"的广告语时，总是产生许多本场话的联想。现在有了这本小书放在案头，多少也能够解些乡愁吧！

有游戏才有真正的童年
——李涵《童嬉》序言

游戏在儿童成长的过程中具有特别的意义。对于儿童来说，一切都是游戏。他们在游戏中学会交往，在游戏中认识世界，在游戏中发现自我。

现在的儿童，生活富裕了，游戏时间却少了；与电子产品里的游戏打交道多了，与人和自然的游戏却少了；用钱买来的玩具多了，自己动手制作的玩具却少了。

今年3月，著名图书装帧设计家周晨先生寄来范小青撰文、周矩敏绘制、他本人装帧设计的《江南童戏百图》一书，读完以后，我在微博和头条介绍，当天就有超过20万的阅读量，好评如潮。这本书介绍了许多我们儿童时的游戏，如捉迷藏、挑绷绷、踩水车、编柳叶帽、抽陀螺、绕饴糖、钻山洞、接板凳等，勾起了我许多童年的回忆。这本书的作者都是苏州人，也都是我的好朋友：我和小青同是苏州大学77届的校友，同是苏州首届十大杰出青年、苏州青联副主席；我和矩敏同是中国民主促进会的会员，同时在民进市委的班子共事；而周晨当年在我分管的古吴轩出版社当美术编辑，因为工作关系也有许多接触的机会。

作为作家、画家、装帧设计师，小青是江苏省作家协会的主席，矩敏是苏州国画院的原院长，周晨是多次获得"世界最美的书"的设计师，都是业内的佼佼者。三人强强联手，为孩子们奉献了这本好玩有趣的书。

但美中不足的是，矩敏的图画特别生动传神，小青的文字也很灵动鲜活，对游戏的具体玩法却没有详细展开。我告诉周晨，如果能够对游戏的玩法详细介绍，让现在的孩子们能够有机会玩玩父辈的游戏，真正复活这些传统的游戏，一定会更有价值，更有教育的意义。我当时提议，是否请我的学生《吴地传统游戏集粹》的作者来补充具体的玩法，出版一个修订版？周晨笃定地告诉我，另外一位苏州的朋友的新书，会弥补这个缺憾。

几个月以后，周晨发来了李涵老师的这本《童嬉》。他告诉我，李涵老师是苏州市工艺美术学会副理事长，也是苏州市职业大学艺术学院原院长，在中国画的人物尤其是吴地风俗画方面造诣深厚，出版有《江南烟景》等个人画册及《沈三白》连环画册、《吴地绘画》《吴地工艺美术》等专著。李涵老师的作品多次入选全国重要展览，并被选为中国邮政2018年元宵节特种邮票。他的这本书，也是一本儿童题材的吴地风俗画册，具有鲜明的地域特点和个人风格。

细细阅读，果然如我所愿，这本书不仅有精美、生动、有趣、直观的图画，也有具体、翔实、清晰的文字，更有我特别感兴趣的作者亲身体验、现身说法的游戏玩法。

全书分为七个部分，对江南的儿童游戏进行了全面、生动的介绍。第一部分是"集体游戏"，主要包括捉迷藏、春游、丢沙包、丢手绢、堆雪人打雪仗、击鼓传花、开火车、老鹰捉小鸡、摸瞎子、抬轿子、做广播体操、打仗、抢凳子、找朋友等团队活动的游戏项目。第二部分是带有博弈输赢的游戏，主要包括飞洋画、拍拍子、猜冬里猜、打弹子、打康乐球、斗草、滚铜板、七彩游戏棒、打算盘棋、斗蛋、斗纸飞机等。第三部分是竞技对抗的游戏，主要有拍台球、拗手劲、拔河、搏跟斗、斗鸡、拍羽毛球、踢毽子、踢足球、跳绳、跳橡皮筋、头顶头、驮妈妈背娘舅、两人三脚齐步走等。第四部分是文化艺术活动，包括乘风凉听故事、看小书、吹口琴、搭积木、打沙哈牌、折纸飞机、玩手影动物、万花筒、看露天电影等。第五部分是技巧技能类型的游戏，包括风风车、挑绷绷、打弹皮弓、放风筝、竹蜻蜓、包纸粽子、折纸等。第六部分是亲近自然的游戏活动，如斗蟋蟀、爬树、玩水枪、削水片、粘知了、钓鱼、摸鸟窠、喂养小鸡、捉麻雀、捉蜻蜓等。第七部分是逗乐趣味方面的，如戴唬面头子、鼻子眼睛嘴、车铁箍、吹肥皂泡泡、荡秋千、放炮仗、拍手游戏、骑竹马、跷跷板、套大鱼小鱼等。

这是一本传统游戏的小百科。对于现在的孩子来说，书中的游戏他们大部分都没有玩过，有些可能听也没有听说过。现在的孩子，要么玩电脑、手游，要么买各种现成的拼装玩具或者电动玩具，因此，许多玩具只是玩几次就玩腻了，坏了也就随手丢弃了。但是，传统的游戏不是如此。当年的儿童基本上没有玩具可买，玩游戏的过程，从制作玩具到玩游戏，是需要真正的手脑并用的。

如书中提到的"打水枪"的游戏。现在的水枪，一般是塑料制造，在某些旅游景点和庙会集市的小摊上销售。但是书中介绍当年的水枪，却是孩子们自己动手做的："水枪的原料是竹子，找栽有竹子的院子，就地取材折一根，也可以偷偷把家里晾衣的竹子锯一段下来（这可要冒被爸妈发现后挨打挨骂的风险）。水枪要有一粗一细两段竹子，而且细的要能塞进粗的竹子里，粗竹子前端端口要正好有竹节，在竹节的顶端再打一小孔以便吸水和射水。然后，将细竹子一头扎上布条紧紧塞进粗竹子后端口，细竹子要长于粗竹子十厘米左右，以可抓手为限。这样一支自制的水枪就完成了。"介绍制作方法之后，李涵老师又介绍了如何玩打水枪的游戏：玩水枪应先打一盆水，水枪的前端放进水里，将细竹子往后抽，粗竹管中就产生负压，这样水就从前端的小孔吸进竹管内，直到粗竹管吸满水为止。这时若拿着水枪对准小伙伴向前推细竹子时，一股水柱就从前端的小孔喷射而出，小伙伴立刻被射得一身凉水，旁观者"幸灾乐祸"哈哈大笑。"如果有几支水枪的话，大家既要互相喷射，又要逃窜躲避，你追我逃，水花四溅，场面更是混乱搞笑。这种游戏通常会在春夏秋季进行，这时气温尚高，冷水洒到身上不一会儿就干了，大人也不会责怪。"

书中的百余种游戏，李涵都详细用文字和图画介绍了玩法，为孩子们复制、复活传统游戏提供了可能性。在一定意义上可以说，这就是一个传统游戏的纸上博物馆。

传统游戏中，蕴藏着民间的智慧，蕴含着人与自然的美好，蕴含着人际交往的互动。有游戏才有真正的童年。好游戏是润物无声的教育。为孩子们提供更多的游戏时间，创造更多的游戏空间，让传统的游戏走进孩子们的生活，让童年为一生奠基，是我们的心愿，更应该成为我们的行动。

2019 年 12 月 12 日于北京滴石斋

第四辑
教育，一起向未来

未来与现在之间没有一个鸿沟。就像一条奔腾不息的长河一样，我们站在长河之中，在我们前方可能是过去，在后面可能是未来，但这是一条没有办法隔离的河流。而且未来是由现在所孕育的，未来的很多东西都是在现在就可以看出端倪的。如果不能看清未来的方向，我们就会被未来抛弃。

培养担当民族复兴大任的时代新人

今天,我们比历史上任何时期都更接近、更有信心和能力实现中华民族伟大复兴的目标。但正如习近平总书记所说,中华民族的伟大复兴,绝不是轻轻松松、敲锣打鼓就能实现的。需要全党全国人民付出更为艰巨、更为艰苦的努力,特别需要有一批"志存高远、德才并重、情理兼修、勇于开拓,在火热的青春中放飞人生梦想,在拼搏的青春中成就事业华章"的能够担当民族复兴大任的时代新人。

习近平总书记在不同场合对时代新人的内涵有过不同的表述。有研究指出,从习主席对"时代新人"多次阐述的要求和标准来看,坚定的理想信念、强烈的担当意识、过硬的本领能力、不懈的奋斗精神,就是担当民族复兴大任的时代新人应具备的主要特征。也有人认为,时代新人的主要内涵为:坚定的共产主义理想是信仰标识,担当民族复兴重任是历史使命,德智体美劳全面发展是素质要求,有中国人的志气骨气底气是精神气质,全球视野和世界眼光是人类情怀。在本书中,则重点强调了爱国情怀、社会责任感、创新精神、实践能力四个方面。

时代新人必须有深厚的爱国情怀。爱国情怀是指对祖国的一种积极和支持的态度,集中表现为民族自尊心和民族自信心,以及为保卫祖国和争取祖国的独立富强而献身的奋斗精神。爱国主义不是空洞的口号,不是装潢门面的标签,而是实实在在的行动。习近平总书记2018年5月在北大的讲话中指出,爱国是人世间最深层、最持久的情感,是一个人的"立德之源、立功之本"。"气节也好,人格也好,爱国是第一位的。我们是中华儿女,要了解中华民族历史,秉承中华文化基因,有民族自豪感和文化自信心。"希望青少年时时想到国家,处处想到人民,做到"利于国者爱之,害于国者恶之"。

真正的爱国情怀与全球视野、世界眼光正是一体两面。随着新时代的中国日益走近世界舞台中央，随着中国深度参与全球治理体系改革和建设，意味着中国将更加积极地发挥负责任大国的作用，意味着中国特色社会主义道路、理论、制度、文化能够给世界上那些既希望加快发展又希望保持自身独立性的国家和民族提供新的选择，也意味着中国有可能为解决人类问题贡献自己的智慧和方案。这三点也就意味着时代新人应该有着国际视野，有国际对话与跨文化沟通的能力，能够清晰地认识到自己在全球治理中肩负的责任担当，不断拓宽自己的国际视野，学习国际交流与合作的本领，为构建人类命运共同体，为人类社会实现可持续发展做出自己应有的贡献。

时代新人必须有强烈的社会责任感。社会责任感是一个人对其他人的伦理关怀和义务。强烈的社会责任感，表现为从小我走向大我，有志气、有骨气、有底气，有大爱、有大德、有大情怀，有着"天下兴亡，匹夫有责"的使命感和对其他人负责、对社会负责的责任感。2020年9月8日，在全国抗击新冠肺炎疫情表彰大会上，习近平总书记曾经深有感慨地说："世上没有从天而降的英雄，只有挺身而出的凡人。青年一代不怕苦、不畏难、不惧牺牲，用臂膀扛起如山的责任，展现出青春激昂的风采，展现出中华民族的希望！"

时代新人必须有勇于创新的精神。创新是一个民族进步的灵魂，是一个国家兴旺发达的不竭动力，也是中华民族最深沉的民族禀赋。自十八大以来，在习近平总书记的公开讲话和报道中，"创新"一词出现超过千次。他多次强调，"在激烈的国际竞争中，惟创新者进，惟创新者强，惟创新者胜"。中共十八届五中全会明确了"创新、协调、绿色、开放、共享"五大发展理念，"创新"一词排在第一位。2013年5月4日，他在同各界优秀青年代表座谈时指出：广大青年一定要勇于创新创造。生活从不眷顾因循守旧、满足现状者，从不等待不思进取、坐享其成者，而是将更多机遇留给善于和勇于创新的人们。

时代新人必须有实践能力。青少年是充满浪漫主义情怀的，也容易沉醉空想而眼高手低、缺少实干精神和实践能力，所以，习近平总书记多次用古人的"纸上得来终觉浅，绝知此事要躬行""知者行之始，行者知之成""道虽迩，不行不至；事虽小，不为不成"等名言警句来勉励青少年做知行合一的实干家。2018年五四青年节前，他对北大学子说："学到的东西，不能停留在书本上，不能只装在脑袋里，而应该落实到行动上，做到知行合一、以知促行、以行求知。""每一项事业，不论大小，都是靠脚踏实地、一点一滴干出来的。"他指出，做人做事，最怕的就是只说不做，眼高手低。不论学习还是工作，都要面向实际、深入实践，实践出真知，都要严谨务实，一分耕耘一分收获，苦干实干。

教育是国之大计、党之大计，也是培养担当民族复兴大任时代新人的基本路径。实现中华民族伟大复兴中国梦，必然会面临各种重大挑战、重大风险、重大阻力、重大矛盾，当时代新人真正"把自己的理想同祖国的前途、把自己的人生同民族的命运紧密联系在一起，扎根人民，奉献国家"，时代新人的肩膀就是民族复兴的翅膀。

我们需要怎样的成功观

《新周刊》上有一篇文章叫"有一种毒药叫成功"，说："现代社会有三粒毒药：消费主义、性自由和成功学……三粒毒药中，以成功学危害最巨——它以教育之名，行'毒'化社会气氛、'毒'化人心、破坏多元价值观之实。"

这种见解，一语中的。

成功学的概念是现代才提出来的，但其实这种价值观本身古已有之。宋真宗赵恒曾经手书《励学篇》勉励学子："富家不用买良田，书中自有千钟粟。安居不用架高楼，书中自有黄金屋。娶妻莫恨无良媒，书中自有颜如玉。出门莫恨无人随，书中车马多如簇。男儿欲遂平生志，五经勤向窗前读。"

这首诗比任何唐诗宋词都来得直接，对读书人的影响也更为广泛。简洁地概括则是：吃得苦中苦，方为人上人。时至今日，这仍然是许多教师在课堂上勉励学生的话。还有一些类似的创造：不要让孩子输在起跑线上。有的教师更直接：读书就是为了挣大钱，娶美女。

这句话虽然曾经引起争议，但事实上它里面所反映出的逻辑以及价值观，正是支配校园的"主流价值观"。有这种"主流价值观"做支撑，成功学的流行是自然的——只要看看各个学校的誓师大会就行了，从领导、教师到学生，无不拍胸脯、作保证，甚至高呼口号。

这哪里还是宁静的校园？我们究竟想培养出怎样的孩子？"人上人"的成功观里，蕴含着如下假设。

首先，这种成功观强调人与人是不平等的。中国是一个等级观念根深蒂固的国家，虽然宪法规定人人平等，但事实上在绝大部分人的心目中，人与人之间，职业与职业之间，包括同一职业的层级之间，并不存在平等关系。有"人下人"，有"人上人"，职业也有了高低贵贱之分。那些最优秀的学生，"削尖了脑袋"要报考热门专业，无非就是来自这种"人上人"的成功观，而不问自己是否适合，兴趣是否在此。这种"人上人"的观念其实也一直存在于教师的观念中，校园里本身就分三六九等，什么普通班、重点班、实验班，还有所谓的青云班、火箭班、奥数班，早就残酷地将还未踏入社会的懵懂学子分得清清楚楚，从师资配备、资源提供到各种奖罚措施，过早地让一部分学生提前享受成功以及由此带来的优越感，而让另外一部分学生感受失败以及由此带来的耻辱感。

其次，这种成功观强调人与人之间的绝对竞争。竞争与合作，本来是一体两翼。在现代社会，好的竞争其实就是好的合作，是通过合作达成共赢。从某种意义上讲，合作比竞争更为重要。但是，"人上人"的成功观是摒弃合作的，片面强调竞争，"不是东风压倒西风，就是西风压倒东风"，学校之间、班级之间、同学之间，甚至教师之间，非分出胜败不可。这种竞争从学生入学就已经开始了，每年的招生大战硝烟弥漫，两所学校之间"大打出手"的都时有耳闻。学校三天两头地到那些有可能考入清华、北大的优秀学子家里做工作，许诺各种奖励条件，难怪许多教师感叹"斯文扫地"。竞争甚至弥漫到小学，那句"不要让孩子输在起跑线上"经常让我心惊肉跳，孩子才背起书包，便被家长推进了"斗兽场"，书法、绘画、音乐一个都不能少，少儿英语更是火爆得不得了。学生入了学，三天两头地排名次，而且往往是全年级通排，张榜公布。对教师而言，事关自己的奖金和在学校的地位，因此不得不拼命"压榨"学生；对学生而言，耳闻目睹的都是这种扭曲的价值观，于是，丰富的生命被一路碾压过去，青春被碾成一张张薄薄的试卷。在许多校园里，学生之间的关系扭曲，因考试成绩差而跳楼自杀的学生时见报端。这种成功观将多元的人生浓缩为两个字："赢、输"。许多人的一生便在这样的"囚徒困境"里挣扎，哪里有什么幸福感。

再次，这种成功观强调今天的学习是为明天的生活做准备。许多学校甚至有类似的校训。今天是"苦"的，只有今天忍受这种"苦"，才能够苦尽甘来，享受"人上人"的幸福。可怜的是，这个"苦"实在够长，远不是十年寒窗能够概括。在进入大学之前要读 12 年书，大学毕业也要拼命考硕考博，或者投入残酷的职场竞争中。等到稍有喘息时，人生的黄金时间已经过去了，这真是"苦海无边"。和这种成功观相应出现的是各种各样的虚无主义的享乐哲学，是消费主义蔓延校园。

更为滑稽的是，这种成功观培育出来的大多数是失败者。即便那些考入名校的学生，也有一大堆的失败在等着他。而与大批大学生毕业就失业相对应的是，许多用人单位招不到合适的员工，这真是令人遗憾的错位。

要让学生走出失败的阴影，必须倡导真正意义上的成功观。这种成功观，我认为必须建立在以下信念之上。

第一，人生而平等，真正的成功不是成为"人上人"，不是"战胜"别人，恰好相反，是具有更好的帮助他人的能力。爱因斯坦说过这样一段话：人们必须防止把习惯意义上的成功作为人生目标向青年人宣传。因为一个获得成功的人从他人那里所取得的，总是无可比拟地超过他对他们的贡献。然而看一个人的价值应当是从他的贡献来看，而不应当看他所能取得的多少。这段话是耐人寻味的。学生要理解这一点，就必须具有深厚的人文修养，必须保持教育的多样性。令人遗憾的是，许多教师也并不理解这一点，他们当初接受的教育也并未教会他们这些东西。一个真正成功的人会以悲悯的心态去看待生命中那些不幸的人，并尽自己所能帮助他们，而自己的幸福也在其中。而许多世俗意义上的"成功者"，往往会在一些人面前自傲，而在另外一些人面前自卑，他们时时提防自己被人超越，因此生活在一种紧张之中。

第二，自己与他人同在地球上，彼此是共生关系，而不是你死我活的争斗关系。在你死我活的争斗中，从来没有真正意义上的成功者，有的只是一群处在焦虑提防状态的"精神病患者"。一个学生，假如从小就没有养成与他人合作的习惯，那么终生都不可能养成这种习惯，有合作也只能是短期的利益组合。

第三，生命不在别处，就在时下。假如我们时下的生命不够丰富，那么终生都会贫瘠无趣；假如我们时下的生命不够幸福，那么终生都会焦虑割裂。很难想象一个十几年都在苦水里泡着的人会突然拥有幸福的人生。读书阶段，其实是人生最重要的一个阶段，我们对世界的看法，与他人的关系，都会逐渐确立下来。

在这种背景之下，我们的教师应该重新给成功下个定义：成功，应该是指一个人最大限度地发掘自己的潜能（不仅仅是考试的潜能，而是人的多元智能），是指一个人在与他人合作的过程中最大限度地自我实现，是指一个人拥有最大限度地帮助他人的能力，是指一个人保持生命的丰富性，在多元价值观之下拥有属于自己的幸福完整的教育生活。

恢复人的丰富性与完整性，疗救被应试教育扭曲了的人性，使师生重新过上幸福完整的教育生活，正是"新教育实验"的主要目标。

因此，我认为那种建立在物欲主义之上的成功观必须得到检讨，必须有越来越多的教育行政部门，特别是教师重新思考成功的定义，重新思考自己的职业生涯，重新考虑自己的生活以及自己作为教师的尊严与使命。一个真正觉醒的教师应以自己的人文修养以及专业精神为学生撑起一片晴空，尽可能地为学生服务。

文明呼唤儿童优先

2019年6月1日，我在首届中国儿童发展论坛上发表了一个关于儿童的演讲。

我们知道，长期以来儿童是不受关注的。在人类的历史上、在人类历史的记载中，我们几乎是"看不见"儿童的。

国际上最早的一部儿童宪章是1923年被认可的《儿童权利宪章》，1959年，联合国大会才通过了《儿童权利宣言》，明确了各国儿童应当享有的各项基本权利。也就是说，直到20世纪中叶我们才真正承认了儿童，承认儿童是一个独立的人，拥有自己的权利。

而真正从法律意义上承认儿童的权利，则是 20 世纪 80 年代的事。1989 年 11 月 20 日，第 44 届联合国大会以 25 号决议的形式正式通过了《儿童权利公约》。这个公约的缔约国目前已经有将近 200 个了，我国在 1991 年 12 月 29 日，经全国人大正式批准，成为该公约的缔约国。

重视儿童，是一个社会、一个国家文明进步的标志。从世界范围来看，"儿童优先"这一原则的正式提出距今也只有三十几年的时间。1990 年，国际上举行了联合国世界儿童问题首脑会议。这次会议上明确提出了一个口号——"一切为了儿童"，并提出了"最优先地重视儿童的权利，儿童的生存以及儿童的保护和发展"的原则。这一原则要求世界各国应该对所有儿童的生存和正常发展提供基本的保护；在分配社会资源时，儿童的基本需求应该得到高度的优先。原因很简单：儿童是一个国家的未来，是世界的未来。

1996 年，联合国儿童基金会和联合国人类住区规划署共同发起"儿童友好城市"运动。其关于儿童友好的内容，主要包括三个方面：一是保护儿童权利，二是满足儿童需求，三是确保儿童参与。

为什么要关注儿童，为什么要儿童优先，为什么要对儿童友好？

第一，相对于成年人，儿童是弱势人群。这个社会的所有规则都是成年人制定的，所有的标准都是成年人决定的。儿童的主张没有人代言，儿童也很难发出自己的声音，儿童只有在 18 岁以后才能够作为公民拥有自己相应的权利。

第二，童年生活是否幸福影响到一个人的一生。蒙台梭利曾说："所有人都关注儿童的未来，但是恰恰没有人关心儿童的现在。""成年人的幸福是与他在儿童时期所过的生活紧密相连的。"苏霍姆林斯基也说过一段非常精彩的话："童年是人生最重要的时期，它不是对未来生活的准备时期。童年是真正灿烂的、独特的、不可或缺的、不可重现的一种生活。"所以，今天的幼儿将成为什么样的人，起决定性作用的是他们如何度过自己的童年。也就是说，成年人的幸福和他童年时期是不是幸福有着非常密切的关系。我们经常打着"为了儿童的未来幸福"的旗号牺牲儿童当下的幸福。其实，过去、现在和未来是一条长河，对儿童当下的关注，也将对儿童的未来产生影响。现在心理学研究已经发现，一个成年人身上的问题，差不多都可以从他的童年生活中找到答案,都可以从他的童年生活经历中寻找到源头。正如奥地利心理学家阿尔弗雷德·阿德勒说过的那样:"幸运的人一生都在被童年治愈,不幸的人一生都在治愈童年。"所以,童年经历对一个人来说,的确是非常非常重要的。

第三,一个国家对儿童关注的程度,在很大程度上体现了这个国家的文明程度。

我们应该知道,儿童是一个未经雕琢未受污染的个体,虽然不够成熟,但是足够珍贵。在儿童身上,葆有人类最珍贵的品质。

第一个品质——好奇好问。当儿童来到这个世界的时候,一切都是他所未知的,他对世界的一切都充满好奇,他想探索,他想了解。好奇心和问题意识,是打开世界之门的钥匙。

第二个品质——纯洁天真。儿童是纯洁的、天真的,儿童世界没有我们成年人世界的尔虞我诈、钩心斗角,没有种种虚假、狡诈、丑恶。在生活中,我们如果说一个人很天真,很纯洁,往往是夸赞他有童心。这是弥足珍贵的。

第三个品质——无忧无虑。儿童对这个世界是不设防的。他没有什么忧虑,不用担心当下,也不用担心明天,他只要啼哭或者直接将要求表达出来差不多就能够让自己的要求得到满足,所以儿童是快乐的。若是一个人一天到晚总是愁眉苦脸担惊受怕的,那他就不是儿童了,他就有了成年人的痛苦。儿童基本上是没有痛苦的,或者说儿童的痛苦基本上是瞬间的,在需求得不到满足的情况下,儿童会表现出短暂的痛苦。

第四个品质——活泼好动。这个品质往往和"好奇好问"紧密联系在一起。等儿童长成大人后,活泼好动就成了乐于行动。儿童要不断地去探索这个世界,就需要活动——通过他的手,通过他的腿,通过他的身体,去释放他的能量。你让一个儿童坐在那里不动,双手背起来听老师讲课,那你已经不是把他当作儿童来对待了。儿童是活泼好动的,好动是儿童的天性,所以你要跟孩子一起做游戏,跟他一起玩,跟他一起奔跑,让他走进大自然。

第五个品质——不惧权威。成年人的世界里是有角色之分的,有上级和下级,有领导和被领导的关系,人与人之间是有差异的。儿童的世界里没有权威,没有大小,他们完全平等。所以当有儿童和你争辩,和你讨论,你不要觉得是他太倔强了,而是因为他根本没有把你当权威。当他发现了权威的存在,承认权威的时候,他可能就不再是儿童了。

这五个品质基本上可以勾画出一个儿童基本的模样,这也是人类最宝贵的五个品质。随着人的成长,随着外部世界给我们的定义越来越多、越来越复杂,我们的童心会不断地削减,慢慢地就不再是一个儿童了。所以一个人如果能始终让大家觉得他有童年的纯真,有童年的好奇,是非常了不起的。儿童本身具备的品质,值得我们用心去呵护。我们要珍惜儿童身上这些宝贵的品质,让儿童有真正的童年,让成年人有真正的童心。让儿童童年的长度能够不断地去延展,让成年人拥有更多的童心,能更好地体现这个国家的文明程度。

第四,今天的儿童就是明天的公民,孩子今天的模样,就是人类明天的模样。关心儿童,让他们有更好的成长环境,被更好地呵护,人类的明天才会更加美好。蒙台梭利说:"我们的错误会落到儿童身上,给他们留下一个不可磨灭的痕迹。我们会死去,但是我们的儿童将承受因我们的错误而酿成的后果。对儿童的任何影响都会影响到人类。因为一个人的教育就是在他的心灵的敏感和秘密时期完成的。"所以,对儿童友好,才会让社会美好,让明天美好。这也是我们呼吁"儿童优先,筑基未来"的原因所在。

5G 能够改变我们的教育吗

2019 年 6 月 6 日,中华人民共和国工业和信息化部在全球首先发放了 5G 商用牌照,标志着 5G 技术正式投入应用。

2019 年 6 月 26 日至 28 日,世界移动大会在上海召开。大会召开期间,中国移动主持了"5G 赋能教育·智慧点亮未来"的分论坛。论坛上发布的《5G+ 智慧校园白皮书》,提出了教育教学、教育管理、校园生活、雪亮校园、数据分析、5G 特色应用六大智慧教育应用场景及解决方案,宣布将通过利用 5G、云计算、大数据、人工智能等信息技术手段,全面赋能智慧校园建设,这标志着 5G 技术在教育上应用的开启。

5G，是第五代移动通信技术的简称，它与之前的 4G 相比，具有三个显著的特点，即高速率、低延迟、高容量。因此，5G 在教育上的应用，也有着几个重要的特点。一是大大扩展了物联网网络容量。通过物联网应用程序教师可以更方便地获得关于学生学习的各种数据，提高教育的有效性。二是较低的延迟和较高的速度将扩展 VR/AR 的应用，扩大课堂中应用视频的容量。5G 的延迟时间预计将减少到 10 毫秒以下，是人眨眼时间的 1/30，会大大改善 AR/VR 的用户体验，使之成为教师更有效的教学工具。三是视频与远程同步课程会变得非常便捷，将会更好地推动城乡教育资源共享。

　　因此，不少媒体发出了"5G 赋能教育""5G 改变教育""5G 推进教育公平"等评论，教育界关于 5G 与教育之间关系的讨论也非常热烈。那么，5G 的普及是否会改善各地区之间教育资源不平衡的现状呢？5G 究竟会对教育产生怎样的影响呢？

　　的确，从教育的历史来看，每一次技术进步都会推动教育的变革。但是，技术进步对教育的影响，在不同的时代有着不同的路径。

　　由于教育与我们每个人息息相关，人们特别期盼新的技术革命能够成为变革教育的神器。正像互联网颠覆了商业模式一样，人们希望以 5G 为代表的新技术能够彻底改变我们的教育。早在 20 世纪中期计算机开始出现的时候，就有学者想用机器教学替代人的教学，甚至还有人提出了"学校消亡论"。互联网出现以后，更是有学者呼吁通过网络技术来颠覆当下的教育。在这方面，世界各国的努力程度和投入力度都非常大。但是，一直到今天，教育并没有发生根本性的变化。据说，苹果公司创始人乔布斯生前曾经提出一个著名的"乔布斯之问"："为什么计算机改变了几乎所有领域，却唯独对学校教育的影响小得令人吃惊？"对于这个耐人寻味的问题，2011 年 9 月，美国教育部前部长阿恩·邓肯给出了答案："原因在于计算机没有使教育发生结构性的改变。"

　　一般认为，信息技术在教育领域的应用可分为三个阶段：工具与技术的改变、教学模式的改变和学校形态的改变。电化教育、PPT 课件等都是工具与技术层面的变革，慕课、翻转课堂等是教学模式的变革。这些都是教育的局部变革，而且都是非刚需性变革。如果学校形态不发生深刻的变革，教育结构不发生相应的变化，那么真正意义上的教育变革是非常难以实现的，甚至从本质上来说几乎是不可能实现的。

作为一种文化样式和意识形态，教育与人的身心发展、与国家的前途命运紧密相连，因而教育变革的难度和复杂程度，远远超出我们许多人的想象。所以，要想解决教育的问题，仅仅依赖技术的变革是不够的。我们不能指望通过一场技术的革命，就一劳永逸地把教育问题解决了，这是不切实际的。5G 技术对教育的影响，也是如此。

到目前为止，我们对 5G 与教育之间关系的研究，主要局限在技术、工具与教学模式上，也就是说，仍然停留在信息技术在教育领域应用的前两个阶段上，而很少涉及第三个阶段，即学校形态的改变。

那么，究竟如何实现第三个阶段的突破呢？最近，我出版的《未来学校：重新定义教育》一书对这个问题进行了初步的梳理，提出了把学校建成新型的学习中心，充分利用 5G 技术背景下教育资源获取的便利性、即时性、共享性特点，对现在的学校进行重构，建立国家优质教育资源中心和新型的学分银行制度，打通学校与学校、学校与社会教育机构、学校与家庭的壁垒，创造"能者为师""课程为王"的新构想。在对学校形态和教育结构进行变革的背景之下，再利用 5G、人工智能等现代技术，那么一套新的教育生态系统，一种面向未来的教育模式，就完全可以成为现实。

我们正处在教育巨变的前夜

教育正处在一个大变革的前夜。这是一个摆在我们面前的越来越清晰的事实。进入 21 世纪以来，尤其是最近几年，世界发生的剧变是史无前例的。

第一，全球疫情持续蔓延，严重影响着社会经济的发展。疫情实时大数据报告显示，截至 2022 年 4 月，全球疫情死亡人数累计已经突破 600 万人，全球累计确诊病例超 5 亿人。疫情迫使许多学校停课，采取线上教学的方式。近两年来疫情下的教育实践也表明，对于大部分学生来说，学生在线学习是可以做到的。

第二，世界格局有了新的变化。毫无疑问，世界正在进入大发展、大变革、大调整时代，这一"百年未有之大变局"虽然不可能从根本上改变全球化的大趋势，但是对于世界教育格局和未来中国教育的发展无疑会产生重要的影响。

第三，元宇宙横空出世。2021年3月，沙盒游戏平台 Roblox 作为第一个将"元宇宙"概念写进招股说明书的公司，成功登陆纽约股票交易所，上市首日市值突破400亿美元，成为科技圈和资本圈的头条新闻。2021年10月，Facebook 改名 Meta，这一受元宇宙概念影响而发生的事件，立刻引发了思想界、科技界、资本界、企业界和文化界，甚至政府部门的普遍关注。元宇宙这样一个平行于现实世界又独立于现实世界的虚拟空间，究竟会对我们的教育产生什么影响，也给了我们很大的想象空间。

第四，脑科学的新发展。2020年8月，埃隆·马斯克为研究脑机接口技术的公司 Neuralink 举行发布会，介绍了可实际运作的脑机接口芯片和植入芯片所需的手术设备，并展示了已植入芯片的三只小猪。被植入芯片的实验猪在行走时，其脑电波可以通过脑机接口设备直观地显示在大屏幕上。目前，美国、日本、中国等国家都在脑科学研究方面投入巨资，谋篇布局，以图通过绘制大脑工作状态下的神经细胞及神经网络的活动图谱，揭示大脑的工作原理，阐明脑疾病发生机制与人的学习机制。这些研究及其成果无疑也会给教育带来一些革命性的挑战。

第五，"双减"政策的推进。2021年7月24日，中共中央办公厅、国务院办公厅印发《关于进一步减轻义务教育阶段学生作业负担和校外培训负担的意见》，对学科类培训机构在上市融资、机构属性、收费、培训内容以及上课时长等方面均做出明确规定。"双减"政策不仅对学校的办学产生了深刻影响，对于整个校外培训行业更是产生了难以估量的影响。"三限"（限制机构数量、限制培训时间、限制收费价格）和"三严"（严管内容行为、严禁随意资本化、严控广告宣传）的政策对于整个教育生态和格局也将产生深刻的影响。根据教育部的统计，仅仅三个多月的时间，培训市场大幅降温，广告基本绝迹，资本大幅撤离，校外培训野蛮生长的现象得到有效遏制，学科类培训机构数量大幅缩减。

思路决定出路。我一直认为，中国教育的改革与发展需要顶层设计，需要看清未来的方向。2019年，我在《未来学校：重新定义教育》一书中提出，适应工业化的传统学校需要让位于以学习者为中心的未来学校，以知识为本位的传统教学需要让位于以"全人"为目标的个性化学习，以教室、教材、教师为中心的教学模式需要让位于基于新的互联网、人工智能、元宇宙等技术的全时空学习模式。在这个大变革的时代，中国教育要实现弯道超车，有着诸多的优势和可能性，我们要以更加开放、更加多元的心态去探索，以更加富有智慧、更加卓越的方法去实践。让我们一起努力，为中国教育的美好明天添砖加瓦，做出新的贡献！

教育，一起向未来

世界越爱越精彩
雪花纷飞迫不及待入怀
Fly to the sky
天地洁白一片片存在
未来越爱越期待
我舞晴空心花怒放表白
Fly to the sky
万丈彩虹一重重盛开
我们都需要爱
大家把手都牵起来
Together for a shared future
一起来一起向未来
我们都拥有爱
来把所有门全都敞开
Together for a shared future
一起来　Together
一起向未来

2022年年初，这首《一起向未来》带有积极正能量的旋律在北京冬奥会和冬残奥会上唱响，在共和国的大地上唱响，它唱出了人们对冬奥会的憧憬和期待，也唱出了全世界渴望携手走向美好明天的共同心声。这是中国向世界发出的声音，也是中国对未来发出的声音。

其实，这也是我们对教育的期待。

2019年10月，在第二届PDC国际教育大会暨第二十届中国国际教育年会未来教育研讨会上，我曾经就未来教育的问题做了一场讲演。我讲了三句话：

第一句话，未来总要来，不请它自来。
第二句话，未来正在来，现在有未来。
第三句话，美好的未来，行动做起来。

记得在世纪之交的时候，我们对新的千年充满了憧憬和期待，没想到转眼之间已经过去了20年，未来是不以我们的意志为转移的。你不请它，它自己就来了。

其实，未来跟现在之间没有一个鸿沟。就像一条奔腾不息的长河一样，我们站在长河之中，在我们前方可能是过去，在后面可能是未来，但是这是一条没有办法隔离的河流。而且未来是由现在所孕育的，未来的很多东西都是在现在就可以看出端倪的。未来的教育其实就孕育在今天的教育之中。我在《未来学校》一书中讲述的许多未来蓝图，在今天的中国和世界都可以找到原型而不只是捕风捉影。现在教育的一点一点的变革，逐步积累起来，终究会冲破现代的教育堤坝，造就一个新的教育景观。所以，现在就有未来。

对于未来，我们有不同的态度和方法。第一种是你不要做任何事，就是等待，静待花开。第二种是自己主动去创造，在现代中去寻找未来，去发现那些美好，并培育它，让它从星星之火变成燎原之势。

二十多年前，我写过一本书《我的教育理想》，很多人都看过，这本书现在依然是畅销书。有些老师看了之后激情澎湃，但是回到学校里热血又冷下来了，他们说："现在这样一套考试制度，这样一套评价体系，我们没有办法做。我们戴着镣铐怎么跳舞？"其实，戴着镣铐同样可以跳出精彩的镣铐舞，任何改革都是在夹缝中寻找出路，任何变革都是寻找发展的空间。为什么在同样的体系下,有一些老师做得有声有色?在同样的考试评价下,有一些学校做得如火如荼?其实,任何时代,任何地方,变革总是有空间的,未来需要我们共同创造。

20多年前,我发起了新教育实验,当时在苏州昆山的一所学校进行探索,到今天已经有众多实验学校加盟,广大师生参与,按照新教育的理念去行动的学校更是数不胜数。虽然我们的理想和愿景还没有实现,但是,很多重要的教育理念和实实在在的课程与行动,已经在中国的很多学校、很多区域成为教育的现实。

行动就有收获,坚持才有奇迹。未来取决于我们当下的每一分努力,未来有多美好,取决于我们现在有多用心。我愿意和大家一起努力,携手探索未来的教育,建设我们更美好的教育生活。

教育需要爱
大家把手都牵起来
Together for a shared future
一起来一起向美好教育的未来

美育,教育人的志业

100多年前,也是11月,在德国慕尼黑的斯坦尼克艺术厅,马克斯·韦伯发表了他的著名的演讲:学术作为志业。当时是"一战"的尾声,世界充满着混乱、不确定、撕裂,马克斯·韦伯将德文"Beruf"(职业)这个本来很普通的词,赋予了强烈的价值和精神的含义。我今天也想借用这个既普通又神圣的词来强调:"美育"是教育的价值所在,它是教育者被终极精神所召唤的行动,也应该是我们教育人的志业。

同是100多年前的"五四",中国内忧外患,蔡元培有"美育代宗教"之说。这是"美育"作为教育者的终极精神追求第一次被明确地提出来,可惜,之后的混乱、战争、动乱,让我们失去了在教育和社会实践中去探索、去实践"美育"的机会。当时，林风眠先生曾感慨，五四运动忘了"美育"实践的主力——艺术。1927 年，在蔡元培建的杭州国立艺术院的开学典礼上，他就讲："中国在科学上、文学上的一点进步，非推功于五四运动不可！但在这个运动中，虽有蔡孑民先生郑重的告诫，'文化运动不要忘了美术'，但这项曾在西洋的文化史上占得了不得地位的艺术，到底被五四运动忘掉了；现在，无论从哪一方面讲，中国社会人心间的感情的破裂，又非归罪于五四运动忘了艺术的缺点不可！"

100 多年过去了，我们的国家和民族正开启伟大的复兴，"美育"在现代教育的核心价值又被重新提出，从 2015 年国办印发《关于全面加强和改进学校美育工作的意见》，到各地"双减"政策的全面推行，到中共二十大报告再次强调包括美育在内的五育并举，教育界和社会各界关于"美育"的议论已经很多很多了，理论性的、观念性的、呼吁性的文章、谈话、演讲很多，这当然很重要，在理论上澄清美育的概念、在思想上端正美育的态度，通过呼吁警醒全社会和教育部门重视美育，这些都是我们应该补上的功课。但如果没有能真正落实到我们新时代教育中的美育实践，没有全社会对于美育的共识，没有民间的美育行动，特别是没有落实到青少年美育的主战场——学校教育的行动中，我担忧"美育"会再一次成为一种"呼吁""口号"，好像轰轰烈烈，但美育的实践者——校长、老师、父母和全社会，对美育并没有更坚定和更明白，反而困惑更多了。

大家知道，新教育是行动派，我有一段流传广泛的言论：中国教育有弊端，但怒目金刚式的斥责和鞭挞，虽痛快却无济于事。对于中国教育而言，最需要的是行动与建设，只有行动与建设，才是真正深刻而富有颠覆性的批判与重构。我们要警惕美育成了时髦的话题而在教育实践中的缺失或混乱，或浮于做表面文章，或旧瓶装新酒，将以往的艺术教育堆积起来了事，或用德育代美育，或把美育的概念无限扩大——一切皆"美育"。总之就是距"美育"在教育中的真正意义和价值渐行渐远。因何而美育，如何美育？如果我们不回到现实的教学、课程中去思考美育与普通教育之间的关系，并为美育在学校课程中锚定地位、明确目标的话，那么开设再多的艺术课，或在其他课程中贴再多的美育膏药，也难免是一连串的应付差事之举，而无灵魂可言。

下面，我就想以学校课程为例，说说如何在学校课程的实际操作中进行全面的美育实践。各位可以把这些观念稍稍延展一下，运用到更大的社会美育的范畴，也就是"大美育"中。

先说美育的主导课程——艺术类课程。当学校被要求开设美育课程或开始美育活动时，多开艺术课程，多组织艺术活动，好像顺理成章，这也是我们大多数学校的做法，但我要说的是，虽然艺术类课程因为内容属性天生具备育"美"的特质，但并非所有的艺术课程都能自然地体现出"美育"，只有当艺术课程能让人人都获得欣赏美、创造美的能力，而不只是指向完成一件"艺术作品"时，美育才在艺术课程中发生。

一个最简单的方法可以识别艺术课程或艺术活动是否脱离美育的目标，就是看课程或活动的目的是伯乐选千里马，选拔天才，发现特殊才艺，还是让每个同学在其中都能获得审美能力，提高艺术素养。我看到，我们很多的学校开设的大部分艺术课程，搞的许多艺术活动或多或少都难逃展示"艺术天才"的魔咒。要在"艺术类"课程中体现出"美育"，我们应该强调艺术作为"思维工具"和"生活工具"的目标，我们要通过艺术课程获得某种东西，是当我们谈论一件事物的美丑或者感性上觉得有趣时所依据的东西，是当我们有选择地去购买、保护或尊崇一个物品时所依据的东西，是当我们感知与阐释各种媒介中的艺术形象时所依据的东西。我们通常把这种"东西"称之为"品味"或"审美素养"。这是一种感性的、直观的价值观，这种审美的价值观无须与其他价值观，比如道德或伦理价值观简单地混为一谈，这种价值观很大程度上正是通过将"艺术"作为独一无二的人类理解自身和所身处的世界所必需的思维与实践工具来教学而获得的。

如此作为学校普通艺术课程的目标，艺术学习就不会仅仅局限于一般意义上的"艺术技法"学习，或创作出一件"艺术作品"的学习，艺术学习的过程才能逐步具备培育审美素养，获得一种"艺术性"的理解世界、从容生活的能力的过程，也即美育的过程。新教育在2014年的年度总报告中就提出了"艺术教育，成人之美"的新艺术教育总目标。2018年我们又成立了新艺术教育研究中心，组织专家和一线教师开展以"艺术思维"课程为突破口的"大艺术课程"研究，同时，新艺术教育研究中心还组织专家、艺术家进入乡村学校，开设以学年为单位的"新少年美育课堂"艺术示范课和艺术教师培训活动。2019年我们创立了"新少年艺术教育节"，以实际行动探索一种以人人能参与、享受艺术创作过程、展示学校艺术教育成果为目标的艺术展演活动新模式。我们把以美育为目的的艺术教育探索和实践，作为新教育"大生命""大人文""大科学""大艺术""大德育"课程体系研究与实验的重中之重。

下面再谈谈非艺术学科课程。说到要在其他非艺术学科课程中融入"美育"，现在普遍的做法是在以学科内容为主导的项目学习中加入艺术呈现的部分，比如做个酷炫的项目汇报展，让演讲的幻灯片更有艺术性、更美观等。这些看起来是最直接简便的方法，当然是有益的，但要警惕这种只做"裱糊匠"、贴"艺术膏药"的泛滥，让我们远离了"美育"的根本。

其实，在非艺术学科课程中，强调以完成"艺术品"或"审美"的标准完成本学科学习的过程，才是"美育"的核心，这里，我们更强调在这些非艺术学科的学习中体现"艺术"或"审美"的态度。比如数学课，公式、推导、答案都对，数学教学的目的就算完成了，如果你还想，是不是有更简洁的方法获得答案，或考虑公式、推导、答案书写格式是否让人舒服等，这就进入"审美"的范畴了，这有意义吗？如果你只想混混，可能没意义。但你要想成为数学家，或是一个想在职业中找到快乐的人，那意义就大了，这就是数学中的美育。再看写作，比如说写个说明、报告，无错别字，标点没用错，事说明白了，写作目标基本完成。但如果你还要在这其中讲究用词，强调文意节奏，让人易懂易记，愿看难忘，从中能获得"持续性的愉悦体验"，那就不一样了，我们就说在写作课中贯彻了美育，写作课也就成了文学艺术课。我们再看看现在的劳动课——烹饪课，自主地做熟一顿饭，作为劳动课的烹调课的目标就完成了，如果还要讲究色香味齐全、营养均衡、摆盘，进而讲究餐桌餐布，做饭动作干净利落，自我陶醉等，那也就是美育了。

在世界各国中，我们知道法国被公认为最具审美性的国家，这得益于法国传统长期以"技术"和"艺术"的相宜相长著称。法国的思想家们也常常把艺术和技术联系在一起，斯蒂格勒就认为：一切都是艺术，语言是艺术，舞蹈、唱歌、绘画、雕塑是艺术，文学、科学、政治也是艺术；在日常生活中，我们所说的艺术，其实是一种特殊的技术，是你的技术达到一定高度的东西，这时你就可以成为一名艺术家了。斯蒂格勒发明了"技艺术"一词，并认为"技艺术"在当代的技术工业系统中扮演关键性的角色，一个国家的"技艺术"越发达，才越有可能在全球的商业战、信息战、思想战等全面的竞争中胜出。其实，我们中国在 5000 多年的历史中，也有很长时间被认为是最具审美性的国家，最有审美气质的朝代——宋朝，就是同时期独步天下的制造强国、科技强国。在我们的文化传统中，审美传统丰厚而久远，如何继承发扬是我们这一代人的使命。

八年前，我在《艺术教育成人之美》的讲演中曾经说：艺术教育的目的不是培养职业艺术家，不是艺术尖子的选拔与培育，而是源于儿童天性的自由发挥，注重艺术欣赏力和艺术情怀的培育，通过艺术无处不在的中介作用，为了艺术化的人生目的与境界的教育，注重培养具有艺术精神、艺术思维和健全人格的人。其宗旨是体验一种幸福完整的生活，成就一种幸福完整的人生。我想，这也是美育的意义之所在。

美育，就是要成就人的美好。从"呈人之美"到"成人之美"，美育就是要让每个人通过幸福完整的教育生活，成为完整幸福的美好的人，是"成人之美"的手段；教师和父母都是最擅长"成人之美"的人，首先要帮助成就孩子，同时在此过程中成就了自己的"成人之美"。这就是教师和父母的志业。

人心就是力量

今年（2016 年）1 月 29 日，习近平总书记在迎新春讲话中提出了一个重要命题："人心向背、力量对比是决定党和人民事业成败的关键。"这已经是总书记一个月内第二次强调这个观点。

是的，在倾听人民呼声已经成为推进党和国家各项工作的重要原则时，我们还需要特别强调，"人心是最大的政治"，人心也是最伟大的力量。人心向背决定力量对比，从而决定事业成败得失。这是一个最简单也最深刻的道理，是历史给人类的教训，是中国共产党人 90 多年以来最重要的心得之一，是党的群众路线与统一战线法宝的别样解读，是新时期治国理政的根本遵循，也是人民政协工作的意义所在。

人心就是力量，这是历史给我们的启示。得人心者得天下，失人心者失天下。古今中外，任何王朝的兴衰更替，背后无不是民心在起作用，早已深刻体现出"政之所兴，在顺民心；政之所废，在逆民心"。

人心就是力量，这是中国共产党的经验给我们的启示。人民解放军为什么能够战胜人数远远比自己多、装备远远比自己强的国民党军队？毛泽东的回答就是一句话：共产党赢得了民心。

人心就是力量，这也是战胜汶川大地震等重大灾难给我们的启示。从某种意义上说，所有的灾难，都是一块试金石。就像汶川地震，能够粉碎高楼，夺走生命，却又凸显出民心的坚强、善良与团结。

人心就是力量，这更是我们当下应该充分调动的力量。因为困难面前，尤其需要全民同心。目前经济出现了下行的趋势，但我们的发展空间和回旋余地仍然很大，有待存量盘活的财力与人力资本仍然很大。比如，我国仅仅接受过高等教育的人数就达到1.2亿，超过了日本总人口和美国的劳动力总量；我们2亿多进城务工人员的职业技能也有很大的提升空间。如果能把这些人的能量充分发挥起来，我们的经济将会怎样？我相信，那一定能创造出新的奇迹！

人心就是力量，所以，对内要求社会各界不仅尽力，而且齐心。中国这艘巨轮正在全力以赴抵达全面小康社会的彼岸，需要中国共产党掌好舵，也需要包括各民主党派成员在内的全国人民一起划好桨。同舟共济，才能乘风破浪，才能将暴风骤雨笑看为沿途风光。

人心就是力量，所以，对上要求必须了解民意、倾听民声。老百姓希望什么？希望日子过得更好一些，希望有更优美的环境、更好的教育、更稳定的工作、更满意的收入、更可靠的社会保障、更高水平的医疗卫生服务等。把老百姓对幸福的具体指标变成我们真正的奋斗目标，我们就真正和人民站到了一起，就能赢得人心，就会有力量。

人心就是力量，所以，也意味着人民政协要更好地发挥独一无二的作用。人民政协因团结产生，依团结存在，靠团结发展，作为大团结大联合的组织，理应在团结人民、凝聚人心方面发挥重要作用。正如习近平在庆祝人民政协成立65周年时强调："人民政协要最大限度调动一切积极因素，团结一切可以团结的人，汇聚起共襄伟业的强大力量。"

人们常说，人心齐泰山移。的确，人民为国家之基，人心则为国家之根。根的力量，表面难以看见，却在深层发挥着关键的作用。人心所向，则根系牢固。有一种叫红杉的树，虽然是浅根型植物，可是它们成群结队地成长，树根在地底相连，形成一张牢固的大网，因此狂风暴雨也无法摧毁它们，以至于能够成长为近百米的树林，高耸入云，让人叹为观止。

我们相信，无论出现多大困难，只要全国人民心手相牵，就没有什么困难不可克服，没有什么风雨不可阻挡。因为——人心是一种神奇的力量，孕育着未来，催生着希望！

柿红，新教育的颜色

2012年10月14日傍晚，从新加坡风尘仆仆刚到北京的陈瑞献先生，在徐锋先生的陪同下专程赶到了北京张家港饭店。

没有媒体，没有鲜花，只有墙上张贴的红纸上印着一行字，写着当晚相聚的缘起，"慈果佳缘——国际著名书画家陈瑞献向新教育捐赠杰作《柿红》仪式"。

如此悄然简朴的捐赠仪式，见证的却是一位世界级艺术大师和一位享誉海内的儒商对中国、对教育的拳拳赤子之心。

陈瑞献先生，新加坡国宝级的艺术大师，曾是世界上最古老的艺术研究机构——法兰西艺术研究院最年轻的驻外院士，季羡林先生曾评价他"代表着东西方文化发展的未来"。他通晓中文、英文、法文和马来文，在小说、散文、诗歌、戏剧、评论、油画、水墨画、胶彩画、版画、雕塑、纸刻、篆刻、佛学、哲学、美学、宗教学等诸多领域成就斐然，在饮食文化、园林艺术和服装设计领域也造诣精深。先后获得过历史最悠久的艺术团体法国艺术家协会金奖章、法国国家功绩勋章、拿破仑荣誉军团军官级勋章与瑞士达沃斯世界经济论坛水晶奖等国际性大奖，1998年由联合国秘书长安南提名，他的彩墨画《大中直正》入选为《世界人权宣言》新版本插图……

从艺术到教育，从新加坡到中国，陈瑞献先生因何与新教育结缘？缘分真是说不清道不明，一段缘分的缔结，往往是另一段缘分的缘起。与瑞献先生结缘，还得从我与徐锋的结缘说起。

徐锋先生，华严集团董事局主席。2012年4月22日，由徐锋资助的理想大学专题研讨会在北京饭店举行。这次研讨会是为武汉大学前校长刘道玉的《理想大学》一书出谋划策，朱清时、顾明远、易中天、钱理群、辜胜阻、杨东平、左小蕾、马国川、刘海峰、杨德广等名家大腕来了一大批。会上，刘道玉的一名学生晚到先离，让徐锋义愤填膺。会议结束时，徐锋当众宣布从此不与此人交往。他说，再著名的学者，在老师面前，也应该是谦卑的。

有些人，经常见面，却无法深交；有些人，只见一面，却如故友至交。我与徐锋，就属于后者。出于对他的敬意，我送给他一本介绍新教育的小书《那些新教育的花儿》和两本杂志。

一周以后，就收到了徐锋的来信。他告诉我，详细看了新教育的资料，很感动，想不到中国还有人在做着这样一件有意义的事情。我告诉他，7月份在山东有一个新教育的年会，欢迎他去观摩指导。

两个多月以后的7月14日，全国第十二届新教育年会在齐国故都临淄举行，来自全国19个省、市、自治区的近2000名新教育同人参加了这次以"缔造完美教室"为主题的会议。徐锋先生不仅如约前来，而且还带上了夫人、儿子和儿媳。

新教育的会议内容丰富，每天的时间都安排得特别紧凑，从早到晚各项议程排得满满当当。徐锋不仅全程参加了为期两天的会议，还多次被感动得潸然泪下。在闭幕式上，他当场捐赠100万人民币给新教育基金会，并且做了一场《相信种子，相信岁月》的讲演：

我认为，新教育是在给一个病人——中国教育，做一次准确的基因修复。大家从事的，是一项注定要走进历史的、伟大的、关系中国教育成败的基因修复工程⋯⋯

到那时，新教育也就要改名了，改名为"中国教育"。为了这一天的到来，我们还要努力，还要坚持，还需要更多的人参与进来，继续相信种子，相信岁月，继续付出青春、汗水和生命⋯⋯

· 徐锋先生的发言，字字珠玑，振聋发聩。这一番话，重重敲打着我的心。我永远记得那一刻的会场，2000人的现场如无人之境般的安静，在场的新教育人无不为之动容。

100万善款，并不是一笔小数目。可事后，从一线教师到教育管理者、到新教育专职团队的成员，许许多多人异口同声地说，徐锋的讲话，远远超过100万，堪称价值连城。

可是，哪怕徐锋先生当时都不会想到，这还是另一段善缘的开始。

7月18日，徐锋把自己的讲话与远在异国的好友陈瑞献先生分享。瑞献先生读完立即回复："徐锋，顷接年会发言稿，至为感动，我若在现场，定领先起立鼓掌致敬。……知识而外，事关价值之取向与正道之灌输，新教育使命浩荡，华严新教育贡献奖之设立，尤高瞻远瞩，堪为各界楷模。"

在信中，瑞献先生提到了他的一篇寓言《柿红》。他说，新教育正如寓言中之果农，有朝一日，必将"累累柿实，灼灼村庄；果农浸濡，浑身红放"。

徐锋立即回信介绍了他在临淄的亲眼所见："新教育的孩子一个个阳光灿烂。小学三年级已达一千万字的经典阅读量，一个个都是徐思原（注：徐锋之子）。我们现场听了一堂五年级小学生的毕业典礼课，老师、家长、学生都到场，老师给每个学生点评，学生向老师告别，向父母感恩，最后是所有人哭成一团，包括我们这些观摩者。我为我们的后代能接受这样的教育而感到自豪，也看到了我们国家的明天和希望。"

两天后的7月22日，瑞献先生给徐锋又写下了这样的一封信：

新教育亦令我想到刘道玉校长东方心灵大学之构想。或许灵犀相通，接临淄讲稿前夕，我已将新作《柿红》寄出予你。《柿红》乃我同名寓言之延续。寓言如此写道："他沿着湖走，橘黄的长影和涟漪一齐荡去，在湖边浣衣的母亲都微微抬起了头。他沿路送柿子给孩子们吃，让柿红在不经意之中染上他们的衣襟。"佛证道时发出红黄蓝白橘以及前五色综合之色，共六色毫光，而橘黄（柿红）乃佛法本质之色，智慧之色。《柿红》中画一果农，由顶至踝呈橘黄色，在满村柿实围拢之中，炯炯一心灵导师之化身也，或置诸临淄语境，则为新教育之先行者及新兵之化身也。因临淄讲稿感我至深，《柿红》装裱后，请仁弟代赠予朱教授及其团队，以示钦敬，虽山海邈远，祈颂因风而至。慧安，瑞献。

7月23日，徐锋就收到了瑞献先生从新加坡寄来的这封信和画作。徐锋也是当即回复：

信和《柿红》同时收到，先代永新先生和新教育以及新教育惠及的千万少年向您致谢。《柿红》画面祥光一片，硕果累累，与新教育之愿景完全吻合，园中那位果农，当然就是朱永新了。此乃灵犀相通之作，画在作者胸中就有了至善归宿，非佛法牵引不可得此佳缘也。阿弥陀佛！

永新先生有言：尺码相近的人总是容易走到一起。因我一篇短文，让您捐出一幅价值数百万的佳作，实在令弟感动。无以为报，唯愿能跟在永新兄后面也做一果农，继续浸润柿园。

当我看到两位先生的这几封往来信件时，热泪盈眶。或许会有人不能理解，为何他们会如此投入地交流，赤诚地奉献？因为这可以说是与他们毫无关系的人和事。可是，我想我能明白，他们热切交谈所表达的，其实是对祖国，乃至对世界的由衷热爱。他们将对人民、对人类的美好祝福，对明天、对未来的深切期许，寄托在教育中，寄托到新教育上，这才有了这番所言所行！

徐锋向瑞献先生提议，为此捐赠举办一个仪式，被瑞献先生婉拒。可我无以言表自己的感佩之情，于是再次与徐锋商量，在瑞献先生访问中国的时候，举行一个捐赠仪式，以答谢他的慷慨与慈悲。在我的坚持下，瑞献先生终于应允，这才有了本文开头的那一幕。

那一晚的仪式上，无论是主持人徐锋、捐赠人瑞献先生还是代表新教育来答谢的我，都没有准备任何讲稿。那一晚，与其说是为答谢而举办的捐赠仪式，不如说是为倾心长谈而召集的聚会。

徐锋告诉大家："认识朱主席，发现新教育，已经是很晚的事情了。但我还是觉得，我走近、亲近朱主席，走进新教育是恰逢其时。因为，在新教育十年的这个关口，我发现了中国居然有这样一批非常了不起的、以朱永新教授为代表的老师，在从事这样一项伟大的事业，在为共和国培养未来的公民。昨天晚上，我向瑞献先生介绍新教育这项事业时，我说：如果我们全中国的孩子未来都能接受新教育这样的教育，未来中国一定是不可战胜的!"

　　他还特别指出:"这幅《柿红》是瑞献先生恰好此前刚刚创作完成的,并非为新教育特别创作,但无论主题还是内容,都非常合适新教育——这不是刻意创作的'非常合适',恰恰是最美好的缘分!"

　　瑞献先生则介绍了这幅画的创作过程和他对于新教育的理解。瑞献先生说:

　　"在人类的历史上、人类文化史上,最伟大的心灵都是老师。从孔子、释迦牟尼、苏格拉底,一直到今天的朱教授,都是伟大的心灵。

　　"记得我刚刚完成这幅画的创作时,就看到了徐总从临淄新教育年会上传过来的演讲稿,当时非常震撼。

　　"中国今天有这样一场心灵的运动,完全跟我所思考的,完全跟我所向往的,包括跟以前刘道玉校长的理想,完全吻合,跟我整个的人生取向也是吻合的,跟我这幅画也是吻合的。

　　"为什么画一个浑身是橘红颜色的果农呢?因为悉达多是我们的老师,悉达多坐在菩提树下开悟的时候,发出六种光——红、黄、蓝、白、橘这五种颜色和综合起来的另一种颜色的光,我们今天看佛旗的设计,就是根据这六种颜色的组合,其中柑橘的颜色是佛法本质的颜色,也是智慧的颜色。橘红色对我来说,具有特殊的意义。

　　"这幅画的缘起是我写的一则寓言,写一个高大的身影,浑身发散着橘红色的光芒,走过一片湖水。他的头也是橘红色的,投影在湖面上,随着湖水的涟漪漂过去。在湖边有一些浣衣的母亲,看到这颜色,马上抬起了头,她们开始受这种颜色的吸引。一个母亲跟着橘红色的影子走向孩子,看他沿途送橘红的柿子给一个个孩子吃,看他们在吃柿子时不经意地把柿红染上了衣襟。

　　"这个柿子,就是文化教育的象征。就像新教育把中华文化的宝典都浓缩在一块晶片上面,然后放在孩子们的心灵里面。把最好的东西藏在孩子幼嫩的心灵里,将来他发挥出来的能量会是惊人的。

　　"这次为在北京的展览,我不停地创作,就将这则寓言变成了这幅叫《柿红》的画。那柿红就变成一个柿子园,那高大的身影变成一个农夫,也就是我那则寓言里面那位伟大的导师。我画完之后,正好看到徐锋的演讲稿,当时就感动得掉下了眼泪。是的,这绝对不是为新教育创作的,但这是心灵的相通。当我们拼命往地下深处挖掘，我们会发现，地下水都是相通的；当我们把想象往天空无限地投射过去，我们会发现星星也是相连的。这是一种同体大爱的表现。我当时心里就想，我要把这幅画送去给朱教授和他的团队，会不会被接受呢？我鼓起勇气对徐锋说，我想把这幅画送出去，虽然我们当时还是素昧平生，但我一定要送给他们。徐锋马上接受了我的建议。

"这个橘红色也是60年代美国与西方的心灵运动一个很重要的元素。你看，僧人穿的是这个颜色，印度很多大人物也穿这个颜色。今天见到朱教授，见到这个团队，我觉得，你们真是了不起，人类就应该这样，这种橘红的身影应该多起来！真希望有一天，我们这个世界都充满了柿子，都充满了橘红的颜色。橘红，是了不起的颜色，是智慧的颜色，也是新教育的颜色！"

瑞献先生的讲话，与徐锋先生在临淄的讲演一样，直抵心灵。

我知道，不是我们做得多么出色多么卓越，而是我们拼力地前行，恰好与他们的行走方向一致——无论艺术、商业还是教育，都是改变世界的一种方式，在努力让世界变得更加美好的这一方向上，我们殊途而同归。他们的行动，是对新教育的期许，对新教育人的厚望。

徐锋认为，我们新教育所做的是对中国文化进行的基因修复工程，是对中国未来的一种建设。其实，我们开始并没有这样的一种厚重的自觉，只是在行动的过程中渐渐发现了我们所做的事情的意义。中国要强盛，教育必须强大。教育要强大，不仅需要由上而下的官方引领与推动，同时还需要教育从业者自身由内而外的心灵变革。一位教师点亮了自己，就会照亮一间教室里的几十个孩子，世界则会因此产生蝴蝶效应般悄悄改变。

在答谢辞中，我向瑞献先生和徐锋先生汇报了一个好消息：刚刚过去的暑假里，中央电视台举办《我的一本课外书》特别节目，在中国寻找最会阅读的孩子。结果全国海选出的30个孩子中，有17个是新教育的孩子，最后评出的十大读书少年中，有6个是新教育的孩子。其中最让我感动的是一个新疆的孩子。他是在新疆奎屯读初三的一位维吾尔族少年，五年级才开始学习汉语。因为新教育非常强调阅读，认为阅读对人的成长非常关键，他也在老师的指导下读了大量的书。编导把他带到我面前，问他："认识这个人吗？"他说："我认识，他是朱老师。"我和大家一样，都感到很奇怪，因为我们从没见过。他说："学校有朱老师的照片。"原来他就读的是当地的新教育实验学校。然后他对我说："你说过，一个人的阅读史就是一个人的精神发育史。我要说，我要用我的阅读史改变我和我的家族、民族！"能够把阅读变成一个中学生的自觉，我是很欣慰的。

不仅孩子，老师也是这样。中国教育报每年评选推动阅读十大人物，也是从全国1500万老师里面评选。前年选出的20个候选人，有6个是新教育的老师，最后10名获奖者中，新教育老师有3个。去年因为有了经验，发现新教育的老师太多，就刻意限制了人数，可20个候选人中还是有3个，最后10名获奖者中有1个。

我说："新教育取得的这些成绩，不仅是我们的努力，更是借助了许多贵人、缘分的力量。今天，就是缘分使我们来到这里。比如，我们和徐锋先生本来不可能有所交集，和陈先生更是相距遥远，但一直以来都是这样，我们在行走中不断地遇到贵人、有缘人，或师或友，亦友亦师，不断帮助、督促我们前进。我们将更加努力，不辜负大家对我们的期待！"

第二天上午，我参加了在全国政协礼堂举行的"陈瑞献个展"。政协的领导高敬德在致辞中说，这个礼堂举办过无数盛会，但为一位海外的华裔艺术家举办个人作品展，还是第一次。画展开幕式上，王明明、宋雨桂等国内知名画家高度评价了瑞献先生的艺术成就。

在答谢时，陈瑞献先生说：中国是他父母亲的国家，他的脐带连接到中国的黄帝陵。从艺数十年来，自己接触到各种文艺理论，学习多种语言，但最充分地让其表达思想感情的是母语。因为，"中国是我'文化根本的原乡'，中华文化是我的根"。每当他在书写中文的时候，总是忘不了远在汉代竹简上那一模一样的文字，还有在更遥远的殷商时代那一脉相承的结构。"一根丝也有一个开始，一颗大米也有一个源头，一个延绵数千年的文化符号系统有它的最初。""今天这次展览，就是想让人看到我这条线的源头。"对祖国浓浓的眷恋之情，溢于言表。

我翻阅本次画展的画册，看着徐锋所作的序言，品读这些文字，仿佛再一次聆听二位师友的心声，与他们再度交流。

陈瑞献是一个佛教徒。

他从不掩饰自己的宗教信仰。而且经常告诉世人并提示自己：艺术实践只是宗教实践中微不足道的一个部分。解脱，才是真正的归宿。

他的书法作品一个字最高卖到1万美元，但他绝不为美元去写1万个字！

这种坚守和底线，正是一座大山的基座。

新世纪的第二个龙年，陈瑞献带着他的作品来到了古老而又年轻的北京。

今年69岁的陈瑞献告诉我："中国是我的文化祖国。我为北京的个展已经准备了69年！"他通晓几国语言，但所有的作品永远只落款"陈瑞献"这3个汉字，且坚持自己的中国画和西画同尺同价。这是一个华夏子孙对母族文明自觉的皈依和维护。

关于他的画，实在不需要我赘言。我要特别告诉读者的是：

陈瑞献的每一幅作品，都是在打坐和千万遍诵经之后，一手托钵一手拿笔在地板上完成的。由此他的腿部肌肉变成了钢锭！

陈瑞献把自己全部的生命都投入了他所钟爱的艺术。而这怒放的艺术之花当然是他解脱途中的道道风景！

阿弥陀佛。

无论是文字中托钵执笔傲骨铮铮的瑞献先生、生活里温和内敛谦谦君子的瑞献先生，还是为画展不辞辛劳忙前忙后的徐锋先生，和开幕式时悄悄坐到最边上的徐锋先生，他们不同情境下的不同行为，最终组成了一个立体的、大写的人。一路得以与这样的师友结缘同行，是新教育之幸。

2012年底，新教育研究院准备印制一本新年记事本。商量方案的时候，大家不约而同地选择了这幅《柿红》作为封面。我们不去奢望柿红满园的丰收，却愿秉着以大地为柿园之心，埋首于耕种。在记事本上，我们为这幅珍贵的画配了这样的文字：

一群点灯者 / 把柿红 / 一盏盏地 / 播撒开来 / 每一个新教育的孩子 / 都认识这光 / 与生俱来 / 它叫爱 / 或者慈悲

教育，让美梦成真

最近一段时间，美丽中国、中国梦，成为国人热议的两个热门词。

美丽中国，是就自然环境而言，中国梦，是就人文环境而言。但是，无论自然还是人文，环境的美丽，没有人的美丽无法实现，而人的美丽，没有教育的美丽不可能实现。让美之梦成真，教育是必由之径。而美丽教育，就是我们教育人的梦想。

教育，应该是美好的。美好的教育，是更加公平的教育。教育公平是社会公平的基石，是社会流动与分层的基础，是社会保持生机与活力的源泉。中国人历来不患寡而患不均，历来追求大同世界的理想。为所有的孩子提供公平的教育机会，让城市和乡村的孩子接受基本相同品质的教育，让所有的孩子能够在家门口就近入学，让所有的孩子能够成为有用之才。

教育，应该是亮丽的。亮丽的教育，是更加富有人性的教育。教育，不仅仅是为了未来，更是为了当下；不仅仅是为了培养接班人和经济发展，更为了人自身的成长。实现人的尊严和价值、自由和发展，是教育的根本追寻。不再是分数的奴隶，不再是考试的机器，不再是你死我活的战场，而是美好事物汇聚的中心。不再用一个模式培养，不再用一个标准评价，不再用一次考试定夺，而是让个性亮丽绽放，让每个人成为唯一，成为大写的人，成为真正的自己。

这样美丽的教育，把培养善良的人、创造的人作为最重要的追求。因为，只有这样的人，才能建造美丽的中国，创造美丽的世界。正如马丁·路德·金所说："一个国家的繁荣，不取决于它的国库之殷实，不取决于它的城堡之坚固，也不取决于它的公共设施之华丽；而在于它的公民的文明素养，即在于人们所受的教育，人们的远见卓识和品格的高下，这才是真正的利害所在，真正的力量所在。"所以，美丽的教育，应该把公民的文明素养，把公民的远见卓识，放在至高无上的地位。

这样美丽的教育，由谁来实现？当然，需要全社会共同努力，而归根结底取决于美丽的教师。站在讲台前的那个人，决定着教室里的一切，决定着教育的品质。没有教师的成长，永远不会有学生的发展；没有教师的幸福，永远不会有学生的快乐。

当下，美丽教育的当务之急，是努力提高农村教师的待遇，提高农村教师队伍的素质，以各种切实有效的举措，吸引最优秀的教师到农村、基层和薄弱学校工作。农村教育不兴，再美的教育也是畸形。

美丽的教育，还应该让教师职业成为令人艳羡的职业，让教师深切体验到职业尊严与生命成长，努力吸引全社会最优秀的人乐于为师、甘于为师，执掌教鞭，将三尺讲台以智慧扩展至无垠。

大自然是美的，但我们缺少发现美的眼睛。教育是美丽的，无知却会阻碍美丽的形成。人可以是破坏美的暴君，也可以是天地间最美的风景。国将兴，必贵师而重傅。让中国因教育美丽，让梦想因教育精彩，我们每个教育人不仅要呼吁呐喊，更要付诸行动。我们深知任重道远，但我们更知责无旁贷！

让教育变得有趣

要让课堂有趣，老师不仅应该是一个有趣味的人，还应该是一个擅长表现趣味的人。

兴趣在整个教育活动中是一个非常好的润滑剂。因为对某事物感兴趣而更容易专注于其中，因为专注而能学得更好。

教育要变得有趣，要注重教育过程中对孩子情感、态度和价值观的培养，让他们在心理上对知识、对学习形成主观价值感，这也是新课程改革的重要理念。在教育的过程中，不是简单地用快乐行贿的办法，把"某种富有魅力的特征加到本来不感兴趣的教材"上，而应该让孩子理解事物本身的意义与价值，让孩子对学习的态度，从简单的有趣，发展到乐趣和志趣阶段。

怎样让教育有趣？关键的是要吸引学生的注意力。注意力是学习的关键要素。没有注意力，就没有人的学习。年龄越小的孩子，他们的注意越以无意注意为主，因为有意注意还不完善，而且带有明显的情绪色彩，有趣的事物常常能够吸引他们的注意力。因此，一件事物是否能让他们觉得有趣，或者是否能引起他们的兴趣，是吸引其注意力的一个非常重要的前提。

所以，作为老师和父母，必须要有一定的吸引孩子注意力的能力。要想吸引孩子的注意力，就需要了解一些规律，掌握一些方法。

比如，孩子们对故事感兴趣。故事天然对孩子具有吸引力。所以，在教育的过程中，讲故事毫无疑问是吸引他们的一个非常重要的方式。

比如，孩子们对新奇的东西感兴趣。所教的知识、展示的教具，如果是孩子们从来没听过的，他们就会感到很新奇，就会吸引他们的注意，他们就会觉得有趣。

比如，孩子们对亲切的事物感兴趣。如果讲述的事物和孩子的生活距离很近，所讲述的道理能够与孩子的生活相联系，他们就会感觉很亲切，也会觉得有趣。

比如，孩子们对有趣的人感兴趣。无论父母还是老师，都应该努力让自己成为有趣的人，对世界充满好奇心、谈吐风趣幽默、拥有一技之长等。即使这些难以做到，起码也可以做到宽厚从容，不要成为一个冷漠麻木、扼杀兴趣的人。

作为教师，要把自己的课堂变得生动有趣，当然可以广泛运用多媒体技术，引进图画、音乐、朗诵、表演、影视等形式。但不应止步于此，还应挖掘学科教学内在的规律，让学生真正感受到学科本身的趣味。

在课堂上，除了学科内容、借助的教学形式以及学生自身的兴趣，引发学生兴趣很重要的一方自然是老师。因此，要让课堂有趣，老师不仅应该是一个有趣味的人，还应该是一个擅长表现趣味的人。老师要有相应的能力来向学生传达这种对生活对世界的兴趣。

做父母其实也是同样的道理。我们不仅应该努力成为真实自信、观点新奇、乐于分享、充满好奇心的父母，成为孩子做有趣的人的好榜样，还应该把生活变得鲜活有趣。

在某个方面，父母或老师引发了孩子的兴趣或观察到孩子的兴趣之后，就应该有意识地让孩子深入这个领域，进行学习和实践。让感官上的吸引加上思维上的雕琢，通过实践习得能力甚至获得成就。这对兴趣是正向的激励，也就会收获更大更稳定的乐趣。这个过程中，通过感性吸引、理性认同、行动实践，收获持久而稳定的快乐，并进一步将乐趣与社会责任感、志向、价值观结合起来，使之成为一生的兴趣，也就促成了孩子志趣的发生。

学习兴趣的高级阶段是志趣，志趣会让孩子在其中找到自己的价值和人生进取的方向，从而奠定一生中成功的基石。无论是老师还是父母，都应该致力于让教育的有趣发展到志趣的阶段。当一个孩子有了志趣，有了梦想，他就有了内驱力，我们的教育自然就是有效的，甚至可以说是足够成功的。

呼唤好老师

每一个用心度过的节日，都是一个庄重的仪式，是在重申这个日子所倡导的价值，所代表的意义。教师节自然也是如此。让社会关注教育的使命，帮教师重见职业的天命，培养更多好老师，造就更多好老师，是教师节作为仪式的根本所在。

从个体而言，作为老师，如何成为好老师？我不太主张过分强调奉献和牺牲，不主张"蜡炬成灰泪始干"的红烛精神和"春蚕到死丝方尽"的春蚕人格，而是主张"过一种幸福完整的教育生活"。最好的老师应该和学生一起成长，他是在自我的不断成长中实现人生价值的。如果认为自己单纯是在帮助学生，或者认为自己的生命价值一定要通过学生的分数来证明，那么这个教师肯定活得很累。所以好老师要享受教书育人的日常生活，享受和学生在一起的时光，享受自己在教育过程中的新发现。

从集体而言，作为国家，如何让好老师脱颖而出？如何培养和造就更多的好老师？如何让更多的好老师在乡村和边远地区安心从教？这是需要认真研究的问题。"国将兴，必贵师而重傅"，让教育成为阳光下最美丽的职业，让社会最优秀的人才进入老师的队伍，仍然是我们必须用心思考着力行动的大问题。

今年（2016 年）教师节前，习近平总书记到北京市八一学校看望慰问师生时说了这样一段话："一个人遇到好老师是人生的幸运，一个学校拥有好老师是学校的光荣，一个民族源源不断涌现出一批又一批好老师则是民族的希望。自古以来，中华民族就有尊师重教、崇智尚学的优良传统。"记得 2014 年总书记在北京师范大学庆祝第 30 个教师节时也讲过类似的观点。总书记提出，广大教师要做学生锤炼品格的引路人，做学生学习知识的引路人，做学生创新思维的引路人，做学生奉献祖国的引路人。这里所说的四个"引路人"，其实就是好教师的基本标准。这与他 2014 年提出的理想信念、道德情操、扎实学识和仁爱之心四个方面，也是一以贯之的。

总书记这次回母校，还专门看望了当年自己的老师田潞英和陈秋影。无疑，这两位老师就是他心目中的好老师。而他所说的这些，应该也正是来自他接受教育、关注教育的真切感受。

的确，谁站在讲台前，谁就决定着孩子的命运，决定着教育的品质。老师好，孩子才好，学校才好，教育才好。好教育的标志，从根本上来说，就是有一批具有教育理想与教育智慧的好老师。梅贻琦先生曾经说，大学非大楼之谓也，乃大师之谓也。其实，中小学何尝不是如此呢。好老师不仅是孩子生命中的贵人，也是学校生活中的灵魂人物，更是国家发展不可或缺的栋梁之材。

就在总书记回母校的前两天，在香港文汇报北京分社凯雷先生的安排下，我有幸与陈秋影老师在总书记当年读书的地方做了一个交流。交流过程中，陈老师送我一本图文并茂的《荷风》，浓缩了她教书育人一生的精彩瞬间。我则回赠新书《致教师》。陈老师当场翻阅了许久。在看到其中关于教育与爱的表述时，情不自禁念了起来，她说："我们的思考完全相同，仅仅有爱是不够的，应该是智慧的爱。'我爱每一个学生，我与他们共同成长'，这是我和朱永新作为老师的共同心声。"

陈老师不仅是一位优秀的语文老师，也是一位儿童文学作家。前些年，她曾经把自己的作品寄给总书记。总书记在回信中说了"尊师敬教"四个字。我想，"尊师敬教"与"尊师重教"的微妙区别就是，仅仅重视教育是不够的，还要敬重。"敬教"是对教育本身的敬重。教育是关乎人类未来的神圣事业，因此要对教育怀有一份敬畏之心、尊重之情。"敬教"也是敬重教师，因为教师本身就是教育事业关键的人物，教师决定了教育的质量和教育的未来。所以，对教育的"敬"，就是对教师的"敬"，对教育的"爱"，也是对教师的"爱"，对教育的"重视"，同时也就是对教师的"重视"。

好老师，是时代的呼唤、国家的呼唤、未来的呼唤。我们用一年一度的仪式呼唤着好老师，更要用政策扶持好老师，通过好老师实现好教育。中国梦，正是从一砖一瓦实现，从一师一生做起。

像叶圣陶那样做老师

今年（2014年）是叶圣陶先生120周年诞辰。苏州市教育局发起了"像叶圣陶那样做老师"的倡议，非常有意义。这个活动，不仅是对叶圣陶有纪念意义，而且对推进当下教育的发展更具有现实意义。

叶圣陶不仅是教师的楷模，而且对教师问题也有非常深刻的思考和论述。他从18岁开始做教师，先是在苏州的言子庙小学，后来又去了甪直的小学。在八年的从教生涯中，叶圣陶对教育的理解、对教师的认识不断深化。他明确指出，教师问题是教育问题的关键："没有教师，教育无从实施；没有教师，受教育者无从向人去受教育。"因为教师的重要，培养教师的师范教育就显得非常重要。所以，他殷切地希望师范生都去从教当老师，"为学校里的太阳，代替以前昏暗不明的爝火"。

那么，究竟怎样才能够成为一名好老师呢？换言之，一名优秀的教师，应该具备怎样的素养呢？叶圣陶在《如果我当教师》这篇文章中，用假想的方式，对理想中的小学教师、中学教师和大学教师进行了激情澎湃、酣畅淋漓的诗意表述。

他说，如果他当小学老师，一定不会把儿童当作讨厌的小家伙、烦心的小魔王，无论他们是聪明的还是愚蠢的，干净的还是肮脏的，他都要称他们为"小朋友"。他要从最细微处培养他们的好习惯。

他说，如果他当中学老师，他会努力使学生能做人，能做事，成为健全的公民。他不会把忠孝仁爱等抽象的德目往学生的头脑里死灌，不会叫学生做有名无实的事。

他说，如果他当大学老师，他不会照本宣科，不会用"禁遏的办法"对待学生，而是尽可能把自己的心得与学生分享，尽可能做学生的朋友。他说，无论自己当小学、中学或者大学老师，都会时时记住，自己面前的学生"都是准备参加建国事业的人"，建国事业有大有小，都是平等的。对所有的孩子，也应该是平等的。

关于教师具体的素养，叶圣陶明确提出，教师的终极目标是"为万世开太平"，主张教师应该树立"学生第一"的观点。既不必装作无所不能的"万能博士"，也不必装作完全无过的"圣人"；既不能采取"不许主义"，也不能遵循"无为而治"四个大字。他认为，做教师是既为人也为己的事业，做教师的人，要有一点理想主义的情怀，有一些"傻子"的精神。他指出，教师工作要取得成效，关键是"以身作则"，为人师表，不仅要说得到做得到，而且要做得到才说。因此，教师的"知识学问无止境，品德修养无止境"，要加强学习进修，在不断"付出"的岁月里，同时要源源不断地谋求"收入"。

叶圣陶还从正反两方面的个案，分析了他心目中的教师形象。在《记教师的话》一文中，他把平时与教师朋友接触交流时听到的典型的教师心态整理出来，如认为"担任教师是最贪懒最没出息的人干的事情""我去上课，为的是每个月可以向会计处领薪水""拿一些不着边际的话语，不很切用的经验，讲给并不要听可又不得不听的一班人听，究竟是怎么一回事啊"，以这些真实的教师言论警醒更多教师。而翻译《爱的教育》和创办《中学生》杂志的夏丏尊先生认为，当教师的秘诀就是两条——对学生诚恳，对教务认真。这抓住了对人对事两个根本问题。以《背影》等散文名垂史册的朱自清先生，也是实践了"教学相长"的古训，与学生有亲切的友谊，又有坚强的责任感；实践了"每事问"的古风，虚心好学，不断求知，不惮请教。叶圣陶列举这样两位教师，总结他们的经验，让更多教师向他们学习，以他们为师。

八年为师，终身从教。叶圣陶一生都没有离开教育。他的许多教育观点，如"教是为了达到不需要教""教育就是为了培养习惯""教育是农业不是工业""学校教育应当使受教育者一辈子受用"等，至今仍然有着重要的现实意义，他关于教师问题的论述，也是为人师表的重要指导。重温叶圣陶的教诲，我们理当以行践言。

像叶圣陶那样做教师，就是对他最好的纪念。像叶圣陶那样做教师，就是一种从教育生活本身寻得生命意义、人生幸福的方式。像叶圣陶那样做教师，无论是教小学、中学，还是大学，教师都能成为一个大写的人，无愧一生。

能者的幸福

时代的更迭，是一个宏大的问题。但事实上，它和我们每个人有着切身关系。对于教育来说，不同的时代，社会将对教育提出不同的要求，教育随之发生缓慢的改变。作为教师，如果能够及时意识到这种改变，就能占据先机，创造更多教育中的幸福。

最近几年，关于未来教育、未来学校、未来教师的话题渐渐热了起来。前不久，我也出版了一本新书《未来学校：重新定义教育》。在这本书中有一章内容就是关于教师的。我提出了未来社会将进入"能者为师"的时代。也就是说，未来将是一个社会的精英进入教育领域的时代，只有优秀的人才，才有可能在教育界站立，生存，发展。

为什么这样说？未来会打破现在的学校教育与社会教育的界限，学生们没有必要在学校里学习数学、物理、化学、外语等各种科目，放了学再去社会机构补习这些课程。学生会直接用政府发放的"就学券"，选择他们想去的学习中心学习他们需要的课程。

也就是说，现在作为学校教育补充的补习培训班、社会教育机构，未来都会成为教育资源的提供者。坦率地说，这些机构现在之所以有市场，还是因为这个群体里的老师，比我们许多公立学校里的老师教得好，有成效。如果公立学校的老师不能意识到这一点，未来恐怕难以在教育界立足。

未来也会打破现在教育与非教育的界限，社会贤达、能工巧匠、行业翘楚、艺术大师、体育健将、科技英才等都有可能开坛讲学，直接为学生们传授知识和技能，直接带徒弟培养他们的接班人。这不但不是天方夜谭，而且已经在许多学校看见了端倪。有艺术家在北京的公办名校开设了工作室，直接为学生开设艺术教育的选修课程，退役的奥运冠军、世界冠军在上海的私立名校开设体育课程。在我曾经工作过的苏州工业园区，博士父母们一个学期就为孩子们开设了60门"博士爸爸课"。当这样的景观变成日常时，公立学校的老师无法抱怨别人抢了自己的饭碗。

未来还有一种新型的教师会出现，即前不久我在全国政协常委会发言时说的线上老师和虚拟老师。未来的学生在学习时可能接受三名教师的指导与辅导：一名线上教师，可以是本区县、本省市乃至全国或全球的名师，负责教学设计，提供教学视频与音频、练习、测验与考试材料等；另一名线下教师，立足真实的课堂，担任组织、答疑、指导与辅导任务；一名人工智能的虚拟老师，在学习的每一个环节随时陪伴。线上优质教师、虚拟人工智能老师与线下教师相结合，可以让更多学生享受到高质量的教育。如果公立学校的老师没有与线上教师和虚拟教师"过招"的本领，没有让学生敬佩喜欢你的理由，存在的价值又在哪里呢？

也许这些情形不会马上到来，至少不一定会马上降临到自己的学校和身边，但是，面对未来"能者为师"的新挑战，作为老师，主动迎接挑战，提前修炼自己，让自己变得越来越"能"，显然是赢取幸福的未雨绸缪之功。

我的父亲就是一位普通的乡村小学教师。我还记得青春洋溢的他，神采飞扬地拉着手风琴。我还记得他骑着自行车，顶着寒风带我去学校，住在学校宿舍里，还学猫叫吓走老鼠。我还记得在"文革"期间，父亲笑呵呵地面对批斗他的大字报。当然我更记得教育部给他颁发全国优秀教师证书时，他的喜悦之情。虽然父亲去世多年，但他是我心中永远的教师的模样。希望教师幸福，不仅是我工作上的使命，也成为我在感情上的一份寄托。

让更多老师成为能者，让更多能者成为老师，这是时代的呼唤，老师以积极的行动响应呼唤时，就已经走在了幸福的路上。

多一些宽容，教育才能从容

前不久去北京京郊考察一所位于果园里的学校。这所学校从2006年开始办学，起初只有三四个学生，现在学校幼儿园已经有了100个孩子，小学和初中有了200名学生。从孩子们的笑容中可以看得出，他们在这里是快乐的。许多家庭选择这所学校的理由，就是孩子相对自由，没有太大的压力。但是，这所学校一直没有拿到办学许可，属于"非法办学"。其实这样的学校国外早就有，尼尔的夏山学校就是一个让学生自由的学校，孩子们可以做自己想做的事情，学校里没有恐惧与仇恨。在北京，这样没有办学许可的"自救式"学校，可能有好几十所。为什么不能够对这些学校宽容一些，给他们一个办学许可证，既让他们堂堂正正地办学，也便于相关机构正常管理和规范呢？

这一期发表的叶水涛先生关于衡水中学的文章，也是一个很好的关于宽容的教材。2014年高考，衡水中学一本上线率86.6%，二本上线率99.3%，104人被清华北大录取，包揽全省文科、理科状元。但是，衡水中学的军营式管理遭到了许多专家和媒体的强烈批评。学校的许多规定如"自习课不能喝水，不能与同桌讲话，不能往教室后门看，不能照镜子，不能大声笑，不能走神，不能咬笔，短裤和裙子不能高过膝盖，不能留怪异发型，女生不能佩戴首饰"等也让人啼笑皆非。但是，在对该校的毕业生的回访调查中却发现，几乎99%的孩子都表示，如果让他们再做选择，还会去这所学校，他们对学校根本没有"怨恨"。为什么不能够对衡水中学宽容一些，给他们和风细雨的建议，而不是狂轰滥炸的批评，让他们按照自己的方式办学，在自己的基础上提升，做一个最好的自己呢？

再联想到杜郎口中学。杜郎口中学曾经连续10年成绩全县倒数，镇里每次人大代表评议都给学校亮黄牌，学生流失现象十分严重。1998年春，初三年级有个60人的班，中考前只剩下了11人；全校一年升入高中的不过10个人。穷则思变，崔其升校长上任后发现，问题的关键是：教师充满废话的课堂不仅浪费了学生的时间，而且还扼杀了学生学习的热情，导致了厌学和辍学。所以，关键是要解放学生，解放课堂，于是有了杜郎口中学的课堂革命。结果，学生成绩上去了。现在每天到学校参观的人络绎不绝，经常有几百人同时出现在校园中，一年"门票"的收入就达到150万元。在受到媒体追捧的同时，杜郎口中学也不断遭到批评，揭露其"骗局"的有，批评其"萝卜炖萝卜"的也有。我就想，虽然杜郎口中学还有不少问题需要解决，如专业引领等，但是作为农村学校的教学改革探索，为什么不能就事论事，在他们现实的教育生态之下进行研讨提升，同时也鼓励他们走自己的路，在实践中不断丰富和完善自己呢？

杜郎口中学改革之后，北京十一学校的课程变革最近也是风生水起，选课走班、打破班级管理制、取消班级授课制、取消班主任、设置学科教室等一系列举措颠覆了传统的课堂与教学模式，而他们开发的265门学科课程、30门综合实践课程、75门职业考察课程，以及272个社团，也让许多人羡慕不已，并且一举获得了国家教学大奖。与此同时，批评声也随之而来。说他们把全国名师挖到北京破坏了教育均衡，说十一学校不可复制无法学习等。可是，中国也需要精英教育，也需要这种颠覆传统课堂的尝试，为什么急于下结论，为什么不鼓励他们成为未来教育的探路者呢？

是的，在这样一个社会急剧变革的转型时期，我们为什么不能够多一些宽容，多一些耐心呢？我们的各级教育行政部门，是不是可以更加宽容一些，更加善待那些小微学校、民办学校，更加鼓励各种形式的教育探索？我们的教育专家，是不是可以更加宽容一些，不要动不动就教训别人，吓唬别人，而是积极参与到教育改革的实践中去呢？我们的媒体，是不是可以更加宽容一些，对那些别出心裁、与众不同的教育试验，既不要"捧杀"，更不要"棒杀"，不要一窝蜂地追捧宣扬，也不要一窝蜂地棒打"落水狗"，而是尽可能丰富客观地呈现、理性冷静地引导呢？

我不敢断言未来最好的学校就诞生在上述这些学校之中。但是我敢说，未来最好的学校一定是最具探索精神、最具理想情怀、最具改革勇气的学校。而这样的学校，也必然是敢为人先、个性鲜明的。走近才会尊敬，宽容才能从容。教育改革尤其需要时间去积累和沉淀。让我们给这些学校多一些宽容吧，这样，我们的教育才能更加从容，更加精彩！

爱应该与智慧同行

这些天,"最美乡村教师"成为一个热门词句。先是崔永元团队进行了乡村教师的培训,接着谢建华先生的乡村教师培训志愿者联盟又组织了甘肃、四川的百名最美乡村教师进京的活动。而中央电视台的最美乡村教师颁奖晚会,更是把这个词句加温到滚烫。

最美乡村教师,给大家留下的最深刻的印象其实就是一个字——爱。这些教师之中,有些人身残志坚,用自己弱小的身躯扛起了乡村教育的重担;有些人关爱孩子,用自己为数不多的收入为孩子交纳学习费用;有些人长期坚守,为孩子有人上课放弃许多离开乡村的机会。许多悲悲惨惨凄凄切切的故事,让我们感动得泪流满面。

但是,感动之余若再细想,就会觉得少了点什么。

是的,乡村教育的重要性毫无疑问:乡村教育是中国教育的根,是中国教育的希望。中国教育的品质如何,在很大程度上取决于中国的乡村教育品质如何。没有乡村教育的现代化,永远不会有中国教育的现代化。因此,乡村教师的重要性毋庸置疑:乡村教育的品质如何,又在很大程度上取决于乡村教师的品质如何。因为决定教育品质关键的因素,就是站在讲台前的那个人。

在教育之中,爱非常重要。教育没有爱,就好像池塘里没有水。这是前辈先贤早就告诉我们的道理。但是,仅仅有爱又是不够的。因为,教师成长需要强大的专业支撑,没有对于教育的深刻理解,对于孩子的深刻了解,对于所教学科的深刻把握,永远不可能让教室成为汇聚伟大事物的中心,永远不可能真正地让孩子对知识产生无限的向往。

所以,决定教师品质的,除了爱,还有智慧。如果说,爱,更多的是指教师的职业认同的话,那么,智慧,更多的是指教师的专业发展。尤其对于乡村教师来说,如何在教育的物质条件相对而言更为欠缺的环境里,取得相同的教学成就,就更需要智慧去扬长避短、取长补短。在教师的成长历程中，职业认同和专业发展是重要的双翼，缺一不可。职业认同，是教师专业发展的动力，是教师成长的内在力量。

如何让教师拥有智慧？十三年来，参与新教育实验的教师们已经把新教育理论中设想的专业发展模式，变为了一个个鲜活的个人成长故事，那就是通过专业阅读、专业写作、专业发展共同体的"三专合一"之路。

专业阅读，是站在大师的肩膀上前行。在我们教室里面正在发生的故事，在别人的教室里早就发生过，并且在其他人的教室里还将继续发生。专业阅读，能够帮助教师拥有教育的智慧，避免盲目地错误尝试；能够帮助教师更好地理解教育，理解儿童，把握教育的内在规律；能够帮助教师寻找生活的榜样，汲取行动的力量。

专业写作，是站在自己的肩膀上攀升。真正的思考从写作开始。兰迪·鲍什在《最后的演讲》中说："一个教育家能给我们的最好的礼物就是学会自我反思。"通过专业写作，能够让教师对自己的教育生活和经验进行深刻的反思，从看似没有意义的教育碎片中提取有意义的东西并加以理解，形成我们的经验和观念，并使之成为我们专业反应的一部分，使我们的教育实践更加富有洞察力。

专业发展共同体，是站在团队的肩膀上飞翔。一个人走，可以走得很快；只有一群人走，才能够走得更远。在一个团队中，成员彼此勉励彼此温暖，同甘共苦，分享智慧，是最美的教育风景。学会向同事学习，向学生学习，学会团队合作，与人共事，是现代教师成长的重要来源。

我们所处的时代，常常有人感叹缺少信任缺少爱。其实，只要有一双能够发现美的眼睛就能看见。无论是汶川大地震后的全民参与，还是雅安地震后的社会救助，无论是乡村教师的低调坚守，还是他们与孩子一起成长的感人故事，都向我们"诠释"了爱的教育真谛。因此，在这个基础上我们更要清晰地看到，教育是科学，还有自身的规律必须遵循。即使我们的爱浩瀚汇成海洋，即使我们把爱作为高高飘扬的教育旗帜，如果没有智慧的参与，没有基于对人性、人的潜能和教育规律的把握，我们的教育仍然残缺一翼，无法腾飞。

爱应该与智慧同行，爱才有深邃隽永的价值。智慧应该与爱同行，智慧才有生命的温度。让爱与智慧同行，这不仅是教师成长的不二法门，也是我们在任何教育活动中必须做出的选择。

我的至爱

我是个集学生（受教育者）、教师（从事教育者）、教育研究者和教育管理者于一身的人，命运注定了我这辈子与教育有缘。

我最喜欢的角色是学生。小学时我模仿过老师的板书，中学时我为老师的一次不经意的表扬而激动得彻夜未眠。当然，和任何角色一样，做学生也不可能全是幸福，大学时我也为老师的一次不公正的批评而愤懑不平过……但我还是最喜欢学生这个角色。它使我感到年轻，感到充实，感到生命洋溢着一股永不止息的奋进动力。40多年来，我正是在"学生感"的激励下，在师长们的扶持和指导下走过来的。

我最自豪的角色是教师。生活中无论有多大的烦恼，只要见到可爱的学生们，就烟消云散了。他们的青春活力，他们的敢作敢为，他们的创新精神，也无时不感染着我。他们在课堂上的出色讨论和参与课题研究时敬业的表现，让我认识到"教学相长"的真谛，体会到教师职业的价值和乐趣。当毕业数年的学生寄来贺卡，当多年不见的学生如数家珍地回忆起你在课堂上的一句话，或是课堂外的一个情景，你会意识到你的生命融入过他的生命，唤醒过他的生命，你也仿佛由此获得新生，你能不感动、不幸福、不陶醉吗？

我最专注的角色是教育研究者。与一般的专业教师不同，我同时又是研究如何做好教师、办好教育的。这就使我要更多一分理性，更多一分自觉。为了把握教育的源流，我几乎批阅了中国古代的主要教育经典，撰写了近80万字的《中华教育思想研究》；我认真考察美国、欧洲、日本、新加坡以及我国港台地区的教育，主持编写了16卷的"当代日本教育丛书"。2000年，我出版了《我的教育理想》一书。在这本书中，我提出教育的理想是为了一切的人，无论是城市的还是乡村的，聪明的还是笨拙的；是为了人的一切，无论是品德的还是人格的，生理的还是心理的，智力的还是情感的；我提出要让每个学生扬起希望的风帆，让每个教师领略教育的趣味，让每个父母享受成功的喜悦。这本书可以算是我20年教育研究生涯的一个小结，也被称为是"洋溢着理想与激情的教育诗篇"。

我最投入的角色是教育管理者。1993年，我成为全国综合性大学中最年轻的教务处处长。在校领导的支持下，我们先后推出了学分制、激励性主副修制、必读书目制、应用文科强化试点班等一系列教改措施，取得了良好的成效。1997年底，我开始担任苏州市副市长，主管教育、文化等社会事业。在市委、市政府的领导下，我们在教育上进行了一系列改革，推出了扶贫帮困助学行动计划、改造相对薄弱学校行动计划、培养名师名校长行动计划、教育信息化行动计划和全面推进素质教育行动计划，苏州教育正在以一个崭新的姿态迈入新世纪。

作为教育管理者的最大幸福，是把作为教育研究者时所憧憬的梦想逐步变成现实，是合法地运用人民给予的权力，为我深爱的城市、深爱的人们做一些实实在在的事。这种教育上的"成就感"是其他角色难以比拟的。2007年底，我成为民进中央专职副主席，而民进是以教育、文化、出版为主要界别的参政党，教育是民进永恒的主题之一。

仅是一线缘分，可能缘深而聚、缘浅而尽。回望人生数十年，我与教育的情缘，却因反复遭遇而交融进生命，因扎根土地而愈加情深。从学生至教师、从研究者至管理者，教育是我一生的至爱。

每一次回家都为了更好地出发

非常感谢出席今天（2018年10月6日）活动的各位领导、嘉宾和朋友，感谢大家在节日之中，抽出宝贵的时间参加我的新书首发式和新教育著作展。没有想到，一个小小的活动，惊动了这么多人。

新教育是从苏州出发的。苏州是新教育诞生的地方，是新教育的家。

2000年，在新世纪的第一个黎明，我在苏州写完了《我的教育理想》。这本书的出版，作为新教育诞生的标志。

2002年，第一所新教育实验学校昆山玉峰实验学校正式挂牌。现在，全国已经有大批学校、众多师生参与新教育实验，新教育实验成为全国乃至世界规模最大的民间教育改革之一。

2015年，新教育实验被WISE（世界教育创新峰会）评为世界教育创新15强。

2018年，新教育实验被评为基础教育国家级教学成果一等奖。

新教育一路走来，每一年都留下若干脚印。关于新教育实验的著作，也先后被翻译为英、法、俄、日、韩、阿拉伯、蒙古、哈萨克、西班牙等15种语言。

苏州也是我的第二故乡，是我成长的热土。

40年前，我从苏北大丰到苏州求学。在这里学习、工作、生活了整整30年。我的青春年华，是在苏州度过的。这里有着我不断汲取力量的土壤。

虽然10多年前，我有了一片新的天空，但是几乎与此同时，在刘放先生的鼓动下，我在《姑苏晚报》开设了一个以我的书房"滴石斋"命名的专栏。这些年以来，这个栏目一直也以水滴石穿的精神坚持着，坚守着，从未间断。见字如面，我把这些文字视为自己与苏州朋友的每期一会。这些文字，其实也是我心灵的回家。

这也是我为什么把自己的这本小书取名为"回家"，把今天的活动主题定名为"新教育·回家"的原因。

游子回家，是为了汲取家人的温暖的力量，是为了再出发，为了走得更远。

新教育回家，是为了汲取同人的奋进的力量，是为了再出发，为了走得更坚定。

今天，这样一个回家的好日子，我当然最需要表达的是我的感谢，表达我对家人们的感谢。

我要感谢这个时代。1978年初，作为粉碎"四人帮"以后的第一届大学生，我是伴着改革开放的步伐来到苏州的。我们不仅是改革开放的见证人，更是改革开放的建设者。与中国历史上的许多教育家相比，尤其是兵荒马乱的战争时代的教育家相比，我们是幸运的。这个时代让我们可以心无旁骛地做自己想做的事情，做一些改革创新的事，努力去追寻梦想。

我要感谢这个城市。我在这个城市的30年，是苏州经济社会发展最快最好的30年，也是我个人成长最快的30年。在这个城市里，我从一名普通的大学生成长为当时江苏省最年轻的副教授、全国综合性大学最年轻的教务处处长，成长为能够直接服务这个城市的副市长。这个城市，也为我们奉献了新教育的第一所学校和第一批骨干，以及未来新教育发展的新的可能。

我要感谢最初和我一起追梦的新教育人。今天他们许多人都来到了现场。18年前，他们与我一起发起了新教育实验，一起创办了教育在线网站，一起成立了五大行动的课题组，尽管其中的一些人后来不再从事新教育的研究与推广工作，但是他们永远是新教育的元老，我永远感激他们。

我要感谢为《回家》的出版和今天的活动付出辛勤劳动的朋友们。这本书的出版得到了李辉先生和大象出版社的鼎力支持。李辉先生是著名的作家和评论家，与巴金、臧克家等老一辈文化人交游颇深，现在又发起建立了六根公众号，把京城的一群青年才俊网罗起来。我的文字能够入他法眼，收入副刊文丛，也是一件很荣幸的事情。今天《姑苏晚报》的领导和大象出版社的社长等朋友也光临现场，我也向他们表示衷心的感谢。

我要感谢承办今天活动的苏州高新区文体中心，感谢苏久华先生和王庚飞先生。这个活动的缘起有点偶然。去年8月20日，我在这里参加了陆衡学术成果暨诗文书法展。文体中心的苏久华董事长带我参观了这里的图书馆、展厅和各种设施，以及他们的创意产品，引起了我极大的兴趣。所以，当久华希望我能够帮助引进一些大型活动到文体中心的时候，我就想到了新教育艺术节。

这次活动的主题，是"新教育·回家"。举办这个活动的目的，只是想以新书首发式作为一个引子，作为一个由头，真正的目的是让新教育真正回家。从明年开始，新教育艺术节，就要永久落户苏州，在苏州新区的文体中心正式举办。那个时候，我们将举行新艺术教育的国际高峰论坛，将举行新教育诗会、新教育生命叙事剧、新教育自制图画书、新教育微电影展演等一系列活动。

苏久华董事长和他的团队为这个活动准备了很长时间，策划方案数易其稿，四处寻找早已绝版的图书，耐心联系相关人员，做了大量深入细致的工作。王庚飞先生和苏久华先生的团队，把我关于新教育艺术节的蓝图，变成了精致的施工图。

我要感谢的，实在太多太多。最后，我要再次感谢各位领导、嘉宾和亲朋好友，今天到现场的，还有苏州的一些老领导与老同事，苏州青联的老领导和老朋友，苏州大学的老领导和老同事，以及专程从无锡赶来的无锡日报的社长与记者，专程从江西、南京、上海、盐城等地赶来的我的同学、学生和亲人，还有苏州民进的一些会员朋友。你们的光临，让这个小小的活动有了大大的光彩。你们的到来，是对新教育最大的加持。

我知道，新教育还在途中。她能够行走多远，取决于我们新教育人的梦想有多大，胸怀有多大，格局有多大。也取决于我们有多少资源，有多大支持。所以，今天的回家，是一次加油与加持，我相信，新教育会带着你们的祝福，带着你们的期待，带着你们给予的力量上路，永远向着明亮的那方！

教育，真的可以很幸福
——"一丹教育发展奖"获奖采访

2022年12月4日，全球最大教育奖项、有教育诺贝尔奖之称的"一丹奖"颁奖典礼在香港举行。"一丹教育发展奖"得主朱永新教授通过网络连线，接受了现场采访。

主持人：得知自己获得2022年一丹奖的消息时，您正在做什么？第一反应是怎样的？

朱永新：9月17日早晨，我正在河北北戴河全国政协培训中心。4点50分起床后如往常一样阅读写作。7点约了一位前来参加培训的老朋友跑步半个小时。8点早餐时，接到香港陈一丹基金会马逸灵秘书长的电话，正式通知我已经被评为今年一丹教育发展奖的得主。我的第一反应是：中国一线教育工作者的探索，被世界看见了！中国教育一线的行动经验，被国际教育专家认可了！第一时间和秘书分享了这个消息。好开心！

主持人：获奖后，最想要感谢的是谁？

朱永新：要感谢的人很多。

首先当然要感谢22年来与我一起奋斗的新教育团队，感谢新教育实验区、实验学校的全体师生。毫无疑问，荣誉属于全体新教育人，我只是代表大家领奖而已。

我还要感谢一位特殊的教育人：我的父亲。他是一位普通的乡村小学教师和校长，一位特殊教育学校的校长，也是一位曾经荣获中国教育部颁发的全国优秀教师称号的一线教育工作者。是父亲的一言一行，把教育理想注入我的生命之中。

我要衷心感谢这个时代。是中国改革开放的大潮，为教育研究者提供了探索的勇气和前行的力量。这个奖记录着中国教育一线行动者的探索，获奖也是对中国教育改革开放成就的认可。

我也要感谢中国民主促进会。我们是一个拥有12万名教师会员的"教育党"，让我把本职工作与新教育探索有机结合起来。

我要特别感谢陈一丹先生的慧眼和情怀。一丹奖的设立，不仅填补了国际教育大奖的空白，更为全世界有志于通过教育提升人类福祉的人们，创造了互相发现、互相学习、共同提高的机会；同时要感谢一丹奖评委会和基金会的信任和鼓励，在全世界的优秀同行中，选择了我们，推荐了我们。

主持人：新教育实验的"教师成长模式"将最新学术研究带给一线教师，并建立起一个专业发展共同体。朱教授可否进一步分享获奖致辞时提到的"线上学习中心"计划如何更好地支持教师发展？

朱永新：新教育实验有效地提出了"教师职业认同+专业发展"的教师成长模式，把教师成长的三种理论与流派有效整合成为专业阅读、专业写作和专业交往的操作方式。我已经决定捐出我的个人奖金1500万和项目经费1500万，建立一个"新教师"专项基金，在线下推进几个重要的教师成长计划。其中有几大板块：一是要建立一个培养未来教师的"实验班"，二是要建立一个探讨在职教师培训方式的"明师班"，三是要建立一个协助培养发展中国家教师的"国际班"，四是要建立一个帮助乡村教师成长的"乡村班"。

这些行动所取得的经验，通过进一步梳理汇总后，整合新教育原有的教师网络学习项目，成立"线上学习中心"，成为一个教师能够进行专业阅读、专业写作、专业交往的自助学习、自主学习的教师成长共同体，向全社会、全世界免费开放，希望为中国以及全球的教师成长做一点探索，也借此向一丹奖、一丹基金会表达我们中国新教育人的敬意和感谢。

主持人：每一位参加今晚2022一丹奖颁奖典礼的嘉宾都在以自己的方式推动教育进步。如果您可以给所有推动教育工作的人一条建议，您会提出什么建议？

朱永新：中国教育部原部长陈宝生在评价新教育时说："一段时间以来，很多人在论道，而永新却在行动，而且一步一个脚印地前进着。很多人在争相指责今天的教育，而永新却在示范明天的教育。很多人提供的是设想和理念，而永新提供的是方案和经验。中国教育也需要前者，但更需要后者，前者供过于求，后者供不应求。"

我们新教育人也有一句话：行动就有收获，坚持才有奇迹。

所以，我的建议是：行动起来吧！从自己做起，从自己的家庭、自己的教室、自己的校园、自己的身边做起，我们就能创造一种幸福完整的教育生活！

主持人：除了上述四个问题，有没有想要特别与我们分享的心得或故事？

朱永新：我同时想起了两个故事。

一个故事发生在去年也就是2021年7月5日，厦门市同安区第一所新教育实验学校梧侣学校的一个学生，考上了清华大学哲学系，成为当地20年以来第一位考上世界名校的孩子。这所学校95%的学生是务工人员子女，从2010年建校第一天起，就开展新教育实验。

一个故事发生在2015年的安徽省霍邱县。这个县城也是从2010年开始开展新教育实验。此前，因为地处偏僻、教育资源匮乏，许多父母纷纷告别故乡，忍受各种不便，到周边城市安家，只为让孩子进入更好的学校读书。开展5年新教育实验后，当地教育品质得到父母们的普遍认可，当地一所小学的学生竟从500人增加到1500人。

有的是多年前，有的是近几年；有的是城市，有的是乡村；有的是进取深造，有的是平静美好……这样的教育故事，在新教育教师的教室里，每天发生。每次听到一位位老师告诉我这样的消息，我都觉得：教育，真的可以很幸福。

参考文献

[1] 布卢姆.美国精神的封闭[M].战旭英,译.南京:译林出版社,2007.

[2] 柏授方,等.大丰本场话集萃[M].北京:中国文史出版社,2016.

[3] 蔡元培.中国人的修养[M].北京:中国长安出版社,2012.

[4] 董卿.朗读者[M].北京:人民文学出版社,2017.

[5] 伯恩斯坦.如何改变世界:社会企业家与新思想的威力[M].吴士宏,译.北京:新星出版社,2006.

[6] 程方平.中国书道[M].北京:华文出版社,2012.

[7] 冯骥才.灵魂不能下跪:冯骥才文化遗产学术思想论集[M].银川:宁夏人民出版社,2007.

[8] 冯骥才.炼狱·天堂:韩美林口述史[M].北京:人民文学出版社,2017.

[9] 东缨.大教育三部曲之二:教育大乾坤[M].北京:教育科学出版社,2012.

[10] 傅佩荣.国学的天空[M].西安:陕西师范大学出版社,2009.

[11] 高万祥.语文的诗意[M].苏州:苏州大学出版社,2002.

[12] 顾明远.顾明远文集[M].北京:北京师范大学出版社,2018.

[13] 《弘一大师全集》编辑委员会.弘一大师全集[M].福州:福建人民出版社,2010.

[14] 华应龙.我就是数学:华应龙教育随笔[M].上海:华东师范大学出版社,2009.

[15] 黄蓓佳.奔跑的岱二牛[M].南京:江苏凤凰少年儿童出版社,2020.

[16] 何江.走出自己的天空[M].长沙:湖南文艺出版社,2017.

[17] 胡晓风.陶行知教育文集[M].成都:四川教育出版社,2007.

[18] 荆歌.诗巷不忧伤[M].南京:江苏凤凰少年儿童出版社,2019.

[19] 康辉.平均分[M].武汉:长江文艺出版社,2019.

[20] 克里希那穆提.人生中不可不想的事[M].叶文可,译.深圳:深圳报业集团出版社,2010.

[21] 克里希那穆提.一生的学习[M].张南星,译.深圳:深圳报业集团出版社,2010.

[22] 李吉林.情境教育三部曲[M].北京:人民教育出版社,2006.

[23] 李涵.童嬉[M].上海:上海人民美术出版社,2021.

[24] 梁吉生.张伯苓年谱长编[M].北京:人民教育出版社,2009.

[25] 鲁育宗.大学梦寻:1977—2009中国大学实录[M].上海:上海书店出版社,2009.

[26] 居里.居里夫人传[M].陈筱卿,译.北京:中央编译出版社,2010.

[27] 阿尔博姆.相约星期二[M].吴洪,译.上海:上海译文出版社,2007.

[28] 麦克法兰.给四月的信:我们如何知道[M].马啸,译.北京:生活·读书·新知三联书店,2015.

[29] 曼德拉.漫漫自由路:曼德拉自传[M].谭振学,译.桂林:广西师范大学出版社,2013

[30] 南怀瑾.南怀瑾讲演录[M].上海:上海人民出版社,2007.

[31] 南怀瑾.南怀瑾选集[M].上海:复旦大学出版社,2006.

[32] 潘菽.潘菽心理学文选[M].南京:江苏教育出版社,1987.

[33] 邱学华.尝试教学论[M].北京:教育科学出版社,2005.

[34] 邱学华.邱学华尝试教学课堂艺术[M].北京:教育科学出版社,2000.

[35] 覃克参、卢伟益、韦静宁、韦振温.英雄欧保尔的故事[M].桂林:漓江出版社,2023.

[36] 苏霍姆林斯基.苏霍姆林斯基选集:1—5卷[M].蔡汀,等译.北京:教育科学出版社,2001.

[37] 孙云晓.孙云晓教育作品集[M].南京:江苏教育出版社,2007.

[38] 孙云晓,等.拯救男孩[M].北京:作家出版社,2010.

[39] 孙云晓,等.拯救女孩[M].北京:作家出版社,2011.

[40] 佟自光.梁漱溟的孤独思考[M].北京:东方出版社,2006.

[41] 团伊玖磨.烟斗随笔[M].杨晶,李建华,译.北京:新星出版社,2011.

[42] 陶西平.陶西平论教育[M].武汉:长江文艺出版社,2021

[43] 童喜喜.新教育的一年级[M].南昌:二十一世纪出版社,2014

[44] 王一梅.鼹鼠的月亮河[M].南京:江苏少年儿童出版社,2010

[45] 汪长根.三知斋随想[M].苏州:苏州大学出版社,2009.

[46] 汪长根. 学者型秘书初探 [M]. 苏州：古吴轩出版社，2006.

[47] 谢庆. 诺贝尔摇篮幼稚园办学特色 [M]. 长沙：湖南人民出版社，2009.

[48] 解玺璋. 梁启超传 [M]. 上海：上海文化出版社，2012.

[49] 星云大师. 星云大师谈幸福 [M]. 上海：上海人民出版社，2008.

[50] 星云大师. 星云大师谈智慧 [M]. 上海：上海人民出版社，2008.

[51] 许嘉璐. 未安集：许嘉璐说教育 [M]. 北京：教育科学出版社，2002.

[52] 许嘉璐. 未央集：许嘉璐文化论说 [M]. 北京：人民教育出版社，2010.

[53] 萧袤. 童话山海经：夜的守护神 [M]. 济南：明天出版社，2017.

[54] 徐鲁，等. 中华先锋人物故事汇 [M]. 北京：党建读物出版社和接力出版社联合出版，2021.

[55] 殷健灵. 致成长中的你：十五封青春书简 [M]. 武汉：长江文艺出版社，2015.

[56] 杨明义. 百桥图 [M]. 北京：荣宝斋出版社，2010.

[57] 张梅霞. 童媒突围 [M]. 北京：光明日报出版社，2012.

[58] 赵萱，张小武. 霍懋征传 [M]. 北京：中国大百科全书出版社，2012.

[59] 中国民主促进会苏州市委员会. 一个人与一座城市：谢孝思与苏州文化 [M]. 苏州：古吴轩出版社，2008.

[60] 赵丽宏. 赵丽宏致少年书 [M]. 北京：电子工业出版社，2018.

[61] 朱小蔓. 关注心灵成长的教育：道德与情感教育的哲思 [M]. 北京：北京师范大学出版社，2012.

[62] 朱永新. 我所理解的教育 [M]. 海口：海南出版社，2006.

[63] 朱永新. 我在政协这五年：一个民主党派成员见证的中国民主政治进程 [M]. 北京：人民出版社，2008.

[64] 朱永新. 教育的解放 [M]. 北京：教育科学出版社，2011.

[65] 朱永新. 回到教育的原点 [M]. 合肥：安徽教育出版社，2009.

[66] 朱永新. 回家 [M]. 郑州：大象出版社，2018.

[67] 朱永新. 从非智力因素到社会与情感能力：燕国材教授的学术人生 [M]. 武汉：长江文艺出版社，2019.

[68] 朱永新. 每朵乌云背后都有阳光：朱永新自选集 [M]. 北京：人民文学出版社，2021.

[69] 章敬平. 欧阳修传：世俗的圣贤 [M]. 杭州：浙江文艺出版社，2019.

主题索引

B

八股文　089 页

不学诗，无以言　163 页

C

晨诵、午读、暮省　031、097、098、106、111、126、164 页

成功保险公司　140 页

成长摆渡人　180 页

D

大夏书系　126、127、128 页

杜郎口中学　253、254 页

E

儿童阶梯阅读　097 页

儿童是成人之父　143 页

儿童优先　221、222、224 页

儿童友好城市　222 页

儿童之家　157 页

F

《发现儿童》　157 页

非虚构作品　155、156 页

G

高考　019、130、149、161、207、253 页

《管理大师德鲁克》　096、122、123 页

国家阅读节　096、097、098、105、125、173 页

过一种幸福完整的教育生活　127、160、166、176、247 页

H

好奇心　011、141、151、152、155、156、159、168、169、223、246 页

核心素养　105、106 页

J

建设书香社会　101 页

教师节　039、247、248 页

教师喜爱的 100 本书　193 页

教育生活化，生活教育化　159 页

《经典咏流传》　163 页

经济全球化　184 页

精神分析学说　013 页

君子之交　188、189 页

L

《朗读者》 110、111、112 页

老三届 019 页

炼狱 142、143 页

领读者 111、112、185 页

"六大解放" 159 页

M

曼德拉 001、023、024、025、026、123、197 页

美育代宗教 230 页

N

诺贝尔和平奖 024、157 页

P

《平均分》 176 页

Q

起跑线 109、110、218、219 页

乔布斯之问 225 页

全民阅读 074、097、098、099、101、105、108、111、114、124、125、126、130、173 页

全人 228 页

R

人上人 218、219、220 页

融错 087 页

S

社会企业家 201、202、203、204、205、206、207 页

生活教育 159 页

十大教育英才 003 页

实验班 162、219、262 页

"双减" 159、227、231 页

四、六级英语考试 018 页

T

太庙 028、030 页

躺平 106 页

童书即课程 192 页

W

唯物史观 013 页

未来教育 229、251、254 页

未来学校 136、184、226、227、229、251 页

文化自信 070、137、173、174、216 页

X

《乡土中国》 118 页

相对论 013 页

心理胚胎 157 页

心灵知己 180 页

新父母晨诵 085、097、156 页

新教育 016、022、031、032、035、036、037、038、039、040、042、044、045、046、048、049、050、066、069、072、073、076、083、085、087、096、097、098、

102、105、108、109、111、119、122、123、124、125、126、127、128、130、131、136、137、140、149、156、157、160、161、164、166、167、170、176、179、184、185、191、192、193、194、197、200、201、202、203、204、205、206、207、208、221、230、231、232、233、236、237、238、239、240、241、242、243、256、258、259、260、261、262、263 页

新民权运动　109 页

选课走班　254 页

学霸　177 页

学力　018、019 页

学校消亡论　225 页

Y

一丹教育发展奖　261 页

元宇宙　227、228 页

阅读力　099、100、101 页

Z

早起的鸟儿有虫吃　139 页

这个世界会好吗　150 页

知行合一　118、119、124、161、217、218 页

智慧解剖刀　141、151、152 页

《中国诗词大会》　111 页

周虽旧邦，其命维新　163 页

专业对口　018 页

总得有人去擦亮星星　207、208 页

最美乡村教师　255 页

后　记

　　从2000年发起新教育实验开始，我就努力改变过去纯学术研究的话语方式，尽可能用一线老师喜闻乐见的随笔文字与他们交流，受到了广泛的欢迎，《我的教育理想》《我的阅读观》《致教师》《未来学校》等都成为比较有影响力的畅销书。同时，也出版了《享受教育》《写在新教育边上》《走在新教育路上》《教育的解放》《回到教育的原点》《回家》《每朵乌云背后都有阳光》等一批教育随笔集，得到了王蒙、冯骥才、梁晓声等前辈作家的好评。

　　这本《享受教育》，沿用了2004年由四川教育出版社出版的我的第一本教育随笔的书名，既是一种纪念，也是一个回归。但其中的文章大多是最近几年撰写的。

　　本书共分四辑，第一辑《教育是最强有力的武器》，主要是关于我自己的成长故事，我与父亲、母亲和孩子之间的故事，以及我与教育界师友及领导的交往故事，还有几篇关于教育人物的回忆与纪念文章。关于新教育人物的故事集中收录在商务印书馆即将出版的《未来因你而来》一书中，这里就不再收录。

　　第二辑《把生命读成传奇大书》，主要收录我近年来关于阅读问题的随笔。作为原国家新闻出版总署聘请的全民阅读形象代言人，以及国际儿童读物联盟（IBBY）评选的首届爱阅人物奖得主，我一直把推广阅读作为自己的使命，不遗余力地行走、呐喊，为全民阅读鼓与呼，这些文字也是我一路行走的深浅脚印。

　　第三辑《世界应是四月天》，主要收录我近年来的读书笔记，其中包括为一些朋友的著作撰写的序言。多年来，读书已经成为我的生活方式。我的读书范围很广。一是围绕本职工作阅读，如配合全国政协委员读书活动，主持疫情防控读书群，与委员共同阅读了《病毒来袭》《逼近的瘟疫》《人类的终极问题》等书籍，主编了《守护人类健康美好未来》一书；二是每天早晨带领一线老师与学生父母共同阅读教育经典，先后通读了陶行知、叶圣陶、蒙台梭利、杜威、苏霍姆林斯基等人的教育著作，并且在商务印书馆出版了六本读书笔记；三是结合新教育年度主报告的撰写任务，与课题组同志共同阅读若干主题图书，每年都有数十种甚至近百种之多；四是读朋友们的新著，许多朋友把即将出版的新书书稿送我，让我写序，或者把新出版的著作送我，让我写评论，这样的阅读有时有点无奈，但更多的是先睹为快和被信任的喜悦。

第四辑《教育，一起向未来》，主要收录我近年来关于教育问题尤其是关于未来教育的思考的文章。这些年来，我用比较多的时间思考未来教育的发展趋势，先后出版了《未来学校》《教育的减法》等著作，也得到了国内外教育界的关注，《未来学校》的英文版已经由麦克劳－希尔教育出版集团正式出版发行。我一直认为，我们正处在教育大变革的前夜，需要主动谋划，未雨绸缪。2022年9月，我有幸荣获"一丹教育发展奖"，这是全球最大的教育奖项，在颁奖典礼上，我接受了连线采访，我把这个采访作为本书的最后一篇，文章的标题，也是我想对大家说的一句话：教育，真的可以很幸福。

2022年12月6日写于北京滴石斋

"朱永新教育作品"后记

10年前,我的"朱永新教育作品"16卷由中国人民大学出版社出版。

不久,这套文集就被麦格劳-希尔教育出版集团引进英文版版权,陆续出版发行。迄今为止,我的著作已经被翻译为28种语言,在不同国家有87种文本。

在版权到期之后,多家出版社希望重新出版这套文集。最后,漓江出版社的诚意感动了我。

长期以来,漓江出版社的文龙玉老师一直关注和支持新教育事业,《新教育实验年鉴》以及一批新教育人的作品都先后在漓江出版社出版,文老师也先后担任了我的《新教育》《教育如此美丽》《我的教育理想》《我的阅读观》《致教师》等书的责任编辑。这套文集在漓江出版社出版,也就成了顺理成章的事情。

这套"朱永新教育作品"沿用了中国人民大学出版社的文集名称和南怀瑾先生的题签。主要是想借重新出版之际,感谢南怀瑾先生对我的帮助和关心。在苏州担任副市长期间,我曾经多次去太湖大学堂与南怀瑾先生见面交流,请教教育、文化与社会问题。先生的大智慧经常让我茅塞顿开。

新的"朱永新教育作品"虽然沿用了原来的名称,但是内容还是有许多不同。原来的16卷,大部分都进行了不同程度的修订,其中一半是重新选编。全套作品按照内容分为四个系列。

一是教育理论系列,包括《滥觞与辉煌——中国古代教育思想的成就与贡献》《沟通与融合——中国近现代教育思想的起源与发展》《嬗变与建构——中国当代教育思想的传承与超越》《心灵的轨迹——中国本土心理学思想研究》《校园里的守望者——教育心理学论稿》五种。

二是新教育实验系列，包括《新教育实验——中国民间教育改革的样本》《做一个行动的理想主义者——新教育小语》《为中国而教——新教育演讲录》《为中国教育探路——新教育实验二十年》《享受教育——新教育随笔选》五种。

三是我的教育观系列，包括《我的教育理想——让生命幸福完整》《我的教师观——做学生生命的贵人》《我的学校观——走向学习中心》《我的家教观——好关系才有好教育》《我的阅读观——改变从阅读开始》《我的写作观——写作创造美好生活》六种。

四是教育观察与评论系列，包括《教育如此美丽——中国教育观察》《寻找教育的风景——外国教育观察》《成长与超越——当代中国教育评论》《春天的约会——给中国教育的建议》四种。

虽然都是现成的文字，但是整理文集却颇费时间。几年来的业余时间和节假日，大部分都用于这项工作。好在，我所在的中国民主促进会是一个以教育、文化、出版传媒为主界别的参政党，60%的会员来自教育界，无论是调查研究、参政议政，教育一直是我们的主阵地，本职工作与业余的教育研究不仅没有矛盾，反而相辅相成。

感谢漓江出版社的文龙玉老师和她的团队认真细致和卓有成效的工作。

2022 年 10 月 17 日